中小学教育智慧文库
ZHONGXIAOXUE JIAOYU ZHIHUI WENKU

中学政治课
教学设计与说课稿选编

罗越媚◎主编

暨南大學出版社
JINAN UNIVERSITY PRESS

中国·广州

图书在版编目（CIP）数据

中学政治课教学设计与说课稿选编/罗越媚主编．—广州：暨南大学出版社，2020．9
（中小学教育智慧文库）
ISBN 978－7－5668－2923－8

Ⅰ．①中…　Ⅱ．①罗…　Ⅲ．①政治课—教学设计—中学　Ⅳ．①G633．202

中国版本图书馆 CIP 数据核字（2020）第 107551 号

中学政治课教学设计与说课稿选编
ZHONGXUE ZHENGZHIKE JIAOXUE SHEJI YU SHUOKEGAO XUANBIAN
主　编：罗越媚

出 版 人：张晋升
责任编辑：李倬吟　周玉宏
责任校对：刘舜怡　陈皓琳
责任印制：汤慧君　周一丹

出版发行：暨南大学出版社（510630）
电　　话：总编室（8620）85221601
营销部（8620）85225284　85228291　85228292　85226712
传　　真：（8620）85221583（办公室）　85223774（营销部）
网　　址：http：//www. jnupress. com
排　　版：广州尚文数码科技有限公司
印　　刷：广州市穗彩印务有限公司
开　　本：787mm×1092mm　1/16
印　　张：16. 25
字　　数：328 千
版　　次：2020 年 9 月第 1 版
印　　次：2020 年 9 月第 1 次
定　　价：58. 00 元

序　言

罗越媚老师是广东第二师范学院政法系学科教学论的资深教师，主讲学科教学论25年，一直负责指导师范生教学设计和说课稿的撰写。对于师范生来说，学会备课、学会撰写教学设计，是站上讲台讲好一堂课的基础。正是基于这样的认识，如何利用课程学习来指导学生备好课、写好教学设计、上好一堂课就成了政法系思想政治教育专业师范生培养的重要内容。为此，政法系开设了“思想政治课程与教学论”“思想政治课程教材研究”“学科教学技能训练”等课程，这些都是培养中学政治学科教师专业素质的必要课程。罗越媚老师长期担任这些课程的主讲教师，致力于指导学生熟悉和掌握中学政治课程标准、教材内容，指导学生备课、试讲，不断修改和完善课堂教学设计，从而培养学生具备政治教师的专业素养。

基于这样的实践基础，罗越媚老师主编了《中学政治课教学设计与说课稿选编》一书。本书的出版具有重要的理论意义和实践价值。

第一，本书是政法系贯彻落实新师范建设的目标任务、强化师范技能培养的重要成果。它展现了政法系思想政治教育专业师范生师范技能的培养过程和成果。

第二，本书体现了政法系教育教学坚持以学生为主体、以学生发展为中心的育人理念。书中的教学设计和说课稿都选自思想政治教育专业学生的优秀作业。思想政治教育专业的学生从大三开始进入政治教师的职业教育和训练阶段，学生在“学科教学论”“教师技能训练”等课程的学习上都非常认真。为了培养学生具备政治教师的教学技能和素养，罗越媚老师先指导学生进行备课和撰写教学设计，再要求学生分成若干微格教学训练小组（一般以4～6人为一组），让每个小组的学生反复试讲、评价、修改，直到较为熟练地掌握政治教师的课堂教学技能。书中的教学设计正是学生经过反复训练和修改所完成的课程作业，是学生学习成果的集中体现。学生正是在这种较高强度的学习和训练中成长起来的——经过反复训练，他们一步一个脚印，熟悉中学政治教师的课堂教学，并初步形成政治教师必备的专业素养。

第三，本书体现了师范生师范技能培养中的理论与实践相结合。无论是教学设计还是说课稿，都必须建立在课堂教学的实际训练基础上。书中所选编的教学内容均来自目前我国的中小学政治课教材，包括初中的《道德与法治》和高中的《思想政治》教科书。教学内容涉及道德、法律、心理、国情、政治、经济、文化和哲学等。学生自主选择教学内容，进行15分钟的模拟课堂教学训练。对于师范生而言，能够对课堂教学过程有一个非常直观且理性的认识，并学会对40（45）分钟课堂教学进行合理且有效的安排，是十分重要的。只有通过撰写教学设计和模拟课堂教学训练，才能突出课堂教学过程的结构特征，从而学会在规定时间内完成相应的教学任务，达成既定的教学目标。书中的教学设计突出教学过程的具体安排，是学生在实践基础上做到的。说课稿要阐明教学理论和教学思想，说清教师为什么要这样教、学生为什么要这样学，以及怎样教、怎样学，同样只有坚持理论与实践相结合，才能作出科学的解释和说明。

党的十九大明确提出："要全面贯彻党的教育方针，落实立德树人根本任务，发展素质教育，推进教育公平，培养德智体美全面发展的社会主义建设者和接班人。"因此，无论是初中的道德与法治课，还是高中的思想政治课，都要发挥好《中小学德育工作指南》所指出的中小学德育课程育人的主渠道作用。为此，以未来中小学政治教师为培养目标的思想政治教育专业的师范课程，一定要把培养未来的政治教师能够坚守好课堂教学这一德育的主阵地摆在首位。要培养思想政治教育专业师范生具有过硬的师范专业能力，将来能够备好一堂课、上好一堂课，坚持"立德树人"，借助课堂教学培养学生成为有理想、有道德、有文化、有纪律的社会主义公民。

愿本书能够为思想政治教育专业的学生乃至所有师范生的成长和发展助力，能够为师范专业的教育教学提供有益的参考和借鉴。

高家方

2020年7月于广州

前　言

一般而言，我们习惯沿用“政治课”来统称初中的“道德与法治课”和高中的“思想政治课”。可是，目前关于政治课的称谓却显得有点乱。例如，初中的政治课曾被简称为“思品课”或“品德课”。现在因为初中政治课的教材是《道德与法治》，它又被教师和学生简称为“道法课”；高中的“思想政治课”简称为“政治课”；大学的政治课常简称为“两课”或“思政课”。为什么它们的名称难以统一，且在日常教学中不时随着教材名称的改变而处于变动和争议之中呢？为什么不能用“政治课”来统称我国中小学教育的“思想品德课”“道德与法治课”“思想政治课”呢？我想，其中原因也许是政治课自身还没有建立起应有的学科自信吧。政治课并不是可有可无的。在我国，初中政治课以《道德与法治》教材为依托，高中政治课以《思想政治》教材为依托，它们是我国中小学德育的主阵地，是国家借助政治课堂教学对学生进行思想政治教育、培养社会主义公民的一门重要课程。政治课在培养学生学会做人、学会生存、学会学习等方面发挥着重要的作用。

按照中国传统文化的理解，“政，众人之事也。治，众人之理也”。可见，政治与我们的生活息息相关。政治课就是要向学生讲清楚我们日常生活中关于众人之事是如何治理的，人与人之间又是如何相处的……政治课的内容涉及道德、法律、政治、经济、哲学、宗教、文化等，它们既相互区别又相互联系。其中的每一个领域都与人们的生活息息相关，每一个范畴都与众人有关。它既关乎个体的福祉，又关乎社会的和谐。它是人文社会学科的综合课程，重点在于培养学生的人文素养，提高思想政治道德水平，使学生成为既能实现个体价值，又能为社会做出积极贡献的社会主义合格公民。

理解“政治”这个术语要回归中国传统的语境，如仁政、为政以德等。在我看来，政治就是理众人之事，谋众人之福。政治既关乎个人的发展，又关乎群体的命运。它所涉范围之广、领域之宽都与个人有关、与众人有关、与国家有关、与社会有关。因此，只有“政治”一词才可以涵盖如此宽广的领域。政治课是中小学生社会化过程中的必修课程。我国的教育应该坚持借助政治课来引导学生了解社会、理解人性、关心国家、关心社会，从而更好地定位个体的发展。因此，政治课和语文课、数学课、化学课、英语课一样，它是一门人文学科课程。政治课的根本性质在于德育。它是通过课程建构和课堂教学，系统地、有计划有目的地对学生进行思想政治教育、道德教育、心理健康教育，循序渐进地对学生系统进行马克思主义理论教育的专门课程。基于此，本书的书名采用了“中学政治课”一词，它意指当前我国现行的初中“道德与法治课”和高中“思想政治课”。书中编选的内容也基于我国现行的初中政治课教材和高中政治课教材。

学会备课、撰写教案和说课稿，是所有师范院校的师范生必修的功课，也是教师基本功训练的重要内容。思想政治教育专业的师范生是未来的中小学政治教师，将主要从事我国中小学的思想政治课程教学。因此，师范生培养的重头戏之一就是帮助师范生尽快熟悉我国中小学教育教学，掌握政治学科的专业知识，形成政治教师的教学技能。进行教学设计和说课训练就是培养师范生成为教师的主要方法。

本书的教学设计主要是指课堂教学设计，它针对的是中小学教育中普遍采用的40或45分钟课堂所进行的教学设计，尤其是最普遍的五环节教学法。从课堂教学的结构来看，五环节教学法大致把课堂教学分为导入、讲授、小结、练习、布置作业环节，每个环节相互联系、环环相扣，构成完整的一节课。因此，在学校里，学生所上的每一节课都具有相对完整的结构，从开始到展开，再到结束。在这短短的40（45）分钟里，教师要从导入开始，一步一步深入地给学生讲解需学的内容；在讲解结束后，教师还要对本节课所学的内容进行总结和升华，并通过练习来帮助学生巩固所学的知识，最后布置课后作业。

本书所选的课堂教学设计就是对课堂教学的一种筹划，它是教师对教与学的一种有意设计和精心安排，主要包括教学目标设计、教学方法设计、教学过程设计、教学活动设计、教学评价设计等。课堂教学设计是一个系统工程，它要把课堂教学的诸要素——教师、学生、教材、教学媒体进行科学的整合和合理的配置，从而有效地促进学生的学习，实现高效课堂的教学目标。

说课是教师针对某一观点、问题或具体课题，口头表述其教学设想及其理论依据的过程。说课的重点就在于，针对所教课题和内容，教师要表达出自己是怎样教的，以及为什么要这样教。它要求教师不仅要做到“知其然”，还要对自己的教学做到“知其所以然”。也就是说，教师不仅要知道自己是怎样教学生的，还要知道自己为什么要这样教、学生为什么要这样学。说课对教师的要求更高，它需要教师具备教育教学理论知识、心理学知识和学科专业知识，并能把三者有机地整合在自己的课堂教学中。说课往往表达的是教师对课程和教学的深入理解，阐明教师的教育教学理念、对学科专业知识的理解和把握、对学生的理解等。因此，对师范生进行说课训练，不仅有助于培养他们的教师意识，助力教师专业化成长，还能够培养他们的课程意识、实践意识和反思意识。

本书分为上、下编，上编是教学设计的基本理论和选编的政治课教学设计案例，下编是说课的基本理论和选编的政治课说课稿。其中，教学设计和说课稿的教学案例选编都是随机的。为了编排的方便和便于读者使用，书中内容按初中《道德与法治》和高中《思想政治》进行分类。师范生在学习“思想政治课程与教学论”和“学科教学技能训练”等课程中要完成模拟课堂训练，并撰写教学设计和说课稿等作业，书中的教学设计和说课稿主要选自他们的作业。每次我布置作业，他们不仅毫无怨言，还会非常认真刻苦地完成作业，如撰写教学设计、小组试讲、修改教案、微格教学录像，再修改完善教学设计等。正是通过这样的反复训练、反复修改，他们很快理解了课堂教学，理解了教学设计与说课之间的联系和区别，能够熟悉如何备课、如何说课，能够信心满满地去中学实习，能够胜任中学政治课教育教学工作。本书的编写表达了我对学生的感激之情。一直以来，他们都非常配合我的课堂教学，认真上课，认真完成作业等。为此，我常怀感恩之情和敬畏之心。正是学生，让我真正理解了什么是教学相长、什么是教书育人。在他们身上，我看到了中国未来教师的样子，也看到了教育的希望。

成为教师需要一个较为漫长的过程，尤其是师范生，在成为教师的过程中，需要模仿和训练。本书可以为师范生模仿和训练教学技能提供一个良好的范例，他们可以参考书中的案例学会如何撰写教学设计，也可以参考说课稿学习作为教师应该如何进行说课。虽然模仿比不上创新，但是对于师范生的成长来说，模仿是培养教师技能的关键一步。教师的成长一般会经历从模仿到熟练的过程。熟能生巧，创新也自然会随之而来。愿本书能够成为师范生的参考读本，助力师范生成长为教师。

由于本人的学识、能力和水平有限，书中难免存在疏忽和错误的地方，恳请各位读者批评指正！

罗越媚

2020 年 5 月

目 录

CONTENTS

下编 中学政治课说课稿选编

上编

中学政治课教学设计选编

第一章　教学设计的基本理论

中学政治课包括初中和高中的政治课，初中政治课主要以《道德与法治》教材为依托，高中政治课主要以《思想政治》教材为依托，它们是我国中小学德育的主阵地，是国家借助政治课堂教学对学生进行思想政治教育，培养社会主义公民的重要课程。中学政治课要坚持社会主义方向，坚持素质教育的培养目标，培养德智体美劳全面发展的社会主义事业的建设者和接班人。因此，中学政治课必须要体现国家意志，在立德树人的过程中发挥关键作用。

一、中学政治课的课堂教学

课堂教学是我国德育的主阵地，中学政治课的课堂教学尤为重要。

课堂是教师和学生共同营造的一个教学场所。课堂教学时长一般为每节课 40 或 45 分钟。正是这一节节课，架起了一座知识与教育的桥梁，使学生成人、成才，成为对社会有用的人。这座桥梁是以教师、学生、教材为基本要素搭建起来的，它是一座培养学生在知识、能力、情感态度价值观等方面不断成长和发展的桥梁。

在中小学教育中，从课堂教学的结构上来看，最普遍的课堂教学方法是五环节教学法。课堂教学大致经过五个环节：导入—讲授—小结—练习—布置作业。每节课都具有相对完整的结构，由开始到展开，再到结束。在这短短的 40（45）分钟里，教师要从导入开始，一步一步深入地给学生讲解需学的内容；在讲解结束后，教师还要对本节课所学的内容进行总结，并通过练习来帮助学生巩固所学的知识，最后布置课后作业。

从课堂教学的时间安排来看，课堂教学的五个环节大致的时间安排如下：以 40 分钟的课堂为例，导入用时 5 分钟左右，讲授新课用时 30 分钟左右，小结、练习和布置作业用时 5 分钟左右。如果用一个线段图来表示，可以把课堂教学的时间安排简单表述为三个时间段：开始—展开—结束，如下图所示：

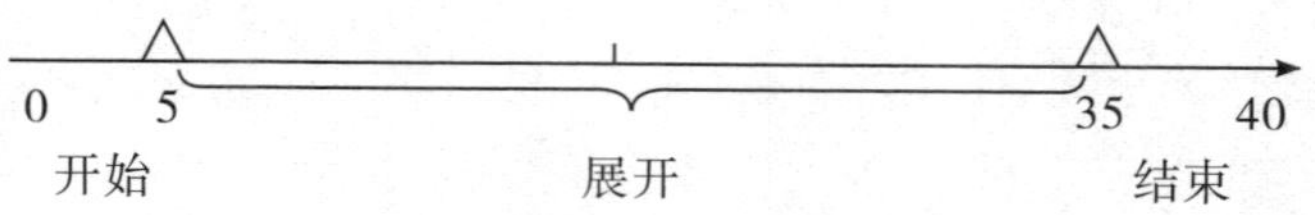

课堂教学的时间安排

从师生双边活动的角度来看，课堂教学就是教师的教与学生的学的过程和活动。我们可以直观地把课堂教学活动分为教师教的行为和学生学的行为。教师教的行为具体表现为以下 4 个方面：①提问。教师通过提问、设问来引起学生思考，调动学生学习的积极性，唤起其学习兴趣。②讲解。教师通过系统的讲解来说明和解释学生需学的知识，帮助学生理解知识。③对话。教师通过与学生对话、交流来了解学生的学习情况，以及对所学知识的理解和掌握情况，从而及时调整课堂教学。④板书。教师及时呈现出所教知识的提纲、要点、关键词等，帮助学生更好地理解所学知识。

学生学的行为主要表现为以下 4 个方面：①集中注意力。②积极思考和回答问题。③主动调整自己的思维，跟上教师的节奏。④及时做好笔记等。

概括起来，课堂教学中教师的行为主要包括提问、讲解、对话、板书等。学生的行为主要包括思考、应答、记录等。

对于教师而言，要上好课就必须对课堂教学进行预先设计和筹划，对自己的教与学生的学有一个全局观和整体观，对 40 分钟的课堂教学进行精心设计。这是教师备课的主要工作。

从构建高效的课堂教学角度来看，教师在课堂教学中起码要做到以下几点：

第一，教师必须在开始上课的 5 分钟内吸引学生的注意力，唤起学生学习的兴趣。兴趣是最好的老师。教师只有激发学生的学习兴趣，课堂教学才有可能是有效的。因此，教师一定要重视开头几分钟。俗话说，万事开头难。课堂教学也一样，好的开头是成功的一半。

第二，教师必须向学生系统地、有条理地说明、解释、演示、描述需学的内容，讲解需学知识的内在逻辑，向学生呈现主要思想和观点，帮助学生系统地理解和掌握所学的知识。

第三，教师必须找到合适的方法向学生展示需学的内容，帮助学生构建知识体系和框架。教学有法而无定法，合适的教学方法才是最好的。教师选择适合学生的身心发展特点和认知水平的教学方法是课堂教学的关键所在。因此，有效的教学方法是教师主动为学生学习知识所搭建的课堂教学平台，这个平台可以使学生的经验与所学知识发生联系，使学生的认知水平与新知识之间建立必要的联系，从而有助于学生学习新的知识和技能。

第四，教师必须坚持以学生发展为本的教学理念，关注课堂教学的成效，让学生学有所得、学有所获、学有所长。也就是说，课堂教学应该使学生在知识、能力、情感态度价值观等方面有所变化、有所收获、有所成长，而且课堂教学的成效可以通过课堂练习和作业及时得到反馈。

因此，政治课的课堂教学有它自己的目标。课堂教学目标是指通过课堂教学活动，学生所要达到的学习预期和学习结果要求。一般来说，课堂教学目标主要包括学生在课堂教学活动过程中应掌握的知识、能力，应培养的态度，形成和发展的情感与价值观等方面的具体规定及明确要求。

二、中学政治课的课堂教学设计

为了上好一节课，教师要提前做好计划和方案，并写成教案，这就是教学设计。课堂教学设计是对课堂教学的一种筹划，它是教师对教与学的一种有意设计和精心安排。课堂教学设计一般是以40或45分钟为一节课进行整体的筹划和预先的安排，教师最终以文字形式写出一份完整的教学设计作为课堂教学的脚本。这种脚本也就是我们常说的教案。教师要会写教案，这是教师基本的重要教育教学技能。教学设计是教师的必备技能，也是师范生要重点培养和训练的教学技能。

教学设计包括教学目标设计、教学策略设计、教学过程设计、教学活动设计、教学评价设计等。教学目标设计主要是教师要预先明白教师教什么、学生学什么，以及计划教到什么程度、学到什么程度。教学目标设计一般包括知识目标、能力目标和情感态度价值观目标的设计。教学目标设计是教师对于一节课要培养学生在知识、能力、思想觉悟等方面达到的标准和具体要求。只有明确了教学目标，课堂教学才能有的放矢，有据可循。教学过程设计就是对于课堂教学的整个过程的一种安排和计划，具体包括如何开始、如何展开、如何结束一节课，是教学过程的环节设计。教学过程设计会把教学方法、教学策略、教学活动和学生的学习活动有机地整合在一起，它是课堂教学设计的重要组成部分与核心，重点解决教师如何教、学生如何学的问题。

课堂教学本身是一个完整的体系，在这个体系中教学诸要素协同作用，共同实现学生的学习目标。因此，教学设计是一个系统工程，它要把课堂教学的诸要素——教师、学生、教材、教学媒体进行科学的整合与合理的配置，从而有效地促进学生的学习，实现高效的课堂教学目标。

课堂教学设计包括教材分析、学情分析、教学目标设计、教学重点和难点分析、教学准备、教学过程设计、作业设计、板书设计等。通过课堂教学设计，教师提前对课堂教学过程及活动做出精心准备和安排，围绕教学目标、教学重点和难点，依据教学内容和学情特点，对教学过程进行细致的、有针对性的设计和筹划，把教学内容、教学方法、学习方法结合起来，实现课堂教学目标。教学设计是教师进行课堂教学的脚本，是教师上好课的前提。

课堂教学设计要依据课程标准和教材内容，结合学生的学习特点和身心发展特点确定教学重点和难点，并选择适合学生的教学方法，对整个教学过程进行科学的安排和筹划，使课堂教学得以顺利进行，取得良好的教学效果。在教学过程设计中，教师要善于依据学生的身心发展特点和认知水平，精心设计课堂教学的各个环节，使学生能够随着课堂教学的推进去感受、去体验、去理解、去表达……因此，课堂教学设计要坚持以人为本、以学生发展为本的教育理念，突出学生的主体地位，合理构建高效课堂。

三、备课

备课是全部教学工作的基础，是提高教学质量的重要环节。教师要想上好课，课前必须要先备好课。有人把教师备课的过程比喻为工程师的设计工作，那么，教学设计或教案就如同工程师施工的设计图纸。教师备课就要像工程师设计图纸一样精心细致，既要有整体的安排和把握，又要注重细节的精雕细刻。教师的备课既要从整体去把握教学，又要考虑好教学中的每个环节。

（一）教师备课的主要内容

教师在备课中主要是备课程标准、备教材、备学生、备教育教学理论和方法。

1. 备课程标准

所谓备课程标准，就是认真学习和领会我国教育部制定的课程标准，把握课程的理念、方法和精神实质，把它们转化为指导教师教学的指导思想和行动纲领。因为课程标准体现了国家意志，它是教育行政部门对教学内容和基本原则的具体规范，是国家制定的指导具体教学的纲领性文件。课程标准不仅规范了具体的教学内容，明确了对教学目标和程度的具体要求，还规范了教师如何使用教材。课程标准不但反映了课程的教育目标，而且限定了水平要求，它既有对知识的基本要求，也有对学生的思想觉悟、能力、情感等方面的具体要求。这些都是备课程标准时应把握住的教育点和知识点。因此，教师备课时要树立课标意识，自觉把政治课的教育点和知识点落实到具体的课堂教学中去，构建科学的教学目标，坚持从知识、能力、情感等方面去培养和塑造学生。

2. 备教材

所谓备教材，就是教师要把教材内容弄通、弄懂，吃透教材，准确理解教学知识，使教材中的知识完全转化为自己的知识，并能够用自己的语言加以说明和解释教材内容。

教师在钻研教材过程中，主要解决以下 5 个方面的问题：①掌握教材的知识结构。一般而言，知识结构主要是指学科知识中的概念、原理、规律及其观点。中学政治课教材涉及多学科知识，主要包括政治学、经济学、哲学、社会学、心理学等学科的理论和思想。不同学科都有各自的知识结构和逻辑体系，教师要尽可能理解不同学科的理论体系，掌握教材的知识结构。因此，教师既要把握学科理论中整体与部分的关系，掌握概念、原理、规律之间的内在联系和逻辑关系，也要把握知识之间的关联性、过渡性和系统性。教师只有理解和掌握了教材的知识结构，才能深入浅出地讲解知识，从而帮助学生理解、识记和运用知识。②分析教材各部分的中心思想。教材的每个部分都有一个中心思想，每个部分的中心思想就是其教育内容的核心。教师抓住了教材每个部分的中心思想，也就抓住了教学的重点内容，抓住了教学的根本。③弄懂基本概念和基本原理，也就是备好知识点。④把精力用在解决重点和难点问题上。⑤选取与教学内容相关的教学参考资料，深化自己对知识的理解和把握。

3. 备学生

备学生，就是要了解学生的实际，做到因材施教。学生是教师的教学对象。教学对象的情况如何、如何根据教学对象制订出好的教学方案，这是教师在备课时必须要考虑的问题。政治课教学要强调理论联系实际，其中就包括要联系学生的实际。学生的实际主要包括学生的知识基础、思想实际、生理特点、心理特点等。

首先，教师要了解学生的知识基础和知识水平，确定学生对知识的需求。了解学生的知识水平，是为了把握教学的深度与广度。对于政治教师而言，了解学生的知识水平，一是要了解学生现在已经掌握哪些政治理论基础知识，以及对知识掌握的程度。二是要了解学生学过哪些与本学科相关的知识，如文学、艺术、历史、物理、化学等方面的知识。因为在政治课讲解和举例过程中，需要利用其他学科的知识解释一些马克思主义原理和现象，利用一些理科知识解释哲学等。三是要了解学生对知识的需求。教师了解学生对知识的需求，有利于教师对信息输出的调控，做到因需施教。

其次，教师要了解学生的思想状况，了解他们的闪光点和弱点，以便选择教育点。学生对社会上的一些信息、家庭的一些思想倾向、党和国家的方针政策以及国际形势都有自己的观点和看法，尤其是高中学生。学生对事物的有些看法是正确的，这是教师要善于抓住的闪光点；有些看法是片面的或过于偏激的，需要教师去加以调整，这就成为教育点。通过了解学生的思想状况，教师的备课才会更有针对性。一方面，教师要强化学生的正确思想和观念；另一方面，教师要对学生存在的错误观念加以教育与引导，提高学生判断是非的能力。了解学生时，教师可以采用个别谈话、召开座谈会、问卷调查等方式进行。

总之，政治教师平时要多留心观察学生的一言一行，了解学生的思想观念、兴趣爱好等，在课堂教学中才能做到理论联系实际，结合学生实际捕捉合适的教育契机，对学生进行思想政治教育。

4. 备教育教学理论和方法

教师具有科学的教育教学理论是非常重要的。教育是“做”出来的，课堂教学也是如此。教师的课堂教学本身就是一种行动，是教师有意识、有目的、有计划的行动，更是师生共同的行动。既然这是一种行动，就必须要有理论支持、有方法支撑。在课堂教学过程中，如果教师的教学缺乏理念指引，它便是盲目的，如无根之木，随波逐流。如果没有方法的支撑，那么它永远只能停留在经验的层面上。因此，教师必须要重视教育教学理论和方法的学习。只有这样，教师才能更好地把教育理念与行动结合起来，与学生共同努力“做”出好的课堂教学。

（二）制定和表述教学目标

教学目标是教学过程中师生预期要达到的教与学的结果和标准。对于教师而言，教学目标是教学活动的指导方针，是教师完成教学任务的指标，也是教师对学生学习的一种预期。对于学生而言，教学目标就是学习的具体要求，是通过教学，学生要努力达到的标准。

政治课教学目标的确定依据主要有 4 个方面：一是国家的教育方针及有关思想政治课教学的文件精神；二是课程标准；三是教育学、心理学及教学论的基本原则；四是当前政治课教学工作的实际，主要是学校和学生的实际。

根据课程标准的要求，政治课程目标主要包括 3 个方面：知识目标、能力目标和情感态度价值观目标。因此，教学目标在教学设计中的表述也可以相应地分为 3 个层面的目标要求。具体来说，3 个层面的目标有不同的要求：

（1）知识目标，主要是指通过教学，学生应掌握知识，包括概念、原理、观点、事实等。知识目标中又蕴含 3 个层面的要求：识记、理解和运用。识记是对知识的感知过程，它要求学生对概念、原理等进行初步的学习、记忆。理解是在识记基础上的深入学习，它要求学生在识记基本概念和原理等知识的基础上，进一步掌握知识之间的内在联系、相互关系及其内在本质和规律，它强调学生对知识的融会贯通。运用就是对知识的学以致用，理论联系实际地运用知识，它强调知识的学习是一种内化与外化相结合的过程，知识既能内化为学生个体的知识、技能和思想观念，又能外化为信念坚持和行为。

（2）能力目标，主要是指通过教学，学生在思维能力、学习能力、实践能力等方面应得到发展和提高。政治课对学生的能力要求是全面的，重点培养学生运用马克思主义理论去发现问题、分析问题和解决问题的能力。具体来说，学生能力的培养和训练主要包括提高分析能力、推理能力、记忆能力、选择能力、判断能力、观察能力、解决问题的能力、语言表达能力等。

（3）情感态度价值观目标，主要是指通过教学，学生在心理情感、态度、价值观等方面发生变化，既包括学生的意志、兴趣、情感、价值观、性格等方面的锻炼、发展和成长，也包括思想品德等思想观念方面发生的变化。也就是说，通过教学，学生在思想观念、道德品质和行为习惯等方面应发生积极变化。

（三）确定教学重点和难点

所谓教学重点，是指教材中经常出现的、目前和今后非常有用的知识，它是教材中关键性的概念、观点、原理和规律等。教学重点在教材中具有重要的作用，它能统率其他知识，是基础知识中的主要部分，它在形成学生知识、能力和提高学生思想觉悟方面具有重要的作用。因此，确定教学重点应主要从2个方面来考虑：一是要根据课程目标的要求和教材的知识体系来确定教学重点。例如，高中教材“经济生活”模块中的“商品”“货币”“价值”“价值规律”等知识都是教学重点，这些知识是构建经济学知识体系的核心概念和基本原理。二是学生中普遍存在的、带有个人倾向性的思想问题和理论认识问题等是中学政治课的教学重点。

所谓教学难点，是指学生在学习过程中遇到的主要障碍，即多数学生难以理解和掌握的知识或理论问题；或者是学科知识中抽象的概念、原理，以及学生在学习中极易混淆的知识，这些都可以是教学难点。确定教学难点的主要依据有3个方面：一是教材内容中学生最难接受、最难理解的知识或理论观点，特别是比较抽象的教学内容，如哲学中的“哲学”“物质”“意识”“价值”等概念、经济学中的“货币”“价值规律”等概念。二是理论上容易理解，但在思想上难以接受的理论认识问题也可以作为教学难点。三是学生容易混淆的概念。

在教学过程中，教师要突出教学重点，围绕教学重点来进行教学。在课堂教学过程中，不能平均分配时间或对知识点进行平均的讲解。同时，对教学重点和难点要有专门的分析与讲解，讲清楚、讲透彻重点和难点，帮助学生准确理解知识，形成对知识的理解力和判断力。在课堂教学中，只有重点突出、难点突破的教学，才能算得上是成功的。

（四）教学方法的选择

教学的成败很大程度上取决于教师能否妥善地选择和运用教学方法。政治课的教学方法是多种多样的，教师只有按照一定的标准，综合考虑教学中的相关因素，选取恰当的教学方法，合理地组合运用，才能使课堂教学效果达到最优化。

一般来说，政治课教学方法的选择主要依据以下4个方面进行综合考量，优化组合，构建高效课堂。

（1）从教学对象来看，教学方法的选择要符合学生的年龄特征、知识水平和班级的状况。每节课教师选择什么样的教学方法，一定要根据学生的身心特点来确定。教学方法的选择要依据学生的知识水平、接受能力和学习能力来确定。教师不能想当然或一厢情愿地进行教学设计。教学的目的不是“教”，而是学生的“学”，因此，课堂教学中教学方法的选择一定要注重学生的“学”。这就是陶行知所说的“教的法子要依据学的法子”。

（2）从教师来看，选择什么样的教学方法要考虑教师自身的学识、能力及特长等，尽可能扬长避短，形成个人独特的教学风格。有的教师善于逻辑严密的推理与条分缕析的讲解，有的教师更擅长充满激情的叙述与演讲，还有的教师善于与学生进行交流和互动……总之，每一位教师都有自己擅长的一面，也有自己不足的一面，在教学中要最大限度地发挥教师的能动性。当然，教师可以针对不同的课型采用不同的方法和风格，也可以融不同的风格于一体。

（3）从教学内容来看，教学方法的选择应符合政治课教学内容的特点。总的来讲，政治课的教学内容较为理性，它注重说理，因此逻辑性较强。同时，政治与生活密切相关，因此，它具有经验性的一面和常识性的一面，也有生活化的特点。教学方法的选择要充分考虑到政治课这两个基本的特征，如果教学内容逻辑性强，教师要注重采用讲授法，并且要充分表现理论本身的特征；如果教学内容较为生活化，那么教师可以灵活采用谈话法或发现法等，让学生去感悟、去体验、去发现、去归纳等。

（4）从教学条件来看，教学方法的选择一定要考虑到学校所能提供的硬件设备等条件。

总之，教师要善于进行不同教学方法的优化组合，以达到教学效果的最优化。不同的教学方法各有其优点和缺点，教师不能把某种教学方法公式化或绝对化，而应在教学过程中，力图将多种教学方法合理组合、综合运用。心理学研究表明，人只接受单一的刺激容易产生疲劳，如果一节课甚至一个教学阶段只采用一种教学方法，学生会疲劳，教师同样也会厌倦，这样就不易调动学生的各种感官参与教学活动，从而影响学生的学习效率。多种教学方法的合理组合不仅是可能的，也是必要的。从客观上看，在一定的教学活动中，不同的教学方法本身就是并存的、相继运用的。例如，教师演示实物时配合讲解，播放视频材料后引导学生思考和讨论等。从主观上看，教师是选择和运用教学方法的主动者、设计者，教师本身的能动性和创造性有利于教学方法的灵活运用和科学整合。教师在教学中不断地整合自己的教学经验，调整教学方法，让它们成为教学智慧，保证自己能够在课堂教学过程中，根据教学对象、教学内容、教学条件灵活运用教学方法，实现教学目标。

（五）板书设计

板书是教师为完成教学任务，根据教学需要，在黑板上以文字或其他符号传递教学信息的形式。在教学中恰当运用教学板书，有利于体现教学意图、理清教学思路、突出教学重点。板书能增强直观的效果，集中学生的注意力。板书设计就是教师对教学内容呈现方式的整体设计和筹划，它是教学设计中重要的一环。教师在设计板书时，一般要符合以下要求：

（1）板书设计要能够完整、概括地反映一节课的教学内容。板书设计要求教师要用简洁的文字、标题式的表达把教学内容清晰、有条理地呈现给学生。因此，板书设计需要教师提前对教学内容的知识体系进行归纳、整理、设计，力求把教学内容和知识点简明扼要地表述出来，帮助学生形成科学的知识框架体系。

（2）板书设计要注重知识之间的内在逻辑结构，体现知识点之间的内在联系。教学内容往往都有其内在的逻辑，板书设计一定要反映出教学内容的逻辑顺序和结构体系，让学生通过板书设计就可以一目了然地理解教学内容的主要观点及其内在逻辑。

总之，备课是教师进行教学前的重要准备工作。这项准备工作的重要且直接的成果就是写出教学设计或教案。因此，备课的过程就是教师整体设计教学并最终形成教案的过程，它是教师备课标、备教材、备学生、备教法学法的序列活动过程。备课的要领可以概括为 40 个字：研究课标，脑中有旨；钻研教材，胸中有书；熟悉学生，目中有人；制订方案，心中有法；编写教案，手中有谱。

四、撰写教学设计

（一）撰写教学设计的具体操作步骤

（1）根据课程标准和教材内容确定教学目标。教学目标应该包括知识、能力和情感态度价值观 3 个方面的目标要求，也常被称为“三维目标”。

（2）阅读教材、教学参考书或其他资料，理顺教材内容的结构体系，弄清知识的内在逻辑，确定教学重点和难点。

（3）写出纲目清楚、重点突出、结构完整的教学提纲。

（4）选择和确定教学方法，安排好教学过程和具体的时间分配计划。

（5）设计好板书，准备好思考题和练习题等。

（6）撰写教案，使之格式化、规范化。

（二）教学设计的基本格式

教学设计要求格式完整、条理清晰、可操作性强。这就要求教学设计包含课堂教学中的诸多要素和项目。一般而言，教学设计要求包含以下各要素和项目：①日期；②教学课题；③课时安排；④教学目标；⑤教学重点和难点；⑥教学方法；⑦教学过程，其中包括导入、讲授新课、小结、课堂练习、布置作业等环节；⑧板书设计；⑨教学反思或教学后记等。这些要素和项目按照课堂教学的特点进行有序排列，先明确教学目标，确定教学重点和难点，选择和组合运用教学方法；然后详细设计课堂教学过程的具体环节，对教师活动和学生活动进行细致的安排，保证课堂教学顺利进行。教学设计的基本格式如下表所示：

教学设计的基本格式及主要项目

讲授课的格式	讨论课的格式
教学课题： 授课班级： 授课教师： 课时安排： 教学目标： 教学重点和难点： 教学方法： 教学过程：（以五环节教学为例） 1. 导入环节 2. 讲授新课环节 3. 小结环节 4. 课堂练习环节 5. 布置作业环节	教学课题： 授课班级： 授课教师： 课时安排： 教学目标： 教学重点和难点： 教学方法： 教学过程： 1. 导入 2. 讨论题的公布 3. 学生分组及教师的具体要求 4. 学生讨论 5. 小组交流 6. 教师的总结与点评

教学设计的常用格式有表格式和文字式。在实际教学中，不同的教师习惯不同的教学设计格式。表格式和文字式没有实质的区别，主要是呈现方式不同而已。

表格式教学设计模板如下表所示：

“××××”教学设计

教学课题		课时安排	
		授课班级	
		授课教师	
教材分析			
学情分析			
教学目标	知识目标： 能力目标： 情感态度价值观目标：		
教学重点			

（续上表）

教学难点			
课型		教具	
教学方法			
教学过程	教师活动	学生活动	设计意图
【导入环节】			
【讲授新课环节】			
【小结环节】			
【课堂练习环节】			
【布置作业环节】			
板书设计			
教学反思			

文字式教学设计模板如下所示：

“××××”教学设计

教学课题：　　　　　　　　　　　　授课班级：

课时安排：　　　　　　　　　　　　授课教师：

教材分析：

学情分析：

教学目标：

　　知识目标：

　　能力目标：

　　情感态度价值观目标：

教学重点和难点：

课型：

教学方法：

教学过程：

　　【导入环节】

　　教师活动：

学生活动：

【讲授新课环节】

教师活动：

学生活动：

【小结环节】

教师活动：

学生活动：

【课堂练习环节】

【布置作业环节】

板书设计：

教学反思或教学后记：

第二章　高中《思想政治》教学设计选编

“影响消费水平的因素”教学设计（一）

一、教学课题

“影响消费水平的因素”是人教版高中《思想政治》必修1《经济生活》第一单元第三课第一框第一目的教学内容。

二、教学目标

1. **知识目标**

（1）理解收入是消费的基础和前提。

（2）了解居民的消费水平受未来收入预期的影响。

（3）理解人们的收入差距对社会总体消费水平的影响。

2. **能力目标**

（1）学会透过现象看清事物的本质。

（2）培养分析归纳能力。

（3）增强理论联系实际的能力。

3. **情感态度价值观目标**

（1）养成奋斗拼搏、努力向上的生活态度。

（2）树立正确的消费观。

（3）正确看待我国的收入差距问题，增强忧患意识和社会责任感。

三、教学重点和难点

教学重点：收入是消费的基础和前提。

教学难点：收入差距对社会总体消费水平的影响。

四、教学方法

讲授法。

五、教学过程

（一）导入环节

师：回顾2018年，同学们也许会想到很多热门词语。但是说到1978年，同学们最先想到的可能是我国的改革开放政策。2018年是我国改革开放40周年。那么，在这40年中，人们的消费发生了怎样的变化呢？从经济学角度来看，人们的消费水平受到哪些因素影响呢？下面请看一组图片，了解一下。

展示图片：①二十世纪六七十年代“四大件”：自行车、收音机、缝纫机、手表；②二十世纪八九十年代“四大件”：冰箱、黑白电视、洗衣机、录音机；③21世纪初：手机、电脑、汽车等。

师：通过图片展示，我们可以感受到，改革开放以来，随着中国经济的发展，人们的收入增加了，消费能力也增强了，曾被定义为奢侈品的“四大件”早已成为普通家庭的必备品，人们的生活越来越好。那么，到底有哪些因素影响人们的消费水平呢？

（二）讲授新课环节

1. 收入是消费的基础和前提

展示图片：2013—2018年全国居民人均可支配收入和全国居民人均消费支出图。

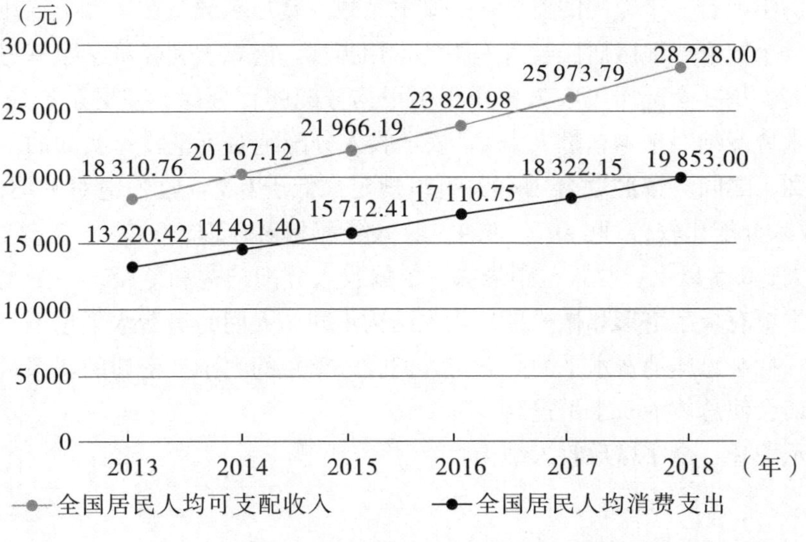

2013—2018年全国居民人均可支配收入和全国居民人均消费支出

师：通过对这两条线的比较分析，我们很容易发现：人们的可支配收入增加，消费也会增加，它们之间呈正相关关系。可见，人们的消费水平虽然受很多因素的影响，但其中主要的因素是收入。在其他条件不变的情况下，人们当前可支配收入越多，消费支出就越多，享受的服务也就越多。因此，收入是消费的基础和前提。要想提高居民的生活水平，就必须保持经济的稳定增长，增加居民的收入。

2．居民消费水平不仅取决于当前的收入，而且受未来收入预期的影响

师：相信同学们在假期也会和父母或朋友一起外出游玩，据相关数据统计预测，到2030年，我国居民出境旅游将突破2亿人次。随着我国经济水平的快速提高，人们越来越追求高品质的生活，工作与休闲两不误。很多人选择在假期做一名背包客，放松自己，去欣赏外面更广阔的世界，去看自己不曾看过的风景。然而，受欧债危机的影响，大部分欧洲人对经济的复苏不看好，很多家庭都取消了出国度假的计划。这又是为什么呢？为什么在我国人们会更愿意消费，在欧洲却有不少人取消了出国度假的计划呢？

学生思考并尝试回答问题。

师：因为居民消费水平不仅取决于当前的收入，而且受到未来收入预期的影响。对于未来收入，如果人们有非常乐观的预期，那么预支将来收入的可能性就会加大；反之，预期未来有减少收入或者失业的风险时，人们就会节制当前的消费，以备不时之需。

3．社会总体消费水平的高低与人们收入差距的大小密切相关，收入差距缩小，会使总体消费水平提高

师：从宏观来看，社会总体消费水平的高低与人们收入差距的大小密切相关。经济学上有一个专门的概念——基尼系数。基尼系数是在国际上通用的，用以衡量一个国家或地区居民收入差距的常用指标，因意大利经济学家基尼首先提出而得名，指在全部居民收入中用于不平均分配的百分比。基尼系数最小为0，表示收入分配绝对平均；最大为1，表示收入分配绝对不平均；实际的基尼系数介于0和1之间。按照联合国有关组织规定：低于0.2，收入绝对平均；0.2～0.3，收入分配比较合理；0.3～0.4，收入分配相对合理；0.4～0.5，收入分配差距较大；0.5以上，收入差距悬殊。依据收入分配结构和差距，一个国家的收入结构主要有金字塔形和橄榄形。收入结构不同，人们的消费水平也不一样。也就是说，社会总体消费水平的高低与人们收入差距的大小有密切的联系，收入差距缩小，会使总体消费水平提高。

展示图片：金字塔形收入结构。

师：长期以来，我国的社会收入结构更趋向于金字塔形，在这种结构中，少数人占据了社会上大量的财富，人们的收入差距非常明显。2018年国家统计局公布的中国基尼系数大约为0.45，说明我国收入分配差距较大。位于金字塔顶端的是人数较少的高收入群体，他们拥有大量的财富，但是他们的普通消费需求已接近饱和。位于底部的低收入群体有消费需求，但是没有足够的消费能力。位于中间位置的中等收入群体，他们的工作相对稳定，物质生活也较为宽裕，同高收入群体相比，他们的普通消费倾向更强，消费弹性更大，同低收入群体相比，他们有更高的消费能力，消费意愿也更强烈，因而中等收入群体便成为我们社会上的消费主力军。然而，在这种金字塔形收入结构中，中等收入群体的比重还是相对偏低，整个社会的总体消费水平也相对较低。

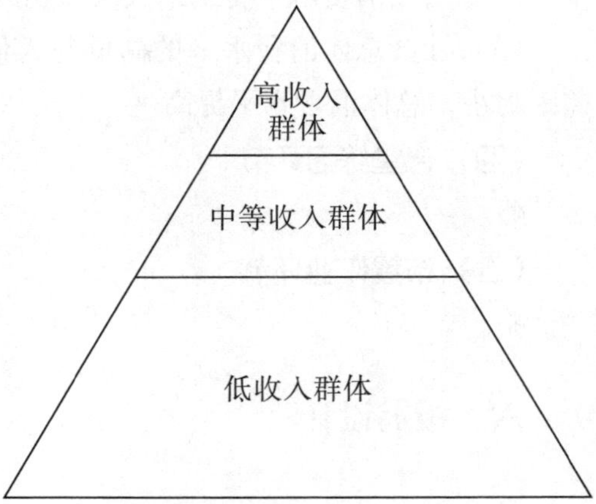

金字塔形收入结构

展示图片：较为理想的橄榄形收入结构。

师：橄榄形收入结构表现为低收入群体和高收入群体相对较少，中等收入群体占绝大多数，这一结构的收入分配更加合理，人们收入差距较小，社会总体消费水平较高，经济发展也更有动力。

师：对比金字塔形和橄榄形的收入结构，我们知道社会总体消费水平的高低与人们收入差距的大小有密切的联系。人们的收入差距过大，总体消费水平会降低；反之，收入差距缩小，会使总体消费水平提高。因此，从国家宏观调控来看，政府要致力于增加居民收入，缩小收入差距，尽可能改善低收入群体的经济状况，提高中等收入群体的比重。只有这样，才能使经济得到健康发展。

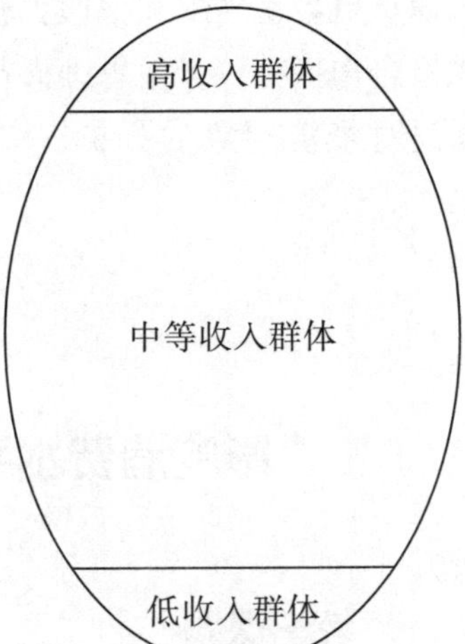

较为理想的橄榄形收入结构

（三）小结环节

影响消费水平的因素主要有：

（1）收入是消费的基础和前提。

（2）居民消费水平受未来收入预期的影响。

（3）社会总体消费水平的高低与人们收入差距的大小有密切的联系，收入差距缩小，总体消费水平提高。

（四）课堂练习环节

略。

（五）布置作业环节

略。

六、板书设计

影响消费水平的因素
- 当前收入——基础、前提
- 未来收入预期
- 收入差距

七、教学反思

教学案例的引用可以更贴近学生的生活实际，引发学生的共鸣，从而让学生对知识点更容易理解和把握。教学过程可以采用讨论法来活跃课堂气氛，鼓励学生积极合作探究，产生思维火花的碰撞，发挥学生学习的主体性。教学过程要注重通过对经济现象的分析，引导学生从感性认识上升到理性认识，培养理性思维。

（张铭峰）

"影响消费水平的因素" 教学设计 （二）

一、教学课题

"影响消费水平的因素"是人教版高中《思想政治》必修1《经济生活》第一单元第三课第一框第一目的教学内容。

二、课时安排

15 分钟。

三、教材分析

在学习本课之前，学生已经学习了“神奇的货币”和“多变的价格”，本课主要是在学生已经理解货币与商品的价格等知识的基础上，引导学生学习“多彩的消费”。消费作为最贴近学生生活的经济现象，教学从其入手，有利于激发学生的学习兴趣。教材通过深入分析影响消费水平的因素，为下一框“树立正确的消费观”的学习做好铺垫，同时可以为学习第二单元“生产与消费”做准备，因为消费是“生产—分配—交换—消费”链条中的重要环节。可见，本目内容在整个教材中起着承上启下的作用。

四、教学目标

1. 知识目标

（1）识记影响消费水平的因素。

（2）理解收入与消费水平之间的关系。

（3）理解社会总体消费水平的高低与人们收入差距的大小之间的关系。

2. 能力目标

（1）通过引导学生从多角度认识影响消费水平的因素，提高学生的辩证思维能力。

（2）学会分析生活中的经济问题，培养学生掌握透过现象看本质的思维方法。

（3）逐步提升学生积极主动参与经济生活的能力。

3. 情感态度价值观目标

培养学生树立正确的消费观念。

五、教学重点和难点

教学重点：收入是消费的基础和前提。

教学难点：社会总体消费水平的高低与人们收入差距的大小的关系。

六、教学方法

（1）情境教学法：从生活中取材，创设情境，让学生就身边熟悉的问题发表意见，激发学生的学习兴趣。

（2）讲授法：对于比较难理解的知识点，教师进行讲授，向学生传授系统的、有条理的知识，引导学生理解。

（3）案例探究法：把生活事件作为教学案例，通过分析生活中的例子，印证教材的观点，让学生易于理解和接受。

（4）分析归纳法：学生通过对事例材料进行分析，归纳出其中的一般原理和观点，有利于提高学生的分析归纳能力和语言表达能力。

七、教学过程

（一）导入环节（3 分钟）

师：同学们，今天我们将进入第三课的学习。我们从出生那天起，就开始了消费行为。准确来说，我们还在妈妈肚子里的时候，就已经开始间接消费了，因为我们必须从母体里吸取营养才能逐渐成长。消费与我们息息相关，它是我们日常生活中不可或缺的一部分。那么，我们的消费到底受到哪些因素的影响呢？在讲新课之前，我们先来看一段视频，在观看视频的过程中，老师希望同学们思考一个问题：跟过去相比，为什么现在越来越多的人喜欢旅游度假？

教师播放视频。

师：视频内容是“五一”劳动节假期部分旅游景点的盛况，大家在“五一”小长假中有没有和家人出去旅游呢？

生：有！

师：看来大部分人倾向于选择在假期外出旅游。我们有请××同学来回答刚刚那个问题，为什么现在越来越多的人喜欢旅游度假？

生：因为可以趁着大家有时间，一起出去玩。

师：那以前有那么多人选择旅游吗？比如说我们的爷爷、奶奶那代人。

生：应该没有。

师：所以，到底是什么原因导致现在越来越多的人喜欢旅游度假？

生：大家现在经济条件好了，有余钱出去旅游。

师：没错！现在人们有钱了，追求更高质量的生活，在假期的时候，更倾向于外出旅游。下面我们就从“五一”小长假说起，看看到底影响消费水平的因素有哪些。

（二）讲授新课环节（10 分钟）

师：今年，我们的“五一”小长假首次由 3 天变成了 4 天，很多人都一家老小出去旅游。听说小雅一家也出游了，我们的校园记者对小雅一家进行了采访调查，下面是采访记录。

采访一：采访对象——小雅的爷爷、奶奶

记者：小雅爷爷、奶奶好！听说您一家“五一”假期去旅游啦！不知道感觉怎么样呢？

爷爷：高兴啊，现在家里条件好了，难得大家有时间聚在一起，一起出去旅游、放松一下挺好的。

记者：您这次去了哪里呢？

奶奶：A市。以前听说那里的风景很美，物价又不算太贵，年轻的时候就想去了，当时经济条件不允许，一直没去成。现在家庭条件好了，有剩余的钱玩乐，就想去看看。

记者：真好！现在您的梦想成真啦！

奶奶：是啊，这要感谢党和国家，让我们百姓富起来。

师：从上面的对话中，我们想一想，影响小雅一家消费的因素有哪些？最主要的因素又是什么？

生：家庭收入……

师：同学们都说得很好。消费水平受很多因素的影响，其中主要因素是居民的收入。收入是消费的基础和前提。小雅家的家庭总收入提高，可以自由支配的收入增多，他们更愿意消费了。也就是说，在其他条件不变的情况下，人们当前可支配收入越多，对各种商品和服务的消费量就越大。这里值得注意的是，可支配收入是指扣除养老保险、医疗保险、失业保险、工伤保险、生育保险、住房公积金、个人所得税等剩下的收入。可支配收入才能用于各种消费。

师：不知道同学们有没有注意到小雅奶奶说到的“感谢党和国家，让我们百姓富起来”，这里的言外之意就是，国家大力发展经济，保持经济的稳定增长，有利于增加居民的收入，提高居民的生活水平。所以，提高人们消费水平的根本途径是大力发展经济，保持经济的可持续健康发展，增加居民收入。

师：接下来我们继续看校园记者的采访记录。想一想，为什么小雅家愿意花钱外出旅游？我们又可以得出什么结论呢？

采访二：采访对象——小雅的爸爸、妈妈

记者：小雅爸爸、妈妈，你们好！听说爸爸是一家大型企业的市场总监，收入一定很可观吧！

爸爸：还可以，都是为生活而奔波劳碌。

记者：那妈妈从事什么工作呢？

妈妈：我是一名会计。

记者：“五一”是旅游的高峰期，外出旅游花销比平时要多很多吧？

妈妈：那是肯定的。不过，一家人开开心心，花费多也是很值得的。

记者：钱花了，对以后的生活有影响吗？

妈妈：不会，因为我们家的收入还算稳定，而且有社保和其他福利。

生 1：因为相信钱花了还会赚回来，对以后的生活不会有太大的影响。

生 2：因为小雅妈妈有着乐观的未来收入预期。

师：这位同学回答得很好。小雅妈妈说到“我们家的收入还算稳定，而且有社保和其他福利”，这可以看出小雅妈妈对未来收入有比较乐观的预期。可见，居民消费水平不仅取决于当前的收入，而且受未来收入预期的影响。像小雅妈妈这样，对未来收入有非常乐观的预期，那么预支将来收入的可能性就会加大；反之，如果人们预期未来有收入减少甚至失业的风险时，就会节制当前的消费，把钱都存起来，以备不时之需。

师：其实采访后，校园记者了解到，这次小雅家去 A 市旅游还有一个目的——进一步拓展业务。原来，小雅爸爸的公司推出了一款新手机，作为市场总监的他需要到 A 市实地考察一番。下面是关于 A 市和 B 市的家庭月收入调查分析图。

教师展示图片。

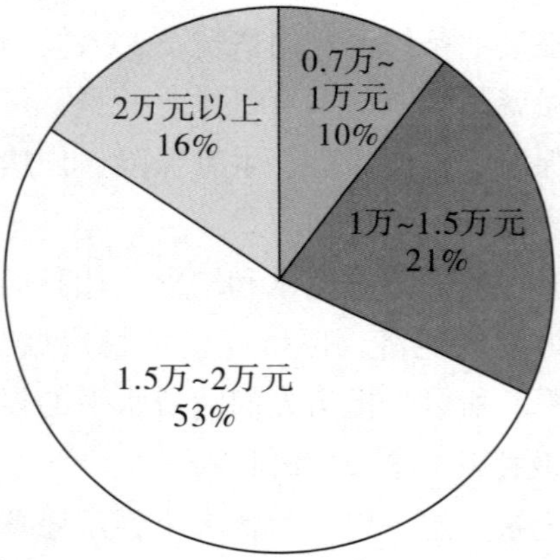

A 市家庭月收入

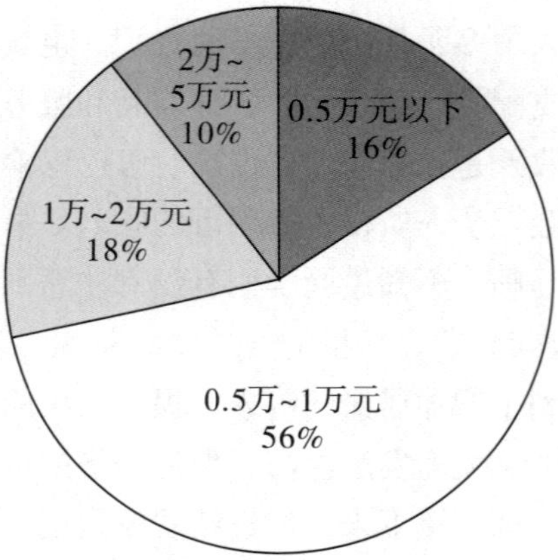

B 市家庭月收入

师：公司现在要推销一款市面价值 5 000 元的手机，如果你是小雅爸爸，你会选择在哪个城市拓展业务？为什么？大家进行交流讨论，待会儿老师会请同学来回答。

生 1：B 市，因为这个城市的居民家庭月收入比较高，他们更有钱。

生 2：A 市，因为这个城市的居民家庭月收入差距比较小，大部分的人都能买得起这款新手机。

师：同学们分析得很到位。社会总体消费水平的高低与人们收入差距的大小有密切的联系。人们的收入差距过大，总体消费水平会降低；反之，收入差距缩小，会使总体消费水平提高。虽然家庭月收入高的居民在 B 市，但是收入高者毕竟占少数，这部分人的消费增长是有限的，其他大部分的消费者因为受到经济状况的制约则有可能不会买新手机。所以，即使那小部分收入高者都买了这款新手机，手机的销售总量相对来说还是不如 A 市理想。而 A 市的居民家庭月收入虽然不是很高，但他们的家庭月收入差距是比较小的，绝大多数的人都可以支付得起该款新手机。这样一来，手机的销售总量会更高。可见，社会总体消费水平的高低与人们收入差距的大小有密切的联系，收入差距缩小，会使总体消费水平提高。这也是为什么我们国家要坚决打赢脱贫攻坚战，同时要通过不断完善收入分配制度来缩小收入差距，目的是提高人民的总体生活水平。

（三）小结环节（2 分钟）

师：通过这节课的学习，我们知道了影响消费水平的主要因素是居民的收入，收入是消费的基础和前提。居民的收入包括当前可支配收入和预期收入，它们都会影响人们的消费。同时，社会总体消费水平的高低与人们收入差距的大小有密切的联系，收入差距缩小，总体消费水平会提高。除此之外，影响消费的因素还有物价水平、消费观念、消费心理、商品的性能和外观等。

（四）课堂练习环节

略。

（五）布置作业环节

略。

八、板书设计

一、消费及其类型

（一）影响消费水平的因素

1. 主要因素：收入（基础和前提）

（1）当前可支配收入。

（2）未来收入预期。

（3）收入差距。

2. 其他因素：物价水平、消费观念、消费心理、商品的性能和外观等

（肖慕晴）

“影响消费水平的因素” 教学设计 （三）

一、教学课题

“影响消费水平的因素”是人教版高中《思想政治》必修 1《经济生活》第一单元第三课第一框第一目的教学内容。

二、课时安排

40 分钟。

三、教材分析

本目内容在整个教材中起着承上启下的过渡作用。它上承“多变的价格”，是其内容的延伸，下启“树立正确的消费观”。通过本目学习，学生可以认识到消费不是纯粹的吃喝玩乐，而是关系到生存质量和发展的资本；消费也不仅仅是个人的事情，还关乎国计民生。本目学习也为“树立正确的消费观”中的“消费心理面面观”和“做一名理性的消费者”的学习做好了铺垫，为学习第二单元“生产与消费的辩证关系原理”做准备。

四、学情分析

高一年级的学生虽然能够独立思考问题，具备一定的知识储备，对于消费也有一定的生活体验，但是由于他们的学习自觉性还不够高、抽象思维能力还不够强，缺乏全面的、系统的、理性的认识和判断，所以未能上升到理论层面去深入认识和分析人们的消费行为。因此，课堂教学要贴近学生的生活，从学生生活的消费案例入手，深入浅出地教授，把抽象的理论与生动的现实生活结合起来，引导学生通过日常生活中常见且生动的感性材料去深刻理解和把握抽象经济学理论知识，把感性认识上升为理性认识。教师在教学中要坚持“为学生学习服务、为学生发展而教”的教学理念，因材施教，指导学生学会如何去分析事例，培养他们勤思考、深分析的好习惯，鼓励学生在社会实践中自主探索、积极思考、独立分析，领会生活中的经济学原理，培养参与经济生活的能力。

五、教学目标

1. 知识目标

理解居民收入和消费水平的关系，理解当前可支配收入、未来收入预期以及收入差距对消费水平的影响。

2. 能力目标

引导学生从感性认识上升到理性认识，培养学生从多角度、多层面去分析影响消费水平的因素，从而提高学生的理论思维能力、辩证分析经济问题的能力和参与经济生活的能力。

3. 情感态度价值观目标

感受我国消费水平的变化及其现状，增强忧患意识和社会责任感，理性看待影响居民消费水平的因素，认同并支持国家维护社会公平正义，着力解决收入分配差距较大等问题。

六、教学重点和难点

教学重点：影响消费水平的主要因素是居民收入。

教学难点：掌握居民收入与消费水平的关系，特别是要理解收入差距大小的变化对社会总体消费水平的影响。

七、教学方法和学习方法

教学方法：讲授法。

学习方法：合作学习和自主探究相结合。

八、课前准备

（一）学生准备

预习“影响消费水平的因素”内容，初步了解教材的主要观点，并收集和整理上课所需要的相关资料。

（二）教师准备

（1）检查落实学生的预习情况并了解学生的疑惑，使教学具有针对性。

（2）搜集相关的资料，制作多媒体课件、撰写教案。

（3）课前预习学案，课内探究学案，课后延伸拓展学案。

（三）教学环境的设计和布置

让学生课前分好组，要求各组提前准备好相关资料。

九、教学过程

（一）导入环节

教师活动：

（1）师：大家都知道，消费与我们的生活息息相关，是我们生活中必不可少的一部分，如食品消费、服装消费、旅游消费、汽车消费、住房消费等（通过多媒体展示相关消费的实例图片）。接下来我们一起来看一个收入与消费有关的案例。

（2）情境导入。通过多媒体展示问题并让学生思考：小李是一名公务员，工资虽不算太高但还算稳定。前几年他就有购买一辆汽车的想法，但由于没有存款而一直没有实现。这几年他有了一些积蓄，打算今年实现买汽车的愿望。如果你是小李，你买车时会考虑哪些因素？为什么？

（3）教师点评：小李买车时确实有可能会考虑到很多因素，如收入、爱好、愿望等。那么，从经济学角度来看，到底有哪些因素影响我们的消费？其中主要因素是什么？这就是我们今天要学习的内容——影响消费水平的因素。

（4）课件展示学习内容和学习目标，明确教学重点、难点和知识点。

学生活动：学生思考并回答：价格、品牌、质量等。

设计意图：①多媒体投影展示消费实例图片，给予学生直观的视觉冲击，吸引学生的注意力，激发学生的学习兴趣，使学生不由自主地参与和融入课堂教学情境。②情境创设的问题与学生的生活息息相关，能结合自身实际思考并得出结论，从而导入新课，明确学习目标。

（二）讲授新课环节（探究一：影响消费水平的因素）

1. 根本因素：经济发展水平

教师活动：

（1）多媒体投影问题：同学们在学校上学，虽然接触的事物比较少，但是应该也多多少少注意到自己身边发生的比较明显的现在生活与过去对比之下的变化。提到生活的变化，老师觉得印象最深刻的就是交通工具的变化了——从自行车到汽车。

（2）多媒体投影“交通工具变化”的实例图片和问题：首先，请同学们看看我们过去和现在在交通工具方面的消费方式的变化对比图，然后思考并回答问题：这种变化反映了什么？为什么我们的交通工具会发生如此大的变化？

（3）教师点评并总结：同学们说的都很有道理！这种变化不仅投射出百姓出行方式的变迁历程，还反映出一个国家和民族所发生的沧桑巨变。而承载一代代人财富梦想的正是影响消费的根本因素——经济发展水平。倘若没有社会经济的发展从而生产出汽车，小李即便有钱也无法买汽车，或者可以这么说，即便是古代的皇帝，也无法享受汽车带来的便捷。正是随着社会经济发展水平的不断提高，我们的消费水平水涨船高，经济发展不断满足人们不同的消费需求。因此，经济发展水平影响人们的消费水平。那么，影响消费水平的主要因素是什么呢？下面还是以小李买车为例来说明。

学生活动：学生结合自身的生活实际，分组积极讨论并回答问题，然后每组派代表说明讨论的结果。

设计意图：①通过引导学生从自身生活实际出发去思考问题，无形中增加学生对课堂的亲切感，有利于营造轻松、愉悦、有趣的课堂氛围。②借助图片的对比，更好地帮助学生感受我国交通工具快速的发展变化，让学生明白：正是经济发展水平的不断提高，才给我们的消费带来了无限可能。

2．**主要因素：收入是消费的基础和前提**

（1）个人层面。

①当前可支配收入。

教师用多媒体投影问题：小李几年前就有购买一辆汽车的想法，但后来为什么一直都没有实现呢？

学生活动：学生积极讨论并回答问题。

教师点评并总结：小李没有存款，说明他的当前可支配收入太少了，没有能力购入一辆汽车。可见，收入是影响消费水平的重要因素，收入与消费成正比，收入是消费的基础和前提。在其他条件不变的情况下，人们的当前可支配收入越多，对各种商品和服务的消费总量就越大；收入减少，消费总量就减少。一般来说，收入增长较快的时期，消费增长也较快；反之，当收入增长速度下降时，消费增幅也下降。

教师用多媒体投影问题：如何理解当前可支配收入？它是指什么？

学生活动：学生积极讨论并回答问题。

教师点评并举例说明：以教师的工资为例，教师在取得合法收入之后，除了扣除“五险一金”[①] 等之外，还要缴纳个人所得税，余下的收入才可用于生活消费，这就是当前可支配收入。也就是说，人们的收入并不都是可以直接支配的，而是要扣除非税支付和个人所得税之后，才能归个人自由支配。例如，当前可支配收入＝9 500（工资）－1 000（五险一金）－105（纳税）＝8 395（元）。

设计意图：对“当前可支配收入”概念的理解，采用举例法来对它进行讲解，将复杂问题简单化，使学生更易理解。

②未来收入预期。

教师用多媒体投影问题：小李虽然存了一些钱，但还不够“一手交钱一手交货”式地一次性付清汽车的钱，所以他去银行贷了一些款，成功买下了汽车，实现了自己多年的愿望。思考一下：小李为什么敢大胆做出“花明天的钱来圆今天的梦”的选择？

学生活动：学生积极讨论并回答问题。

教师点评并总结：小李作为一名公务员，收入比较稳定，对未来收入比较乐观，自然敢大胆做出“花明天的钱来圆今天的梦”的选择。由此我们可以知道，居民消费不仅受当前可支配收入的影响，而且受未来收入预期的影响。未来收入预期越乐观，预支未来收入的可能性就越大，消费水平就可能越高；相反，预期收入减少或有失业的风险，一般都会节制当前的消费，消费水平就可能降低。

---

①“五险一金”中，“五险”指的是五种保险，包括养老保险、医疗保险、失业保险、工伤保险和生育保险，即平时所说的“社保”；“一金”指的是住房公积金。

设计意图：进一步以问题来引导学生，从生活中去发现和体会未来收入预期对消费水平的影响的具体表现，不仅可以帮助学生掌握相关知识点，还可以培养学生独立思考、分析问题和解决问题的能力。

（2）社会层面——收入差距。

教师用多媒体投影问题：小李在购买某品牌的汽车时认识了其相关负责人，两人还成为好朋友。小李从负责人那里了解到该品牌近期准备进军A县和B县中的一个。在A县，人均年收入约13万元的有10个家庭，其余家庭约5万元。在B县，所有家庭人均年收入基本为5万～13万元。该品牌的负责人最后选择了进军B县。你知道为什么吗？

学生活动：学生之间开展“头脑风暴”，积极讨论问题并作答。

教师点评并总结：B县的收入差距比A县要小得多，B县总体消费水平自然会比A县高得多。因为在A县，收入高者占少数，这部分人消费基本饱和，收入低者消费不起，社会总体消费水平不高。因此，B县比A县更有市场潜力。所以该品牌的负责人才选择了进军B县。可见，社会总体消费水平的高低与人们收入差距的大小有密切的联系。人们的收入差距扩大，社会总体消费水平会降低；反之，收入差距缩小，会使社会总体消费水平提高。

设计意图：通过探讨情境问题，引导学生针对“收入差距与消费水平的关系”大胆地发表自己的意见，通过课堂交流也可以深化对知识的理解和运用，学生通过对案例的分析，也能找到成就感，提高学习兴趣。

3．重要因素：物价

师：上节课我们学习了“物价变动对人们生活消费的影响”，它是通过改变需求量来实现的。那么，下面请同学们结合自身的生活经历思考并回答一个问题：物价是如何影响消费水平的？

学生活动：学生积极思考并在小组内展开讨论，每组派代表回答问题。

教师点评并总结：

（1）商品价格的变化会影响人们的购买能力。人们在一定时期内的总收入是有限的。如果商品价格上涨，会引起购买力下降，消费需求就会降低；反之，则购买力提高，消费需求就会增加。一般来说，物价与人们的购买力成反比：物价上涨—购买力下降—消费需求降低—消费水平下降（反之则反）。

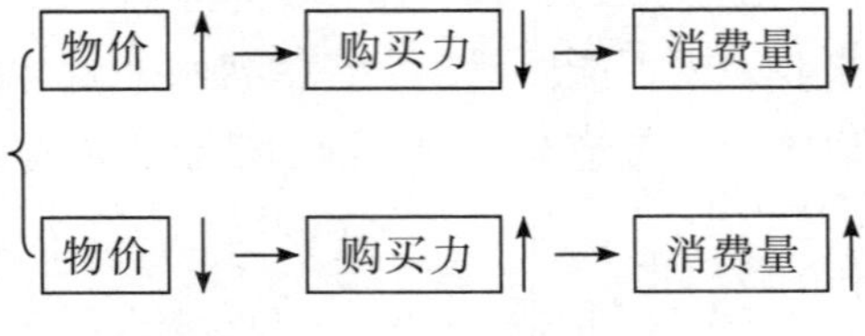

（2）不同商品价格的变化，对人们消费的影响是不同的。一般来说，人们不会因为价格变化而减少生活必需品消费。生活必需品受价格变动的影响要远远低于高档耐用品。此外，消费者对既定商品的需求，不仅受该商品价格变动的影响，还受相关商品价格变动的影响，如互为替代品（火车和飞机、牛肉和羊肉等）、互补商品（汽车和汽油等）。因此，物价的稳定对保持人们的消费水平、生活的安定和社会的稳定具有重要的意义。这也是国家特别关注农产品尤其是粮食、蔬菜等价格变化的重要原因。

设计意图：通过帮助学生回忆旧知识，进而引导学生建立新旧知识之间的联系，从而理解物价对消费水平的影响——在收入水平不变的情况下，消费水平与商品价格成反比。

4．主观因素：消费心理、消费观念、消费习惯

师：除了经济发展水平、收入和物价会影响消费水平之外，作为主观因素的消费心理、消费观念和消费习惯也会影响人们的消费行为。请同学们结合自身的生活经验，分别举例说明一下“作为主观因素的消费心理、消费观念和消费习惯”是如何影响人们的消费行为的。

学生活动：学生结合自身的生活经历分别举例说明。

教师点评并总结：我们在前面情境中所提到的小李由于存款（即当前可支配收入）不够“一手交钱一手交货”式地一次性付清汽车的钱，所以他在自己的经济承受能力范围之内采取“花明天的钱来圆今天的梦”的超前消费方式，去银行贷款成功买下了汽车，这也是消费观念对小李的消费行为产生影响的鲜明表现。

设计意图：教师放手让学生联系自己的生活实际自主探索，力求使学生在熟悉的情境氛围中深化对知识的理解，进而提高学生自身的认知水平。

5．其他因素

师：那么，还有哪些因素会影响人们的消费呢？商品的性能、质量、包装，商品品牌，商店位置，购买方式，服务态度，售后维修与保养情况等都会对我们的消费行为产生影响。比如我们在前面的情境材料中也能明显地看到小李在购买汽车时综合考虑和咨询了汽车品牌、售后维修与保养等情况。

（三）知识拓展环节（探究二：提高消费水平的途径）

教师用多媒体投影问题：请同学们结合“影响消费水平的因素”的知识点，思考并回答一个问题：国家应该如何提高居民的消费水平？

学生活动：学生就所提的问题进行思考和讨论，并作出回答。

教师点评并归纳总结：

影响消费水平的因素		如何提高居民消费水平
1. 根本因素：经济发展水平	⇨	1. 根本途径：大力发展经济，保持经济的稳定增长，增加居民收入
2. 收入是消费的基础和前提（当前可支配收入、未来收入预期、收入差距的大小对消费水平的影响）	⇨	2. 健全社会保障体系，改善收入预期 3. 缩小收入差距，实现社会公平，构建社会主义和谐社会
3. 物价变动对消费的影响	⇨	4. 国家加强宏观调控，稳定物价

设计意图：多样的教学形式不仅可以让课堂教学体现真实的教与真实的学，使学生在有趣的课堂氛围中获得较为扎实的知识，还可以培养学生以理论联系实际来解决问题的能力。

（四）小结环节

1. 课堂小结，深化对知识的理解

教师引导学生根据“影响消费水平的因素”归纳总结“提高消费水平的途径”，进而帮助学生全面系统地认识本节课所学习的知识内容。

<table>
<tr><td>根本因素</td><td>经济发展水平</td><td colspan="2">生产决定消费</td><td>大力发展生产力，实现高质量发展</td></tr>
<tr><td rowspan="3">主要因素</td><td rowspan="3">收入</td><td rowspan="3">收入是消费的基础与前提</td><td>当前可支配收入</td><td>促进就业，增加居民收入</td></tr>
<tr><td>未来收入预期</td><td>完善社会保障体系</td></tr>
<tr><td>收入差距</td><td>维护社会公平，深化收入分配制度改革</td></tr>
<tr><td>重要因素</td><td>物价</td><td colspan="2">物价变动会影响人们的购买力，从而引起需求的变化</td><td>加强宏观调控，稳定物价</td></tr>
<tr><td>主观因素</td><td>消费心理、消费观念、消费习惯</td><td colspan="2">消费心理、消费观念和消费习惯也会影响消费水平</td><td>树立正确的消费观</td></tr>
<tr><td>其他因素</td><td colspan="4">政策引导，市场环境，商品的性能、质量、包装，商品品牌，商店位置，购买方式，服务态度，售后维修与保养情况等</td></tr>
</table>

2. 多媒体投影展示提高消费水平的措施

以下重点内容让学生做好笔记：

（1）国家角度：①加强宏观调控，稳定市场物价水平。②引导新型消费，培育新的消费热点。③依法维护消费者合法权益，营造良好的消费环境。④引导居民树立正确的消费观念，倡导科学、理性消费，鼓励适度消费。⑤健全和完善社会保障制度和基本公共服务体系，解除居民消费的后顾之忧，提高居民消费的意愿和信心。⑥大力发展社会生产力，保持经济快速稳定的高质量增长，不断提高就业率，从而增加居民的收入，从根本上提高消费水平。⑦积极调整和完善收入分配制度，提高居民收入在国民收入中的比重，缩小收入差距，促进社会公平，构建社会主义和谐社会，从而提高总体消费水平。

（2）企业角度：积极关注市场需求，生产高质量的产品，提供优质服务，更好地满足消费者的需要。

（3）个人角度：①树立正确的消费观。②不断提高自身的素质，依靠自己的知识、技术等获得更好的工作和更多的收入。

设计意图：用多媒体展示本节课的知识网络结构，帮助学生构建属于自己的知识体系。俗话说，“编筐编篓全在收口”，师生共同总结的目的就在于帮助学生形成自己的认知结构，强化知识的系统性和逻辑性，培养学生的总结归纳能力。这不仅体现了课程的开放性与实践性，还在一定程度上实现了“生活即德育，德育回归生活”的课程目标。

（五）课堂练习环节

自改革开放以来，中国人民的生活发生了巨大的变化，新华社记者用“大起来的住房、多起来的私人轿车；低下来的食品支出比重、高起来的文化程度；热起来的假日旅游、快起来的通信方式”等词语来描绘这些变化。百姓的消费水平虽然提高了，但是东部和西部、城市和农村之间的人民生活水平仍然存在着较大的差距，为此，中央提出西部大开发、新农村建设等路线、方针和政策，把提高人民的生活水平作为现代化建设的重要目标。

（1）影响人民消费水平的因素有哪些？

（2）从国家层面和个人层面谈谈应如何提高人民的消费水平。

教师点评并总结：①影响消费水平的根本因素是经济发展水平，主要因素是居民的收入、物价以及主观因素和其他因素。②从国家层面来看，要大力发展经济，扩大和增加就业，用财政税收等政策缩小收入差距。从个人层面来看，要理性消费，不超前、不滞后，树立正确的消费观。

设计意图：通过练习，不仅有利于帮助学生巩固本节课所学习的内容，还可以使学生在解题中发现问题，以提升对知识点的理解与把握，从而提高解题能力。

（六）布置作业环节

（1）背诵“影响消费水平的因素”和“提高消费水平的途径”这两个知识点的内容。

（2）完成《导学》练习册上“影响消费水平的因素”这一目的相关习题，并交给教师批改。

设计意图：让学生在背诵中进一步深化对知识点的理解，并将其内化到自己的知识体系；教师通过对课后作业的批改，检验和反馈教学效果。

十、板书设计

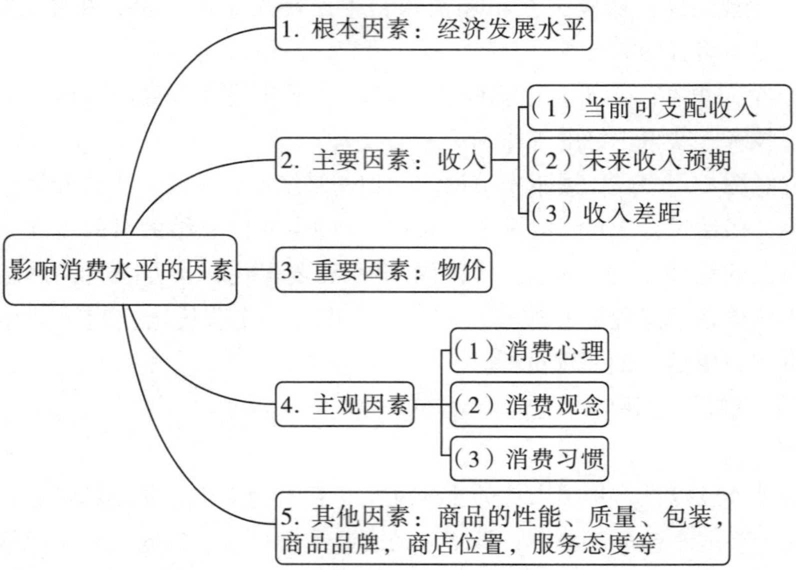

设计意图：系统的板书不但能直观地体现出教材中的知识点，而且便于学生理解与掌握。

（吴凤球）

“财政收入与支出” 教学设计 （一）

一、教学课题

“财政收入与支出”是人教版高中《思想政治》必修1《经济生活》第三单元第八课第一框第二目的教学内容。

二、教学目标

1. 知识目标

识记和理解财政收支的三种关系，理解财政收支平衡。

2. 能力目标

（1）运用经济学知识辨别国家财政的收支状况。

（2）锻炼用全面的观点看问题的能力。

（3）培养逻辑思维和具体问题具体分析的能力。

3. 情感态度价值观目标

（1）增强国家观念。

（2）关心支持国家的财政工作，以国家利益、经济建设为重。

（3）用积极的态度参与国家经济生活。

三、教学重点和难点

教学重点：财政收支三种关系的含义和影响。

教学难点：理解财政收支平衡不是收支相抵。

四、教学方法

讲授法。

五、教学过程

（一）导入环节

师：3 月，我国举行了“两会”，吸引了全国人民的目光。在“两会”中，人民最关心的莫过于 2019 年我国经济和财政的工作安排了。接下来我们来看一则视频，了解一下其中最受关注的焦点问题。

播放视频《李克强总理：今年赤字率预计 2.8%，财政赤字 2.76 万亿元》。

师：李克强总理公布了 2019 年国家财政预算安排，报告中提到了一个关键词就是“财政赤字”。那么，什么是财政赤字？它的含义是什么？除了财政赤字以外，我国的财政状况如何？下面我们就进入课堂学习——财政收入与支出（板书）。

设计意图：学生在时事新闻中可以了解我国财政预算安排，同时引出本节课的相关知识点，帮助学生更好地理解财政收支平衡及其意义。

（二）讲授新课环节

材料 1 香港特区政府财经事务及库务局 2019 年 2 月 28 日公布，总计本财政年度首10个月，整体支出4 225亿港元，收入5 306亿港元，共录得1 081亿港元盈余。

学生活动：学生分析材料并针对财政盈余的利弊做出分析。

师：请同学们依据这则材料所提供的信息，说说香港的财政收支状况如何。

生：香港10个月里，整体支出4 225亿港元，收入5 306亿港元，有1 081亿港元盈余。

师：香港特区政府10个月里的收入除去支出以外，共录得1 081亿港元盈余。简而言之，就是香港特区政府的收入大于支出，财政收入大于支出是财政中的一种收支情况，我们称之为财政盈余。

财政盈余：财政收入大于财政支出的部分（板书）。

设计意图：通过对财政盈余的含义的了解以及对财政盈余利弊进行分析，帮助学生养成一分为二、全面看待事物的思维习惯，同时为下一个知识点的全面分析做准备。

师：财政盈余是收入大于支出，反过来，支出大于收入又是怎样的情况呢？接下来我们先看一则材料。

材料2 美国财政部发布的月度财政报告显示，2018财年（2018年10月1日至2019年9月30日）美国联邦政府财政收入约3.329万亿美元，财政支出约4.108万亿美元，财政赤字增长17%，约7 790亿美元。

师：通过这则材料，我们可以看到2018年美国的支出4.108万亿美元，远远大于收入3.329万亿美元，这种支出大于收入的情况，我们称之为财政赤字。

财政赤字：财政支出大于财政收入的部分（板书）。

学生活动：学生分析材料并针对财政赤字的利弊做出分析。

设计意图：通过分析材料和财政赤字的利弊，帮助学生更好地理解财政赤字的弊端和意义。

师：前面讲到收入大于支出是财政盈余，支出大于收入是财政赤字，那财政收入与支出的第三种关系，就是当财政收入与支出相平衡时的——财政收支平衡（板书）。

师：财政收支平衡从字面上理解，顾名思义就是财政的收入与支出相平衡，那请同学们思考并讨论一下，在国家财政中能做到财政收支完全相抵吗？为什么？我们应该如何正确理解财政收支平衡？

学生活动：学生思考并讨论交流各自的观点。

师：收支平衡是国家财政运行中的一种理想状态。在现实中，要在国家财政运行中完全做到收支相抵是很难的。因为国家经济和社会状况是不断变化的，不是静止的，预算也不可能在完全实现收入之后再安排支出，而是根据以往的经验和预测来编制，所以只要不出现很大规模的结余或赤字，都是正常的。财政收支平衡只能大体平衡，不可能出现收支绝对相等。因此，我们所说的财政收支平衡是指，财政收入大于财政支出略有盈余，或财政支出大于财政收入略有赤字（板书）。

设计意图：通过对财政收支平衡的含义的剖析，帮助学生正确认识财政收支平衡，同时对我国的财政收支平衡应该追求灵活的政策才能促进社会总供求平衡有一定的了解。

师：我们已经学完了财政收支的三种关系，现在来深入探讨一下这三种关系的影响。有人说，财政收入大于财政支出是一件好事，同学们怎样看待这个观点？

学生活动：学生思考并讨论交流各自的观点。

师：这个观点是片面的，财政收入大于财政支出有利也有弊。虽然财政收入大于财政支出证明国家经济状况良好，集聚的财富越来越多，但是财政收入大于财政支出，节余过多会导致企业经营困难，而且也代表资金运用不够充分。我们应该全面地、一分为二地看待财政盈余。财政盈余在一定程度上反映了国家经济的上升趋势，也在一定程度上意味着国家财政集中的财富过多，直接减少企业和个人的收入，不利于企业的扩大和个人购买力的提升，同时财政资金没有得到有效利用，国家职能没有得到充分体现，这对国民经济和社会发展会产生不利影响。

师：刚刚我们一分为二地分析了财政盈余的影响。那么，财政赤字的影响又是怎样的？

学生活动：学生回答问题。

师：财政赤字虽然有助于经济增长，但是过度的财政赤字会造成通货膨胀。适量的财政赤字可以拉动经济的增长，尤其是在居民消费不足的情况下。但财政赤字必须控制在一定的范围内。既然财政赤字或者财政盈余都有其利弊，财政收支平衡是我们追求的一种理想状态，那么我国应该如何实现收支平衡呢？国家政府应该时刻关注财政的状况，采取灵活的策略处理财政的收支关系。一个国家要实现财政收支平衡是一个很艰巨的任务。国家不仅要根据具体情形，合理确定财政的收支关系，还要具体问题具体分析，采取灵活的应对决策，才能促进社会总供求平衡。

（三）小结环节

这节课我们讲了财政收支的三种关系，现在一起来回顾一下：

（1）财政盈余：财政收入大于财政支出的部分。

（2）财政赤字：财政支出大于财政收入的部分。

（3）财政收支平衡：财政收入大于财政支出略有盈余，或财政支出大于财政收入略有赤字。

（四）课堂练习环节

略。

（五）布置作业环节

面对不同的财政收支情况，如何处理好财政收入与支出的关系，实现资源的最优化配置？

六、板书设计

（二）财政收入与支出

1．财政收支的三种关系

（1）财政盈余：财政收入大于财政支出的部分。

（2）财政赤字：财政支出大于财政收入的部分。

（3）财政收支平衡：财政收入大于财政支出略有盈余，或财政支出大于财政收入略有赤字。

（张雪莹）

“财政收入与支出” 教学设计 （二）

一、教学课题

“财政收入与支出”是人教版高中《思想政治》必修1《经济生活》第三单元第八课第一框第二目的教学内容。

二、教学目标

1．知识目标

（1）理解财政收支的三种关系：财政收支平衡、财政盈余、财政赤字。

（2）懂得国家应当根据具体情形确定财政收支的合理关系。

2．能力目标

（1）联系实际说明财政收支关系，培养学生分析问题的能力。

（2）了解国家运用财政政策实现经济平稳运行，提高学生理解事物内部联系、把握事物本质的能力。

（3）辩证看待财政赤字，培养辩证思维能力。

3. **情感态度价值观目标**

（1）增强学生的国家观念，关注国家与社会的发展。

（2）关心、支持国家财政工作，以国家利益、经济建设为重，增强国家荣誉感。

三、教学重点和难点

教学重点：财政收支平衡、财政盈余和财政赤字。

教学难点：国家应该根据具体情形，合理确定财政收支关系，促进社会供求总平衡。

四、教学方法

讲授法、案例教学法和合作探究法。

五、教学过程

（一）导入环节

教师活动：通过对财政收入的含义、来源和影响因素以及财政支出的含义和种类的回忆与复习，提问学生：一个国家的财政收入一定等于财政支出吗？财政收支关系存在哪几种情况？

学生回答问题，教师进而引出新的学习内容“财政收入与支出”，以旧带新。

设计意图：回顾旧知识，同时做好学习新知识的心理准备。通过对旧知识的回忆与复习，引出新的教学内容。

（二）讲授新课环节

1. **财政收支的三种关系**

教师展示材料，学生阅读材料，进行对比分析。

材料 1 2019 年第一季度财政收支情况：1—3 月累计，全国一般公共预算收入 53 656 亿元，同比增长 6.2%；全国一般公共预算支出 58 629 亿元，同比增长 15%。

材料 2 大洋彼岸的美国，2019 年 10 月的财政收入为 2 526.92 亿美元，虽然同比增长了 7.3%，但相比 3 531 亿美元的财政支出，出现了相当于近 7 000 亿元人民币的赤字。财政赤字对经济发展发挥着一定程度的刺激和助推作用。但财政赤字会令债务不断增长，影响政府的投资和国内的基础设施建设，还会削弱一国的综合实力。

材料3 2019年2月19日，德国经济研究所IFO发布数据称，2018年德国的经常账户盈余达到了2 940亿美元，这一数据也是全球所有国家中账户盈余最高的。德国也因此再次成为全球最会“省钱”的国家。对此，欧盟委员会和国际货币基金组织多年来，一直建议德国政府利用账户盈余，加大国内的基础设施建设和教育、医疗等公共投资，同时提升国内的整体工资水平，以此实现德国的财政收支平衡。

教师活动：教师引导学生分析材料中财政收入与财政支出的情况，理解财政收支的三种关系：①支出 > 收入→财政赤字。②收入 > 支出→财政盈余。③收入 = 支出，略有盈余或略有赤字→财政收支平衡。

教师根据材料，引导学生思考不同的财政收支情况带来的影响。

学生活动：阅读课本相关内容，结合材料，跟着教师的思路，思考并回答问题。

教师写板书，进行知识点总结：

财政收支的三种关系

财政收支关系	含义	影响
财政收支平衡	略有盈余或略有赤字	财政资金得到比较充分的运用，能促进经济的发展
财政盈余	收入大于支出	财政资金没有得到充分的运用，对经济发展不利
财政赤字	支出大于收入	可能导致社会总需求和社会总供给不平衡，引发通货膨胀，不利于经济发展；但在经济发展缓慢的情况下，适当增加财政赤字能扩大社会总需求，拉动经济发展

教师特别提醒：财政平衡是一种相对动态的平衡，只要财政盈余或赤字不超过一定的数量界限，就可以视为财政收支的平衡状态。略有盈余的数量界限，一般认为以财政盈余占财政总收入的3%为度。根据历史经验，财政盈余占财政总收入的2%以下可视为财政收支完全平衡。略有赤字以财政赤字占财政总收入的3%以内为度。

设计意图：用表格的形式展示知识点，使三种不同的收支关系一目了然。通过特别提醒，进一步帮助学生准确理解知识。帮助学生理解政府通过合理确定财政收支关系，促进社会供求总平衡，这是教学难点。结合我国的具体情况，让学生既了解我国的财政状况，又对财政赤字有辩证的思考。

2. **国家应该根据具体情形，合理确定财政收支关系，促进社会供求总平衡**

学生进行小组合作学习，引导学生进行辩证思考，得出结论。

材料4　自从国际金融危机爆发，近10年来，中国的经济增长面临的结构转型压力加大，经济增长目标由高速度转向高质量发展。在此背景下，政府部门通过减低税费、增加财政支出、扩增财政赤字来激发经济的内生增长动力，维持经济的一定增速。2016年和2017年连续两年赤字率达到3%的历史高位水平，赤字规模也均在2万亿元以上，2018年政府在“两会”中将财政赤字率下调为2.6%（财政赤字率指财政赤字与GDP之比。国际上财政赤字率的安全警戒线为3%）。

教师活动：让学生结合材料和所学经济知识，分析近三年我国增加财政赤字的合理性，并以正反两方立场进行辩论。论题——财政出现赤字好不好？

学生活动：学生分成正反两方进行辩论，发表各自的观点，教师引导并进行总结。

师：财政赤字是积极财政政策的具体手段。在经济下行压力下，增加财政赤字能够扩大财政支出，刺激社会总需求；低于警戒线是适度的、安全的。要辩证地看待财政赤字现象，不能笼统地说财政赤字是有害的还是无害的。

设计意图：财政收支的三种关系是教学重点，通过展示材料，用数据说话，学生能有直观的体会；同时根据材料和教师的提示，思考并回答三种不同的财政收支关系带来的影响，学生能对三种收支关系有进一步的理解。

师：通常情况下，过度的财政赤字可能导致社会总需求和总供给的不平衡，引发通货膨胀，影响人们的生活和社会经济秩序。但是，在特定时期和条件下，国家可以采取扩张性财政政策，利用一定限度的财政赤字扩大内需，保持国民经济稳定增长。在经济生活中，国家可以通过调整财政收支控制经济运行。当经济增长缓慢时，采取积极的财政政策，增加经济建设支出，减少税收，以刺激需求，拉动经济增长。反之，当经济发展过热时，采取紧缩性财政政策，减少财政支出，增加税收，以抑制社会需求，降低通货膨胀率，给经济降温。

学生活动：根据讨论结果和教师的总结，理解国家该如何根据具体情形，合理确定财政收支关系，并做好笔记。

（三）小结环节

教师根据板书引导学生归纳总结本节课所学的重点内容。

财政收入与支出有三种关系：财政收支平衡、财政盈余、财政赤字。国家应合理确定财政收支关系，促进社会总供求平衡。

设计意图：从整体上把握各知识点之间的联系，培养学生归纳总结的能力。

（四）课堂练习环节

当一个国家出现财政赤字时，意味着（C）。

A. 财政资金没有得到有效的运用

B. 财政收入大于支出

C. 财政支出主要依靠借债来维持，可能引发通货膨胀

D. 国家财政收入计划未能完成

设计意图：学以致用，完成作业，深化对知识的理解，检验学习成果。

（五）布置作业环节

（1）登录中华人民共和国财政部官方网站，查看我国 2019 年 4 月和 5 月的财政收支情况。

（2）做好预习。

六、板书设计

（二）财政收入与支出

1. 财政收入与支出的关系

财政收入 = 财政支出 ⟶ 财政收支平衡（略有盈余、略有赤字）

财政收入 > 财政支出 ⟶ 财政盈余

财政收入 < 财政支出 ⟶ 财政赤字

2. 合理确定财政收支关系

（谭洁萍）

“同历决策过程　共享决策成果”教学设计（一）

一、教学课题

“同历决策过程　共享决策成果”是人教版高中《思想政治》必修 2《政治生活》第一单元第二课第二框第三目的教学内容。

二、教学目标

1. 知识目标

（1）理解民主决策的重要性、公民参与民主决策的意义。

（2）运用实例分析公民参与民主决策的意义。

2. **能力目标**

（1）使学生学会把理论知识和实际材料结合起来，培养其理论联系实际的能力。

（2）增强和提高学生政治参与的责任感和实际本领。

（3）提高学生自主学习、合作学习和辩证思维的能力。

（4）提高学生参与民主决策的能力。

3. **情感态度价值观目标**

（1）培养学生的公民意识和社会责任感。

（2）引导学生积极主动参与讨论，培养团结合作的精神。

三、教学重点

理解公民直接参与民主决策的重要意义。

四、教学方法

案例教学法、讲授法、情境教学法、问题探究法和小组讨论法。

五、教学过程

（一）导入环节

师：上节课我们学习了两种不同的决策方式，即精英决策和民主决策，大家联系两种不同的决策方式阅读下面的例子并思考两个问题。

新班规的制定：本班的同学平时上课和晚自习时经常玩手机。于是，班主任决定：凡把手机带进教室的，一律没收且不归还，并把这一决定写入班规。

教师提问：①你认为班主任这样制定班规合适吗？为什么？说说你的理由。②你认为怎样制定班规比较好？应采用什么样的方式？为什么？

学生活动：阅读材料，思考问题。

设计意图：用学生熟悉的生活场景材料导入，让学生体验情境，吸引学生的注意力，唤起学生对相关内容的求知欲，尽快投入学习中。

师：相信同学们对以上没收手机的规定很不满意，觉得是否没收手机，应该由你们说了算，也就是民意说了算。那么，为何民意如此重要呢？如果不听取民意会有什么样的后果？今天我们就来学习新课“同历决策过程　共享决策成果”。

（二）讲授新课环节

教师板书课题。

师：民主决策的意义是什么？精英决策和民主决策一定是对立的吗？带着这些问题，我们一起来看下面的案例。

某市为了改善投资环境，花几亿元在城市附近挖了个人工湖。工程即将竣工时，市委书记前来视察，说："这么大个湖中间没个岛怎么行，鸟儿来了去哪里歇脚？"于是又花了几千万元在湖心堆了个人工岛。没隔多久，市长也来视察，说人工湖要的就是一望无际的感觉，中间搞个人工岛显得湖面太小了，要求立即把人工岛挖掉。没办法，只好再花几千万元把人工岛挖掉。领导现场一句话，几千万元就打了水漂。

学生观看案例后进行小组讨论并回答问题，理解防止决策失误的有效途径是允许公众参与决策。

合作探究问题：以上案例中，你认为市委书记和市长的决策是成功了还是失败了？为什么？其中关键的原因是什么？

学生活动：学生进行小组讨论，归纳要点，从政府和公民角度来理解民主决策的重要意义。

师：市领导的决策是失败的。他们决策失败的关键原因是领导班子没有广泛征询公众和专家的意见，没有听取民意，导致决策缺乏民主性和科学性。因此，为了尽可能防止决策失误，最佳的选择就是允许公众参与决策。

师：科学的民主决策离不开公民的参与，民主决策具有重要意义。民主决策的重要意义表现在哪里？带着这个问题，先看看下面两则材料，一起归纳民主决策的重要意义。

材料1　2017年6月9日，国务院法制办公布了《重大行政决策程序暂行条例（征求意见稿）》，征求社会各界意见。意见稿明确重大行政决策要经过公众参与、专家论证、风险评估、合法性审查和集体讨论决定，对决策机关、决策承办单位等参与决策的各类主体分别规定了相应的法律责任，这意味着行政决策就要走上法制的轨道了。

材料2　德吉新村村民是从扎囊、错那两县集中搬迁而来的，此前这些村民生活在偏远的山沟里，耕地面积不足，基本口粮难以解决。政府通过征求专家和村民的意见，决定实施朗赛岭扶贫综合开发建设工程以解决耕地和住房问题，并且进行了教育、卫生、文化等方面的配套工程建设。从2002年开始，农户的生产扶持也纳入了政府的发展计划。自村民搬迁至德吉新村以来，他们的基本生存条件发生了根本性改善，政府也初步实现了其“搬得出、留得住、富得起”的预期目标。

学生讨论：从政府和公民的角度说说民主决策的重要意义。

师：政府的一项重大决策往往会牵涉社会各阶层的利益，关系千家万户的生活。因此，决策是否科学、合理至关重要。科学决策、民主决策，是建立在社会民众知情、参与的基础上的。决策越透明，参与者越多，决策越有可行性。

师：民主决策的意义有两个方面。第一，从决策者的角度来看，有助于决策者充分发扬民主，了解民情，反映民意，集中民智，珍惜民力；有助于决策者把人民的根本利益作为决策的出发点和立足点，增强决策的科学性，避免片面性。第二，从公民的角度来看，有利于促进公民对决策的理解，提高落实决策的自觉性，推动决策的实施；有利于提高公民参与公共事务的热情和信心，锻炼参与决策的能力，增强关心公共生活的政治责任感。

设计意图：学生分组讨论分析案例，既能培养学生的合作探究能力、语言表达能力，又能让学生把课本中的理论知识和实际材料结合起来，培养理论联系实际的能力。针对学生的思维比较单一，缺乏辩证思维，特设置讨论环节，培养学生的辩证思维能力。在讨论中，让学生分析材料，从材料中找到答案，锻炼学生的信息捕捉能力、分析能力和总结能力。

（三）小结环节

教师活动：教师展示 PPT 并讲解。

公民参与决策的意义：从决策者的角度来看，体现决策的民主性；增强决策的科学性。从公民的角度来看，有利于推动决策的实施；有利于提高公民参与公共事务的热情和信心，锻炼参与决策的能力，增强关心公共生活的政治责任感。

学生活动：学生跟随教师的讲解，观看 PPT 并记忆知识点。

设计意图：便于学生构建知识体系。

（四）课堂练习环节

略。

（五）布置作业环节

主题：小小市民有话说，我为家乡发展献良策。

让学生回家后登录家乡政府网站，在意见征集互动栏中提出意见和建议。

六、板书设计

（三）同历决策过程　共享决策成果

1. 公民参与民主决策的意义

①从决策者的角度：体现决策的民主性；增强决策的科学性。

②从公民的角度：有利于推动决策的实施；有利于提高公民参与公共事务的热情和信心，锻炼参与决策的能力，增强关心公共生活的政治责任感。

（雷丽荣）

“同历决策过程　共享决策成果”教学设计（二）

一、教学课题

“同历决策过程　共享决策成果”是人教版高中《思想政治》必修2《政治生活》第一单元第二课第二框第三目的教学内容。

二、教学目标

1. 知识目标

理解民主决策的重要意义。

2. 能力目标

（1）培养学生运用民主决策知识分析现实问题的能力，提高参与政治生活、民主决策的能力。

（2）提高学生的辨别能力、归纳能力和概括能力。

3. 情感态度价值观目标

（1）感受社会主义民主政治制度的优越性。

（2）培养和提高学生参与公共事务的热情和信心，增强学生的社会责任感，坚定社会主义信念。

三、教学重点

公民参与民主决策的意义。

四、教学方法

讲授法、案例教学法和体验式教学法。

五、教学过程

（一）导入环节

教师活动：展示案例并提出问题。

近日，北京市就水价问题做了调整，以下是北京市调整水价的做法：

（1）开通网站，充分调查了解情况和征求各方意见，尤其是低收入者的意见。

（2）邀请专家学者对方案进行分析论证，听取专家意见。

（3）形成两个备选方案，在网上公示，集思广益。

（4）召开居民水价调整听证会。

问题：北京市政府在调整水价时是如何做出决策的？

学生活动：观看案例，思考案例中北京市调整水价的民主决策方式，回答教师的问题。

师：北京市调整水价既倾听了百姓的意见，又征求了专家的意见，还发布了备选方案，召开了听证会等。这就是政府的民主决策过程。

点明课题：同历决策过程　共享决策成果（板书）。

设计意图：通过展示参与民主决策的案例，引起学生的学习兴趣，巩固上一节课所学的知识，承上启下，引出新课的内容。

（二）讲授新课环节

师：为什么说民主决策是最佳的选择？民主决策有什么重要意义呢？下面我们通过一则案例来理解民主决策的重要意义。

多媒体展示案例：在凤凰古城从免费到收费的政策改变过程中，决策者没有征求多方意见，也没有进行社会听证等，因此，收费政策实施后，游客人数骤减，当地个体商户受到很大冲击，引发多方关注。

提出问题：凤凰古城收费政策的改变产生了哪些不良后果？为什么？

教师邀请学生分享观点，并点评学生的回答。

教师引导学生一起小结公民参与决策的重大意义：①对决策者：有助于决策者充分发扬民主，了解民情，反映民意，集中民智，珍惜民力；有助于决策者把人民的根本利益作为决策的出发点和立足点，增强决策的科学性，避免片面性。②对公民：有利于促进公民对决策的理解，提高落实决策的自觉性，推动决策的实施；有利于提高公民参与公共事务的热情和信心，锻炼参与决策的能力，增强关心公共生活的政治责任感。

模拟听证会：2019 年 4 月 2 日，广州市规划和自然资源局白云区分局对珠三角城际轨道交通广佛环线广州南站至白云机场段涉及占用永久基本农田的重大建设项目土地利用总体规划修改方案暨永久基本农田补划方案，举行听证会。以此为主题背景，组织一场模拟听证会。

学生活动：全班学生以小组为单位，分别扮演不同的角色来参与。各小组分别准备资料，模拟听证会程序，推荐代表陈述观点。学生阅读案例，结合本节课的内容，思考问题。教师进行总结，邀请学生分享参与模拟听证会的心得，引导学生分别从政府和公民两个角度总结民主决策的意义。

设计意图：通过呈现材料，让学生思考公民参与决策的重大意义。模拟听证会的实践活动可以使学生切身体会到公民参与民主决策的意义，同时可以提高学生参与公共事务的热情和信心，增强学生的公民社会责任感。

（三）小结环节

政府的一项重大决策往往会牵涉社会各阶层的利益，关系千家万户的生活起居。因此，决策是否科学、合理至关重要。科学决策、民主决策，是建立在社会民众知情、参与的基础上的。决策越透明，参与者越多，决策越有可行性。

（四）课堂练习环节

（多选题）“垃圾围城”成为当前城市面临的问题之一。为了更好地解决垃圾处理问题，2010年2月23日，广州市政府邀请32名专家参加“广州市生活垃圾处理专家咨询会”。广州市政府这一做法（AC）。

A. 是民主决策的表现，有利于提高公民参与公共事务的热情和信心

B. 是公民通过专家联系群众制度参与民主决策

C. 集中学者的智慧，有利于提高决策的科学性

D. 是精英决策的表现，能使决策更合理、科学

（五）布置作业环节

广州市的“禁摩”方案，是随着广州市政府颁布的有关规定的正式出台而开始实施的。此次通告出台之前，政府通过召开听证会，借助大众媒体、网络、信件等各种渠道，搜集来自各方面的意见和建议，并尽可能地采纳。方案本身也十分灵活，没有“一刀切”，对“禁摩”时间表做了调整。舆论普遍认为，这是一个公共决策的成功范例，其意义不限于“禁摩”本身。

（1）从材料来看，公民参与民主决策采取了哪些方式？

（2）对决策者而言，公民直接参与民主决策意义何在？

设计意图：通过课后作业，检验学生对本节课所学知识的掌握程度。

六、板书设计

公民参与民主决策的意义

1. 从决策的角度 { 决策民主 / 决策科学 }

2. 从公民的角度 { 实施决策 / 参与决策 }

七、教学反思

课堂总体效果不错，知识讲得比较清楚，使学生能更好地掌握本课知识。但是在模拟听证会活动中，部分学生参与度比较低，效果不太理想。课堂教学时间安排不太合理，时间不够。此外，上课所举的事例趣味性不强，较难引起学生的学习兴趣。以后在备课过程中，需要注意选取贴近学生日常生活且能引起学生学习兴趣的案例，还要注意课堂时间的合理分配。

（何瑞韵）

“同历决策过程　共享决策成果” 教学设计（三）

一、教学课题

“同历决策过程　共享决策成果”是人教版高中《思想政治》必修2《政治生活》第一单元第二课第二框第三目的教学内容。

二、教学目标

1. 知识目标

理解公民参与民主决策的意义。

2. 能力目标

增强理解信息的能力。

3. 情感态度价值观目标

增强对民主决策的认同感，积极参与公共事务。

三、教学重点和难点

教学重点：理解公民参与民主决策的意义。

教学难点：增强对民主决策的认同感，积极参与公共事务。

四、教学方法

讲授法、讨论法。

五、教学过程

（一）导入环节

教师活动：播放视频《一言堂，四拍决策》以及展示生活中常见的错误决策图片。

教师提问：作为公民，有什么途径促进有关部门形成科学、民主的决策呢？

学生活动：学生思考并回答问题。

设计意图：让学生了解政府决策失误的表现，并回顾上节课学习的参与民主决策的途径，帮助相关部门做出科学、民主的决策。

（二）讲授新课环节

教师展示材料 1，并提出问题。

材料1 2004 年是中国的“审计风暴年”。国家审计署审计长李金华披露国家电力公司原领导班子决策失误造成 78.4 亿元重大损失，以及涉嫌个人经济犯罪 12 起，涉案金额高达 10 亿元，其所涉金额之高、面积之大位列本次“审计风暴”所公布的所有违法违纪案件之首。

教师提问：①为什么说决策失误比贪污腐败更可怕？②请列举生活中决策失误的例子，并说说它所带来的不良后果。

设计意图：让学生从多角度思考决策失误带来的不良影响，并从生活出发体会决策失误带来的不良影响，从而使学生产生要改变这种现象的紧迫感，理解科学决策、民主决策的重要性。

教师归纳：因决策失误，造成直接的经济损失；对自然环境和资源造成巨大浪费；造成政府信任危机。由于政府决策失误会造成巨大损失，引起群众的强烈反感，使当地政府的信誉度降低，所以为避免决策失误，我们要做到民主决策。那么，政府应该如何做出民主决策呢？

教师展示材料 2，并提出问题。

材料2　2009年12月，某市物价局做出提高水价的决策。据报道，听证代表中，有处长、教授、高级工程师，就是没有下岗职工、特困家庭人员或退休人员。该决策引起广大市民的强烈质疑。同样是提高水价，2012年广州却取得成功。在召开水价听证会之前，广州市政府开通网站，广泛征集各方的意见。2月29日听证会正式召开，参加人员具体包括市人大代表、政协委员各3名，专家学者3名，协会代表1名，经营者代表2名，消费者代表13名。在会上，各位专家和各方代表就方案进行讨论，最终形成了一套更合理的方案。新政策出台后，政府进行了公示，并开通网上答疑。市民对新水价表示理解。

教师提问：①同样是提高水价，广州的成功之处在哪里？②从材料中可得知民主决策有什么重要意义？③你参与过哪些民主决策？你的感受是什么？

学生活动：学生分析、讨论材料并回答问题。

教师归纳：广州的成功之处在于开通网站、调查民意、征集各方的意见，有利于决策，广泛集中民智，体现了决策的民主性；邀请各方代表参与听证会，就方案进行论证、修改，有利于决策的科学性；对决策形成的方案进行公示和答疑，有利于推动决策的实施；政府尊重公民的意见，有利于提高公民参与公共事务的热情和信心，增强公民的社会责任感。

设计意图：学生通过分析、讨论广州调整水价的材料，总结出民主决策对决策者和公民的意义，并通过回忆自己参与民主决策的经历，产生一种良好的情感体验。提高学生对参与民主决策的认同感，增强公民意识，关心公共事务、关心生活。

（三）小结环节

“兼听则明，偏信则暗”，政府的决策往往会牵涉社会各阶层的利益，只有通过决策，使广大民众广泛参与，提高决策的透明度，才能集思广益。我们作为公民，应该有很强的主人翁意识，积极参与公共事务，珍惜民主权利。

设计意图：对课堂的教学内容进行总结与回顾，使课堂教学内容之间的逻辑结构进一步明晰，帮助学生把课堂所学知识体系化。

（四）课堂练习环节

下列对政府决策的理解正确的是（C）。

A. 是政府的事情，与一般群众无关

B. 要从国家利益而不是群众利益考虑

C. 要考虑各方面利益，反映人民意愿

D. 由专家学者论证决策即可

（五）布置作业环节

以小组为单位调查本社区的公共政策或生活设施等，在此基础上各小组确定一个共同关注的问题，提交一份改进社区管理的建议，两周后上交。

设计意图：通过本节课的学习，学生在知识和情感方面理解了民主决策的重大意义，但政治生活重在实践，所以布置一项实践活动让学生在实践中切身体会民主决策的重要意义，关注生活，增强公民意识。

六、板书设计

（三）同历决策过程　共享决策成果

1. 公民参与民主决策的意义

决策者｛民主性；科学性｝

公民｛理解、实施；热情、信心、社会责任感｝

（周　冰）

“文化创新能够促进民族文化的繁荣” 教学设计 （一）

一、教学课题

“文化创新能够促进民族文化的繁荣”是人教版高中《思想政治》必修3《文化生活》第二单元第五课第一框第二目中的知识点。

二、教学目标

1. 知识目标

（1）理解并识记只有在实践中不断创新，传统文化才能焕发生机、历久弥新，民族文化才能充满活力、日益丰富。

（2）理解并识记文化创新是一个民族的文化永葆生命力和富有凝聚力的重要保证。

2. 能力目标

（1）学会从实例中分析文化创新对民族文化繁荣发展的促进作用。

（2）学会收集促进文化创新的方法，培养创新能力。

（3）在课堂讨论中培养学生的语言表达能力、逻辑思维能力、合作学习能力。

3. **情感态度价值观目标**

（1）热爱民族文化，积极主动了解优秀传统文化。

（2）感受文化创新对民族文化繁荣发展的促进作用，自觉树立文化创新意识。

三、教学重点和难点

教学重点：理解要在实践中实现文化创新；理解文化创新对民族文化繁荣发展的促进作用。

教学难点：通过实例感受文化创新对民族文化繁荣发展的促进作用，自觉树立文化创新意识，培养创新能力。

四、教学方法

讲授法、案例分析法和讨论法。

五、教学过程

（一）导入环节

师：同学们，上一节课我们学习了文化创新对社会实践的促进作用，今天我们一起来学习文化创新对民族文化的促进作用。课前老师布置了一个任务，让大家观看创新类综艺节目《国家宝藏》第二期关于文物“金漆木雕大神龛”的片段，下面我们先通过一个小视频来回忆一下这期节目的主要内容。在看视频的同时，请大家思考一个问题：《国家宝藏》这档综艺节目在哪些方面体现了文化创新？看完视频之后，我们请两位同学来回答这个问题。

播放视频；教师板书。

学生观看视频，思考并回答问题。

教师归纳：

（1）形式上创新：节目融合情景剧和纪录片的创作手法，以文化的内核、综艺的外壳、纪录的气质，创造了一种全新的表达方式，让古代文物、历史与现代生动对话。

（2）内容上创新：在尊重文物原有历史内涵的基础上，邀请演员演绎文物的前世传奇，又邀请与文物有关的人向观众讲述文物的今生故事，让观众通过文物见人、见事、见情。

（3）传播方式上创新：通过电视节目、微信小程序动态展示文物等。

设计意图：通过课前作业的布置，让学生对所学知识做好预习工作；观看节目的作业形式能够激发学生的学习兴趣，也能够使学生在节目中真实地感受文化创新的魅力和意义。通过视频和问题导入新课，既让学生回顾了节目内容，又能够有效集中学生的注意力和激发学生的学习兴趣。

（二）讲授新课环节

探究一：我们在上一框题的学习中，已经知道了文化创新的源泉和动力是社会实践。请同学们结合节目内容，小组讨论一个问题：《国家宝藏》节目如何能够做到在实践中不断创新？讨论结束之后请两位小组代表回答。

学生小组讨论、回答问题。

教师归纳：《国家宝藏》中关于“金漆木雕大神龛”的所有情节，都是根据历史和现实的真实事件加以合理演绎和讲解的。首先，根据1943年抗战期间潮汕地区民间抗战组织的斗争事迹，邀请演员演绎金漆木雕大神龛的前世传奇。其次，根据林玉裳女士和她的团队修复家庙、大神龛的故事，邀请她向观众讲述金漆木雕大神龛的今生故事。可见，文化的创造离不开社会实践，文化的创新同样不能脱离社会实践。只有在实践中不断创新，传统文化才能焕发生机、历久弥新，民族文化才能充满活力、日益丰富。离开了社会实践的文化创新，就成了无源之水、无本之木。

设计意图：通过探究一，让学生从实例中认识到只有在实践中不断创新，传统文化才能焕发生机、历久弥新，民族文化才能充满活力、日益丰富。

探究二：我们一起学习了《国家宝藏》有哪些文化创新以及如何实现文化创新。接下来请同学们结合文物的“前世传奇”“今生故事”以及自身感受，谈谈文化创新在帮助我们了解民族文化的过程中起到哪些作用。讨论结束之后，请三位同学来分享自己的观点。

学生回答探究二的问题。

生1：邀请演员演绎文物的前世传奇，生动形象。看完节目之后，我了解了大神龛的历史，也了解到更多关于抗日战争的历史，抗日英雄的家国情怀也深深打动了我。

生2：节目不仅向我们展示了文物的历史，还邀请林玉裳女士向我们讲述了一些与大神龛相关的历史文化的传承和发展，如修复家庙、修复大神龛等，让我们了解了这些历史文化在当代和未来的发展。

生3：通过节目，我看到了文物背后的感人故事。我认为，历史文物是一个国家和民族历史的见证，我们应该好好保护它们。

教师归纳：

（1）节目通过形式上的创新，实现古代文物与现代生动对话，让人们在看节目的同时增加对国家、民族历史文化的了解。观众在看节目的同时产生的民族情感、家国情怀来自传统文化背后的精神内涵。这些精神内涵通过文化创新，重新被挖掘和呈现出来，从而大大增强了历史文物的感染力。人们在更多地了解民族、历史文化的同时，自身的归属感也得到不断增强，这种民族精神、家国情怀越来越浓厚，民族和国家的凝聚力就会更强。

（2）节目在尊重文物原有历史内涵的基础上，在内容上丰富了文物的内涵和价值，增强了民族文化的生命力。节目邀请与文物有关的人向观众讲述文物的今生故事，向我们展示了文物和其蕴含的精神文化在当今时代的发展，让我们看到民族文化的传承；同时，也呼吁更多人关注民族文化的传承和保护问题，唤起大众对文物保护、文明守护的重视。

设计意图：学生根据所学知识和观看节目的感受，对于文化创新促进民族文化的繁荣有了较为直观形象的感受；再根据教师的归纳总结，有助于深化对这一知识点的理解。

（三）小结环节

只有在实践中不断创新，传统文化才能焕发生机、历久弥新，民族文化才能充满活力、日益丰富。文化创新，是一个民族的文化永葆生命力和富有凝聚力的重要保证。

设计意图：教师简要地小结本节课的知识点。学生通过齐读教材内容，可以加深记忆和深入理解本节课的知识。

（四）课堂练习环节

英国历史学家汤因比研究过 21 种在历史上曾经出现过后来又相继消亡的文明，得出结论是，这些文明死亡的原因无一例外都不是他杀，而是自杀。它们由于失去了创新的活力，被历史淘汰出局。这说明（C）。

A. 文化的自我淘汰是文化发展的根本动力

B. 文化创新可以推动社会实践的发展

C. 文化创新，是一个民族的文化永葆生命力和富有凝聚力的重要保证

D. 社会实践是文化创新的源泉

（五）布置作业环节

（1）在实际生活中寻找文化创新的例子，简要说明其在哪些方面体现了文化创新，并谈谈其对民族文化发展的促进作用。

（2）文化创新很重要的一方面，就是在原有文化的基础上，赋予其新的内涵和价值。这是否意味着在文化创新的时候，可以随意地发挥和改造呢？请同学们选择一两个例子说明自己的观点。

作业要求：任选其一，把答案完整地写在笔记本上，下节课与大家共同分享、讨论。

设计意图：为了让学生更好地结合实际，从不同角度理解“文化创新能够促进民族文化的繁荣”，教师布置了两项作业，学生可以根据自己的学习情况、日常积累和学习兴趣，任选其一作答。课后作业的布置是为了帮助学生巩固知识、运用知识、检查学习效果；对于学习新课“文化创新的途径”也起到铺垫的作用。

六、板书设计

2. 文化创新能够促进民族文化的繁荣

（1）在实践中不断创新。

（2）文化创新，是一个民族的文化永葆生命力和富有凝聚力的重要保证。

七、教学反思

（1）对教学时间的把握不够准确。在以后备课和上课过程中，会在课程内容的设置和课堂节奏的把握上继续改进。

（2）学情分析能力有待提高。在备课和上课过程中，有时候会忽略学生学习的主体性、主动性。在今后的学习和教学中，会更多地学习关于教育心理学的内容，做好学情分析，增强教学效果。

（3）提问技巧有待进一步提高。在学生作答后，对学生的追问不够，因势利导的能力有待提高。

（4）在上课过程中容易产生紧张情绪。在未来的学习中，会努力做好对教学内容的深刻把握，也会通过更多教学实践来锻炼自身心理素质。

（林锐馨）

“文化创新能够促进民族文化的繁荣” 教学设计 （二）

一、教学课题

“文化创新能够促进民族文化的繁荣”是人教版高中《思想政治》必修3《文化生活》第二单元第五课第一框第二目中的知识点。

二、教学目标

1. **知识目标**

理解文化创新对民族文化的促进作用。

2. **能力目标**

通过课堂上思考问题、小组讨论等，培养学生将理论与实际相结合的能力；让学生能够自主分析，培养学生分析问题和解决问题的能力、归纳能力、小组合作交流能力、信息捕获能力等。

3. **情感态度价值观目标**

培养学生热爱民族文化、感悟文化创新，激发学生在各个领域创新的热情；增强学生进行文化创新的使命感和责任感。

三、教学重点和难点

理解文化创新对民族文化的促进作用。

四、教学方法

讲授法、合作探究法和案例教学法。

五、教学过程

（一）导入环节

教师活动：介绍小游戏——点字成诗。

游戏规则：抢答。

以下是由若干个字构成的两张图片，请分别找出里面隐藏的诗词。

商	生	国	山
依	女	多	不
知	尽	亡	恨

零	骰	豆	珑
尘	安	子	作
碾	成	泥	落

学生活动：参与游戏，回答“商女不知亡国恨”“零落成泥碾作尘”。

师：恭喜同学们答对了！相信这两句诗词大家都很熟悉，其实它们分别来自一首唐诗和一首宋词。下面我们就具体来看看它们分别来自哪首诗和哪首词，感受从唐诗到宋词，中国诗歌的变化。

设计意图：吸引学生的兴趣，一首唐诗、一首宋词对比明显，为引出下面的“想一想”——“从唐诗到宋词，中国的诗歌发生了怎样的变化”做好铺垫。

（二）讲授新课环节

教师活动：多媒体展示与游戏答案所在的诗词有关的参考资料。

PPT 展示参考资料：唐诗多为整齐的五言、七言，我们今天所讲的唐诗一般以五言绝句、七言绝句、五言律诗、七言律诗为大宗。而宋词则为长短句（杂言），多产生于歌台舞榭、饮宴场所，且依照乐曲的节拍填制长短句。它打破了句式固定的要求，是一种既能合乐而唱又讲求格律的新体诗，也是一种具有高度音乐性、韵律美和浓郁生活气息的文学新形式。词与诗有着密切的联系，词分豪放、婉约两大流派。

教师提问：根据上面唐诗、宋词的对比，结合 PPT 上的参考资料，请同学们想一想，从唐诗到宋词，中国的诗歌发生了怎样的变化？

学生活动：学生思考并回答“想一想”的问题。

生：从唐诗到宋词，中国诗歌的形式发生了变化。

师：没错，其实这是一种创新。那么结合上节课的知识，诗歌创新的源泉和动力是什么呢？

学生齐答：实践。

教师讲解：的确，中国诗词均源于民间，它们各自历经了漫长的演变过程，各有其不同的表达形式。宋词是在唐诗基础上创新发展起来的。宋代时，人们在日常生活中、在音乐活动中，经过探索和创造，一步一步发展出宋词这种新的诗歌。可见，民族文化只有在实践中才能不断创新。如果没有这种创新，我们的诗词文化就会渐渐失去活力，显得单一呆板，难以绽放光彩。

教师引导学生归纳总结知识点，并在教材中画出相应的主要观点：

（1）失去了创新能力的文化，丧失了新陈代谢的机能，是没有发展前途的。

（2）只有在实践中不断创新，传统文化才能焕发生机、历久弥新，民族文化才能充满活力、日益丰富。

设计意图：通过唐诗到宋词形式的创新，说明我国诗词文化正是因为有创新能力，并在实践中进行创新，才得以不断发展、焕发生机、历久弥新、日益丰富。通过引导学生积极思考并回答问题等，培养学生分析和解决问题的能力、归纳能力。

教师过渡语：说到我们的诗词文化，大家有没有看过类似的文化电视节目呢？老师很喜欢中央电视台的《中国诗词大会》，下面我们一起观看相关图片和材料，进行一个探究活动。

教师展示材料，布置探究活动。

教师活动：多媒体展示《中国诗词大会》的相关图片及材料 1 和材料 2。

材料 1　《中国诗词大会》以中国书画的常见装裱形式“卷轴”为设计理念，处处以视觉符号凸显中国传统文化。片头以缓缓展开的卷轴呈现古典诗词，背景图案随着诗词内容变幻出不同景物和色彩，体现了诗画同源的艺术传统。演播室的舞台设计也类似于展开的画卷，大屏幕的侧面摆放着巨大的诗词卷轴，舞台背景搭建成梯田，营造出一种山水田园的意境。

材料2 中央电视台通过打造这样一个文化类节目，传播的互动性更强、传播速度更快、覆盖面更广、受众参与度更高，能够调动观众的积极性，带给观众心灵的洗礼，使观众重新领略中华传统文化之美。陈更（冠军）在获奖感言中表示："如果我能在传统文化的路上多做了那么一点点事，让更多的人看到中国古典诗词的美好，我觉得都是值得的！"

教师布置探究活动，指导学生以前后四人为一个小组进行交流，讨论如下问题：《中国诗词大会》此类文化节目的创新对我们的民族文化和传统文化的发展有什么作用？

学生活动：小组讨论，结合材料回答问题。

教师活动：总结归纳，并回归教材指出相应内容的知识点：不断发展和繁荣的民族文化之路，必然是不断前行的文化创新之旅。文化创新，是一个民族的文化永葆生命力和富有凝聚力的重要保证。

设计意图：《中国诗词大会》是一个体现文化创新的节目。通过小组讨论、学生回答，让学生明白文化创新能够促进民族文化的繁荣，锻炼学生的信息捕获能力、小组合作交流能力及通过分析生活实际把握事物本质的能力。

（三）小结环节

师：文化创新能够促进民族文化的繁荣。中央电视台通过打造这类极具创新力的文化类节目，成为主流媒体传播传统文化的一个标杆、一面旗帜，促进了民族文化的繁荣。下面请同学们齐读本节课的整段内容，并用一分钟时间自主对本节课的知识进行小结。

学生活动：齐读，整理笔记。

设计意图：让学生齐读，有利于巩固本节课的知识，把课堂传授的知识尽快地转化为学生的知识和经验，使学生更深刻地理解政治课的理论知识在实际生活中的具体运用。

（四）课堂练习环节

略。

（五）布置作业环节

思考题：在日常生活中，为了发展和繁荣民族文化，我们可以做些什么？请举例说明。

六、板书设计

2. 文化创新能够促进民族文化的繁荣

（1）失去了创新能力的文化，丧失了新陈代谢的机能，是没有发展前途的。

（2）只有在实践中不断创新，传统文化才能焕发生机、历久弥新，民族文化才能充满活力、日益丰富。

七、教学反思

（1）对教学时间的把握不够准确。因此，以后在每次授课前，都要给自己计时，一旦发现自己有可能超时，就要做出调整，不断改进教学过程中对教学时间的分配，提高课堂教学效果。

（2）虽然能够完整地上完课，但是有些地方稍显紧张，还不能完全脱稿讲课。这让自己意识到，对教学内容非常熟悉是很重要的，在以后的教学中要充分做好准备，认真备课，写好教案。讲课要落落大方，有自信。

（3）对学生的学情分析还有待加强。要针对学生的学情制定讲课的内容、方法和设计教学环节，对学生进行有效教学，提高学生素质尤为重要。因此，以后会更加努力学习教育教学知识、教育心理学知识，与学生交往时多关注其学习状态、认知水平等。

（4）提问的技巧有待进一步提高。

（许思婷）

“文化创新能够促进民族文化的繁荣” 教学设计 （三）

一、教学课题

“文化创新能够促进民族文化的繁荣”是人教版高中《思想政治》必修3《文化生活》第二单元第五课第一框第二目中的知识点。

二、教学目标

1．知识目标

（1）理解文化创新对民族文化的促进作用。

（2）了解文化创新的意义。

2．能力目标

（1）提升感悟文化的能力。

（2）增强搜集及整理信息的能力，提高分析问题的能力。

3．情感态度价值观目标

（1）领悟优秀文化作品的影响力和感召力，展示中国特色社会主义文化自信。

（2）激发学生勇于创新的热情，培养学生促进民族文化繁荣的使命感。

三、教学重点和难点

教学重点：理解文化创新对民族文化的促进作用。

教学难点：领会文化创新是一个民族的文化永葆生命力和富有凝聚力的重要保证。

四、教学方法

合作探究法、讲授法。

五、教学过程

（一）导入环节

师：同学们，你们听过《青花瓷》吗？

生：听过。

师：看来大家对这首歌都比较熟悉。其实它能够走红，背后体现的正是文化创新对民族文化的作用。那么，它为什么能够走红？文化创新与民族文化之间有什么联系呢？这是我们这节课要学习的内容。

学生活动：学生回答问题，思考歌曲与本课知识的关系。

设计意图：通过对歌曲的赏析和解读，学生进一步领略优秀传统文化的魅力，提升审美情趣，激发对优秀传统文化的认同和热爱之情。

（二）讲授新课环节

教师播放歌曲《青花瓷》，PPT 展示歌词。学生思考：《青花瓷》为什么能够走红？它蕴含哪些传统文化元素？

学生活动：跟随教师感悟、鉴赏歌曲，体会其中的传统文化元素。

合作探究：以四人小组为单位，结合课前搜集的相关资料，分别从歌曲的歌词、意境、配乐、唱法等角度出发，分析其中蕴含的传统文化元素，思考其成功原因，每小组派代表回答。

学生活动：边听歌边思考问题，并通过讨论回答问题。

设计意图：让学生在听歌的过程中感悟文化的魅力，在乐中学。以小组讨论的形式提高学生搜集和整理信息的能力，分析问题、解决问题的能力和合作能力。

总结归纳：教师引导学生结合歌曲分析《青花瓷》中的传统文化因素，师生共同努力展示相关资料并一一点明。

在歌词上：采用檀香、宣纸、仕女图、宋体、汉隶等古典意象，极具中国古典诗词之美。

在意境上：各种意象的融合和“雨打芭蕉”“门环惹铜绿”的巧妙运用，勾勒出一幅烟雨朦胧的江南水墨图，悠远绵长。

在配乐上：古筝撩拨、牙板清脆、琵琶淙淙，使用了古筝、琵琶、竹笛、洞箫、鼓、响板等中国特有的民族乐器。

在唱法上：唱腔柔情而古朴，略带江南戏曲的雏形，和声搭配特有的民族五声调式，古朴中透着现代气息，清韵雅致。

师：《青花瓷》能够走红，正因为它在文化创新中实现了中国传统文化与现代流行音乐的完美融合，成为脍炙人口的传唱经典。

师生互动一：采用谈话法，师生一问一答，引入主题。

师：大家知道我们的国粹是什么吗？

生：京剧。

师：那你们喜欢看京剧吗？

生：不太喜欢。

师：其实，京剧对于大部分人来说是比较陌生的，结合本节课的知识，你们觉得主要原因是什么呢？

生：没有进行创新。

教师点评：相比而言，可能京剧作为国粹比较难以与时俱进、实现创新，结果很难被年轻人接受和喜欢。而《青花瓷》能够把中国传统文化元素融入词曲创作中，并将其发扬光大，是文化创新的结果。这就说明了文化创新的作用和重要性。

设计意图：通过对比，理解文化创新对民族文化的推动作用。在交流中回归教材知识点，一例到底，层层推进，说明文化创新和发展源于社会实践。

师生互动二：继续采用谈话法，师生一问一答，引发学生思考。

师：我们知道了文化创新对民族文化的促进作用，那如何才能实现文化创新呢？

生：在实践中不断创新。

师：能结合《青花瓷》的例子，说说创作者是如何实现创新的吗？

生：填词上，……；编曲上，……；唱法上，……

师：没错，归纳起来，无论是填词、编曲还是唱法，都是一种实践，要在实践中不断创新。其实，体现了在实践中不断创新的还有我们熟悉的《中国诗词大会》、北京奥运会会徽、剪纸等。

PPT 展示相关图片。

教师点评：这些例子充分说明了文化创新能够促进民族文化的繁荣；文化创新，是一个民族的文化永葆生命力和富有凝聚力的重要保证。

设计意图：以点带面，拓宽学生认识，从案例中跳出来，上升到文化层面。

（三）小结环节

回顾这节课的知识点：

（1）文化创新的作用：文化创新能够促进民族文化的繁荣。

（2）文化创新的意义：文化创新，是一个民族的文化永葆生命力和富有凝聚力的重要保证。

学生活动：在书本相应位置做好笔记。

设计意图：梳理知识点，清晰明了地展示文化创新的作用和意义。

（四）课堂练习环节

当人们忙于经典翻拍之时，《亮剑》《历史的天空》《闯关东》等原创作品却依然热播。有人认为，与其频繁地向经典作品“借光”，不如多花点心思让今天的原创成为明日的经典。这种观点（B）。

A. 认为文化创新必须立足于社会实践

B. 认为文化创新能够促进民族文化的繁荣

C. 否定传统文化才是真正的发展

D. 认为大众文化真正需要的是原创作品

设计意图：通过做题巩固提高，提升知识的运用能力。

（五）布置作业环节

课后搜集相关资料，组织一次关于传统文化的辩论会。

辩题：传统文化是财富，还是包袱？

正方：传统文化是财富。

反方：传统文化是包袱。

设计意图：根据新课程标准的建议，以此为议题，提高思辨能力，深化对传统文化的理解。

六、板书设计

文化创新对民族文化的作用

1. 文化创新能够促进民族文化的繁荣

2. 文化创新，是一个民族的文化永葆生命力和富有凝聚力的重要保证

（邓洁雯）

“创新推动社会生产力的发展” 教学设计 （一）

一、教学课题

“创新推动社会生产力的发展” 是人教版高中《思想政治》必修4《生活与哲学》第三单元第十课第二框第一目的教学内容。

二、教学目标

1. 知识目标

（1）理解科学技术的进步与创新的关系。

（2）掌握创新推动社会生产力发展的四个具体表现，理解创新推动社会生产力的发展。

2. 能力目标

（1）培养学生用创新的知识认识和分析事物的能力，使学生在分析材料的过程中逐渐形成具有革命精神的批判能力和创新能力。

（2）通过组织学生开展小组合作探究，培养学生沟通协作的能力和理论联系实际的能力。

3. 情感态度价值观目标

（1）体会创新是民族进步的灵魂，是社会主义事业不断取得进步的关键，牢固树立创新意识，养成积极创新的个性品质。

（2）培养学生敢于破除落后思想观念，以及勇于突破陈规陋习、注重研究新情况、善于提出新问题、大胆寻找新思路的创新意识。

三、教学重点和难点

教学重点：创新推动科学技术的进步，进而推动社会生产力的发展。

教学难点：创新推动社会生产力的发展。

四、教学方法

讲授法、讨论法。

五、教学过程

（一）导入环节

教师活动：PPT 展示新闻《3 名汕头小学生，发明了一个会泡工夫茶的机器人》。

潮汕人爱喝工夫茶，可由于冲泡工夫茶容易烫手而且费时，如何优雅地泡一杯工夫茶，这是个问题。来自汕头澄海的 3 名 11 岁小学生给出了自己的答案。他们发明了一款“工夫茶机器人”，只要按下按钮或下达声控指令，机器人就能完成烫杯、润茶、冲泡、敬茶等动作，不仅能“关公巡城”，还能“韩信点兵”，仅需一分半钟就可提供一条龙泡茶服务。

思考：新闻中的 3 名小学生为什么会发明一个可以冲泡工夫茶的机器人呢？这体现了他们怎样的精神品质？他们的这种精神品质对发明创造有何意义？

学生活动：阅读新闻材料。以四人为一个小组，互相交流讨论，思考问题，小组代表回答问题。

设计意图：通过新闻材料，集中学生的注意力。让学生从时事趣闻中初步感知创新的魅力。充分利用导入材料创设教学情境，将学生带入情境，分析问题。引导学生思考探究，培养学生的交流沟通能力、团队合作能力。

（二）讲授新课环节

1. **创新推动科学技术的进步**

师：从这则新闻我们可以看到，3 名小学生之所以发明这种机器人，是因为他们发现冲泡工夫茶烫手而且费时。为了解决这些问题，他们就想出了一个办法，发明一个机器人来代替人类，优雅地泡一杯工夫茶。由此可见，他们身上体现出的精神品质正是一种敢于破除传统的思维，注重研究新情况，善于发现并提出新问题，敢于寻找新思路的创新精神。正是这种创新精神，使他们能够跳脱出平常的思路，创造性地发明出机器人来解决生活实践中遇到的问题，从而推动了科学技术的进步。因此，创新推动科学技术的进步。

设计意图：引导学生抽丝剥茧，透过现象看本质，理解创新推动科学技术的进步。

2. **创新推动社会生产力的发展**

过渡：那么科学技术的进步与社会生产力之间有何关系呢？科学技术对我们的生活又有何意义呢？让我们接着一起来看看几组图片。

思考：观看几组图片，想一想，技术创新给生产和生活带来了哪些方面的影响？

学生活动：观看图片，思考并回答问题。

师生互动，和谐课堂。

教师展示手工炒茶与机器炒茶的图片。

师：从人工采茶、炒茶这种手工制作到机械化生产、制作，这其实也是一种生产技术上的进步。同学们可以很明显地观察到，创新带来了生产工具的变化。所以我们说，创新更新了人们的生产工具，促进了生产技术的进步。这是对劳动资料方面的影响。

教师展示茶农集中前往基地学习、培训的图片。

师：茶农要适应机械化生产，就得学会操作机器，那么他们就得去学习与机器相关的科学知识，这样才能更好地使用机器制作出好茶叶，这说明创新可以提高劳动者素质，这是创新对劳动者的影响。

展示速溶茶的图片。

师：速溶茶是一种能迅速溶解于水的固体饮料茶。以成品茶、半成品茶、茶叶副产品或鲜叶为原料，通过提取、过滤、浓缩、干燥等工艺过程，加工成一种易溶入水而无茶渣的具有冲饮携带方便等优点的新型饮料。速溶茶的制作有很高的技术要求，所以很大程度要依靠科技的进步、技术的创新。科学技术的进步与创新使茶叶的进一步加工成为可能。也就是说，创新为我们拓展了劳动对象。这是创新对劳动对象的影响。

总结：从以上的分析我们可以得出一个结论：创新推动了社会生产力的发展。创新不仅更新了生产工具，提高了技术，还提高了劳动者的素质，拓展了劳动对象。

设计意图：用直观的图片材料使学生充分感知创新带来的具体影响，进一步理解创新推动社会生产力的发展。及时点拨，说明组成社会生产力系统的要素包括劳动者、劳动资料、劳动对象，从而进一步理解创新推动社会生产力的发展，突破难点。

（三）小结环节

创新在生产过程中所起的作用与意义：创新推动了科学技术的进步，更新了生产工具和生产技术，而新的生产工具和生产技术也对劳动者提出了更高的要求，提高了劳动者的素质。新技术的进步也使人类有能力将更多的原料纳入自己生产劳动的范围，成为人类的劳动对象，生产出新的产品供人类消费、享受。所以说，创新推动社会生产力的发展。

（四）课堂练习环节

创新能够推动社会生产力的发展，表现在（C）。

①创新更新了生产工具和生产技术

②创新拓展了劳动对象

③创新提高了劳动者的素质

A. ①②　　B. ①③　　C. ①②③　　D. ②③

设计意图：通过练习题及时巩固深化所学的新知识。

（五）布置作业环节

辩论主题：机械化加工茶叶与传统手工制作茶叶。

辩一辩：有人说，机械化加工的茶叶品质远远不如传统手工制作的茶叶，因此不应该推广机械化制茶。请同学们自行组队，选择机械化加工茶叶小组或传统手工制作茶叶小组，各小组分工查找资料，下节课我们举办一场小小的辩论赛。

学生活动：课后思考，寻找立场一致的同学组成小组，分工合作，收集资料。

设计意图：通过创新作业形式，减轻学生的作业负担，提高他们完成作业的自觉性和积极性；同时，培养学生辩证分析问题的能力。

六、板书设计

创新推动社会生产力的发展

创新 ⇒ 科学技术 ⇒ {生产工具、生产技术、劳动者素质、劳动对象} ⇒ 社会生产力

七、教学反思

（一）教学目标

本次课充分依据课程标准、教材文本、校情、学情，设定合理的教学目标。从知识目标、能力目标、情感态度价值观目标出发，坚持按照目标进行教学。教学时，用恰当的方法在恰当的时间教授学生知识，取得良好的教学效果。

（二）教学行为

（1）教学内容：适合学生的发展水平，注意知识的拓展；理论联系生活，体现人文性和科学性。

（2）教学方法：突出学生学习的自主性，以及小组内部的合作探究；根据学习方式创设恰当的问题情境；根据教材特点、教材内容及教学情境，灵活运用讲授法与讨论法相结合的教学方法。

（3）教学过程：教学程序合理，重视知识形成过程并深化、巩固、应用；教学环节衔接较为自然，突出重点，突破难点。但教学时间没安排好，难点讲解的时间略紧。

（三）学生表现

（1）学习状态：在学习中感受到乐趣，注意力集中，愿意学习；思维活跃；能自主学习，合作交流，积极探究。

（2）参与程度：学生均能参与到课堂教学中，师生、生生互动交流平等、积极、有效。

（翁静霞）

“创新推动社会生产力的发展” 教学设计 （二）

一、教学课题

“创新推动社会生产力的发展”是人教版高中《思想政治》必修4《生活与哲学》第三单元第十课第二框第一目的教学内容。

二、教学目标

1. 知识目标

（1）了解创新的地位。

（2）理解创新与科学技术的关系。

（3）识记创新推动社会生产力的发展的具体表现。

2. 能力目标

（1）培养分析能力和判断能力。

（2）理解创新与科学技术的关系，从而形成辩证思维能力。

（3）培养合作能力和语言表达能力。

3. 情感态度价值观目标

引导学生树立创新意识，敢于突破限制，形成新的思想；培养学生勤于实践、敢于创新的精神理念。

三、教学重点和难点

教学重点：创新是实现科学技术发展的第一动力。

教学难点：创新推动社会生产力的发展的体现。

四、教学方法

讲授法、情境教学法和讨论法。

五、教学过程

（一）导入环节

学生活动：教师带领学生回顾上一节课学习的内容：辩证法的革命批判精神和创新意识，要求人们树立创新意识，敢于突破限制，寻找新思路，开拓新境界。创新包括理论创新、制度创新、科技创新、文化创新和其他创新。

设计意图：知识点回顾，能够让学生加深记忆，同时将上节课与本节课的知识连贯起来，形成完整的知识框架。

教师展示材料：党的十八届五中全会确立了创新、协调、绿色、开放、共享的发展理念，这被视为关系中国发展全局的一场深刻变革。

提问：为什么我国要把创新放在第一位？

学生活动：学生阅读材料，回答问题。

学生回答：因为创新在社会发展中的地位十分重要，只有推陈出新才能推动社会的进步。

师：创新推动社会生产力的发展。迎接未来科学技术的挑战，最重要的是坚持创新，勇于创新。科学技术的每一次进步都是通过创新实现的。

设计意图：材料分析，能够提高学生的思维能力，让学生多角度思考问题。从创新在国家中的地位理解创新的重要性，进一步剖析创新的作用。

（二）讲授新课环节

教师板书课题：创新推动社会生产力的发展。

师：下面请大家看视频，来感受一下中国通信100年的变迁，并回答问题。

探究一：播放视频《中国通信史100年变迁》。

提问：①中国通信100年来发生了怎样的变化？②为什么会发生这些变化？

师：商朝吹号角撤兵；汉朝飞鸽传书；唐朝邮驿传信；1940年电报传摩斯密码；1950年邮政寄信；1987年大哥大通话；20世纪90年代call机（BP机）随身呼叫；90年代末固定电话普及全国；2000年初手机市场爆发（小灵通、只限通话短信的手机、按键机）；2011年开户智能手机时代；2017年开启裸眼3D时代（视频实时通话）。

学生活动：学生观看视频，回答问题。

学生回答：①中国的通信手段越来越先进，从手动写信，需要人亲自来传播，到现在演变成用机器网络来传播。②通信方式的变化是得益于我们科学技术的发展。

设计意图：视频材料能够很好地吸引学生的注意力，让课堂的氛围轻松、活跃，从而更好地调动学生的积极性。此外，在播放视频前，先抛出问题，让学生带着问题去观看视频。

教师讲解：通信手段一步一步发展，从人的传播到书信的传播，再到如今科学技术电子设备的传播。科学技术的不断发展进步改变了我们的通信方式，让我们的生活更加便捷、舒适。那么科学技术是如何发展的呢？科学技术的发展源于人们不断思考，在继承前者的基础上，不断创新，从而形成新的技术。科学技术之所以能够发展，正是因为不断地创新技术手段，新的思想为技术的发展提供了新的方向。可见，创新是实现科学技术发展的第一动力。

探究二：分享。

师：我们知道创新促进了科学技术的进步，在生活中创新无处不在、无时不有。下面请同学们一起来分享，说说生活中你感受到的创新所带来的科学技术的发展。

学生活动：学生小组讨论并回答问题。

学生回答：医学技术的创新，例如，心脏搭桥手术的出现，使更多心脏病患者获得活下去的机会；网络购物的出现，使生活更加便捷。

师：非常好，医学技术的创新，如青蒿素的成功提炼；淘宝、京东等购物平台的出现；高铁、轻轨等交通工具的发展。通过生活中的种种例子我们可以看到，技术创新对我们的生活有巨大的影响，极大地推动了社会生产力的发展。

设计意图：小组讨论能够培养学生团队合作精神、合作探究能力。通过身边的事物，让学生关注社会变化。

探究三：创新推动社会生产力的发展具体表现在哪里?

教师进行图片展示，并解释图片所对应的知识点。

图 1：水稻种植，由人工插秧变成了机器插秧。（生产工具的不断变化，得益于创新）

图 2：劳动者遵守职业规章制度。（生产技术创新和进步，对劳动者的要求逐步提高，进一步提高了劳动者的素质）

图 3：高新生产技术需要不同专业的劳动者。（拓展了劳动对象）

教师归纳：通过生活中的许多变化，我们可以深切体会到，创新对社会生产力的发展有极大的推动作用。创新更新了生产工具，促进了生产技术的进步，提高了劳动者的素质，拓展了劳动对象，推动了社会生产力的发展。

学生活动：学生观看图片，了解创新对社会生产力发展的作用。

设计意图：通过图片展示，向学生分析创新在社会经济发展中的作用，有助于学生理解“创新推动社会生产力的发展”，形成较为深刻的理解和认识。同时，教师对知识点的归纳能够让学生更好地掌握本节课的重点内容，突出重点、难点。

（三）小结环节

本节课我们学习了创新与科学技术的关系：科学技术的进步通过创新来实现。创新推动社会生产力的发展的具体表现包括生产工具的更新、生产技术的进步、劳动者素质的提高等。

学生活动：做笔记。

设计意图：教师总结可以强化学生对知识点的识记，使知识内化于心，加强理解。

（四）课堂练习环节

略。

（五）布置作业环节

完成本节课相应的练习册内容，思考创新在政治、文化方面的作用具体表现在哪里。

六、板书设计

（一）创新推动社会生产力的发展

1．科学技术的进步通过创新实现

2．创新推动社会生产力发展的体现

七、教学反思

优点：教学的材料比较丰富，课堂不会太过于单调、乏味，能够引起学生的学习兴趣；提问中能够引发学生思考，善于追问。

缺点：对知识点的剖析不够细致和准确。教学重点不够突出，知识点的讲解层次感还要再清晰一些。还需适当安排一些课外的知识扩展。

（蓝靖仪）

“价值观的导向作用” 教学设计 （一）

一、教学课题

“价值观的导向作用” 是人教版高中《思想政治》必修 4《生活与哲学》第四单元第十二课第一框第二目中的知识点。

二、教学目标

1．知识目标

理解价值观对人们认识和改造世界的活动有重要导向作用。

2．能力目标

学会运用正确的价值观去认识和改造世界。

3．情感态度价值观目标

树立正确的价值观。

三、教学重点和难点

教学重点：价值观对人们认识和改造世界的活动有重要导向作用。

教学难点：价值观影响人们改造世界的活动，影响人们的行为选择。

四、教学方法

讲授法、讨论法。

五、教学过程

（一）导入环节

教师展示图片：习近平总书记视察广州永庆坊。

师：习近平总书记说，城市规划和建设要高度重视历史文化保护，不急功近利，不大拆大建。要突出地方特色，注重人居环境改善，更多采用微改造这种“绣花”功夫，注重文明传承、文化延续，让城市留下记忆，让人们记住乡愁。习近平总书记在永庆坊的重要讲话充分体现了哲学上所讲的价值观的导向作用。他认为在城市建设和规划中不能为了一时的经济利益而放弃对历史文化的保护，要注重历史文化的传承和延续，保留城市记忆。那么，在学习习近平总书记的讲话后，广州在城市建设中应该如何做到既推进城市改造、发展经济，又传承和发扬历史文化呢？这节课让我们一起来深入学习价值观的导向作用，理解价值观是如何影响人们认识和改造世界的。

设计意图：以时事新闻导入，让学生了解和关注时政。营造情境，提问学生，培养学生独立思考以及分析、解决问题的能力。

（二）讲授新课环节

1．价值观影响人们对事物的认识和评价

师：不同的价值观会使人们对同样的事物做出不同的认识和评价。我们还是以广州的骑楼为例来说明。众所周知，骑楼是广州近代商业建筑的代表之一，也是老广州的典型特色。但是，在20世纪末大规模的城市基础设施建设和改造中，许多骑楼迅速消亡，现在仅存的骑楼主要分布在越秀、荔湾和海珠三个老城区。人们对于骑楼是否应该保护，以及如何保护的不同意见，表现出他们所持有的不同价值观。下面请看材料，材料中支持者与反对者各自表达了他们不同的价值观，而不同价值观影响着他们做出不同的判断和选择。

骑楼的支持者与反对者

支持者：骑楼的设计独特美观，实用价值高，可以为行人遮阳挡雨，能够增进人与人之间的联系。骑楼下面有许多传统工艺店铺，如果没有骑楼，这些传统工艺也会随之消失。骑楼是广州宝贵的历史文化遗产，是广州这座城市的历史记忆，我们应该对这些有特色、有历史价值的建筑进行保护。

反对者：骑楼的内部设计不合理，已经不适合现代居住环境的要求。有些骑楼古老破旧，摇摇欲坠，几乎是危楼了，也没有人去管理，每次经过都害怕有东西掉下来。还有，老城区的骑楼占据了许多土地，导致道路狭窄，不利于车辆通行，影响城市规划。我们希望能够改造或者拆除骑楼，将其改造成现代建筑，适应城市的建设和发展。

师：结合以上材料思考，对于"广州是否要保护骑楼"这一问题，支持者和反对者分别有怎样的认识与评价？不同的价值观将会导向怎样的行为？

学生活动：思考并回答问题。

师：支持者认为骑楼设计既美观又凸显岭南特色，具有实用价值，行人不用日晒雨淋，从而也缩小了人与人之间的距离。骑楼的存在保证了传统工艺的传承与发展，它是广州历史文化的积淀，也是广州重要的文化遗产，要注重对文化遗产的保护，否则优秀的岭南文化也会在城市发展进程中消失。在这样的价值观引导下，他们认为骑楼有其存在的价值和意义，所以提出要保护骑楼的观点。而反对者则认为，骑楼内部的设计较为陈旧，不适合现今宜居环境的要求。有些骑楼古老破旧，已经变成危楼，缺乏人员管理，严重影响行人的生命安全。此外，它还占据了大量的土地，不利于现代城市的规划和建设。在这样的价值观引导下，他们认为骑楼的弊端比其存在的价值和意义更多，所以提出要改造或拆除骑楼的观点。

教师归纳：两者之所以对待是否保护骑楼这一问题有不同的看法，是因为他们认识到骑楼对自身的有用性及无用性，从而产生了不同的价值观。价值观影响着人们对事物的认识和评价，价值观不同，人们对事物的认识和评价就不同，从而影响人们的行为选择。支持者可能会尽自己的能力保护骑楼，反对者可能就会主张一拆了事。为了正确处理社会经济发展和历史文化遗产保护的关系，广州市政府颁布了法规对骑楼进行分类保护，建议发展新式骑楼街，鼓励采取建筑内部功能提升等保护措施。可见，价值观影响人们改造世界的活动，影响人们的行为选择。

设计意图：培养学生提取信息的能力和阅读理解能力，引导学生独立思考，尝试去分析问题，提高语言表达能力。

2．价值观影响人们改造世界的活动，影响人们的行为选择

师：旧时的骑楼底下，孩子们玩游戏，大人们喝茶乘凉、经营店铺。大规模兴建于20世纪初的骑楼街见证了广州近一个世纪的商业辉煌和人文情怀。随着时代变迁，骑楼变得古老破旧，人们对待它的态度也发生了改变；但如今仍然有许多人对骑楼进行创新性的保护和发展，我们通过以下材料来了解具体情况。

播放视频：《广州市骑楼街保护利用规划》的实施。

为了科学发展和可持续利用，厘清经济发展与历史文化的关系，广州市政府颁布了相关法规对骑楼进行针对性的分类保护，鼓励人们对传统骑楼进行活化利用，适当改造，以增加骑楼的生命力，积极促进“文商旅”融合发展。人们在实践中充分认识到保护和延续骑楼街传统格局和历史风貌、继承和弘扬岭南优秀传统文化的重要性。只要积极推进骑楼的创新性发展，就能创造出巨大的经济效益，又能留住记忆、留住乡愁。

例如，为了给老城区的骑楼注入新生机，在珠光街道办的支持下，由广州高校大学生志愿者团队创作的涂鸦墙呈现在万福路骑楼上。这幅面积160平方米的3D巨幅画作“横看成岭侧成峰”，以“珠江之光，粤海扬帆”为主题，上半部用地球、鱼类和海洋等图案勾勒出生态环保的理念，下半部则勾勒出“满洲窗”边的西关小姐、东山少爷、黄包车以及马路两旁的骑楼等元素，描绘出在历史长河中骑楼街热闹与繁华的市井风貌。这栋骑楼原本破旧的外墙立马转变成色彩缤纷的涂鸦墙，得到了广大市民及游客的认同，这里有望成为广州的新文艺地标。在北京路骑楼街的树德生活馆，凭借现代简约的内部设计、独特创意的产品，吸引了许多人来此驻足拍照“打卡”，成为老城区新晋“网红地”。藏身在中山六路骑楼的Nomad’s Apartment，使原本内部陈旧的骑楼转变为风格独特的民宿，不仅让外地游客体验到老广州的骑楼文化，也让出门在外的游子保留了对广州骑楼文化的记忆。如今，骑楼仍然是时髦的、热闹的、充满人情味的；百年骑楼随着时代变迁在蜕变，成为人们找回童年美好记忆的地方，也成为广州在国际城市竞争中独特的风景线。

教师归纳：在政府部门的倡导下，人们认识到科学、可持续发展以及正确处理经济发展与历史文化关系的必要性，继承和弘扬岭南优秀传统文化，将历史文化和经济发展相结合。正是在这种价值观的指导下，他们没有在城市化进程中一味地拆除骑楼，而是创造性地赋予了广州骑楼新的时代内涵，促进了“文商旅”经济模式的融合发展，从而带来更加丰厚的经济效益；保护了具有历史价值的骑楼，同时继承和弘扬了优秀的传统文化，也保留了广州珍贵的历史记忆。这说明了价值观影响着人们改造世界的活动，影响着人们的行为选择。选择正确，才能在改造世界的活动中取得成功；选择错误，就会遭到失败。

设计意图：以具体、实际的案例设置问题，引导学生进行小组讨论，从而培养学生的批判性思维，鼓励学生集思广益，形成自己的观点，锻炼学生的口头表达能力和团队合作能力。

（三）小结环节

这节课我们学习了价值观的导向作用，即价值观对人们认识和改造世界的活动有重要导向作用。一方面，通过支持者和反对者对于“广州是否要保护骑楼”这一问题的看法，我们了解到价值观影响人们对事物的认识和评价。价值观不同，人们对事物的认识和评价就不同。另一方面，在科学发展观的指导下，人们认识到保护好历史文化遗产也能带来经济效益，于是创造性地保护和改造骑楼，促进了经济发展，继承和弘扬了岭南优秀传统文化。可见，价值观影响人们的行为选择。只有选择正确，才能在改造世界的活动中取得成功；选择错误，就会遭到失败。因此，我们要树立正确的价值观，这样才能保证我们在认识和改造世界的活动中取得成功。

（四）课堂练习环节

略。

（五）布置作业环节

略。

六、板书设计

2. 价值观对人们认识和改造世界的活动有重要导向作用

（1）价值观影响人们对事物的认识和评价。

（2）价值观影响人们改造世界的活动，影响人们的行为选择。

七、教学反思

课堂教学是一个不断创新、总结、完善的过程，课后及时反思，能够促进教师教学技能的发展，为日后的教学积累经验。经过教学实践，我发现在教学过程中主要存在以下优点与不足。

（一）教学过程中的优点

（1）对讲授内容的知识目标、能力目标、情感态度价值观目标把握准确，教学重点和难点突出，教学围绕三维目标、教学重点和难点有条不紊地进行。

（2）以时事新闻导入，让学生与时俱进，了解和关注时政；选取学生熟悉的案例融入教学过程中，便于学生有效进行讨论，有助于学生理解和掌握所学的知识。

（3）选取具体的案例引导学生进行思考，培养他们的辩证思维、理解能力和分析能力；提问学生并让他们回答问题，训练他们的逻辑思维，提高他们的口头语言表达能力和归纳概括能力。

（4）组织学生围绕案例进行小组讨论，培养他们的批判性思维，学会集思广益，提升团队合作能力。

（5）板书简洁明确，便于学生记录和识记所学的知识内容，构建自己的知识体系。

（二）教学过程中的不足

（1）授课内容之间衔接不够连贯、过渡不够流畅，不能承上启下、环环相扣，知识点之间存在割裂现象。

（2）讲授思路不够清晰，应该先讲授价值观的概念，再讲授价值观的作用，最后讲授应该如何做。

（3）选取的案例不够直观明确，要在骑楼的有用性与无用性讨论中凸显其价值，可以选取广州市政府成功改造骑楼的案例；设置问题需有引导性、启发性，让学生形成自己的观点。

（4）在讲授过程中，要突出骑楼存在的价值、意义和不足之处，不能只体现出骑楼是历史文化遗产，只坚定保护，而不允许改造或拆除，应该引导学生具体问题具体分析，辩证地看待问题。

（5）讲解和分析问题不够透彻、全面，讲解哲学知识应该站在宏观的层面上，不能只拘泥于具体事例，要从感性经验中抽离出抽象的哲学道理，帮助学生通过理论联系实际理解哲学。

（6）教态还不够自然大方，语言组织能力和表达能力仍需提高，应变能力也有待提高。

总之，我们只有经过教学实践和反复的教学反思，发现自己在教学过程中存在的优点与不足，发扬优点，改进不足，才能在日后的教学中游刃有余。

（林君怡）

“价值观的导向作用” 教学设计（二）

一、教学课题

“价值观的导向作用”是人教版高中《思想政治》必修4《生活与哲学》第四单元第十二课第一框第二目中的知识点。

二、课时安排

15分钟。

三、教材分析

本课内容与生活联系紧密。由于社会的多元化，个人主义、享乐主义、拜金主义等资本主义腐朽思想也在影响着当代中学生的价值观。所以，加强价值观的教育和引导，帮助学生树立正确的价值观显得尤为重要。本节课的学习正是从哲学高度帮助学生树立正确的价值观，为学生今后的发展奠定价值观基础。

四、教学目标

1．知识目标

理解价值观对人们认识和改造世界的活动有重要导向作用。

2．能力目标

学会运用正确的价值观去认识和改造世界。

3．情感态度价值观目标

树立正确的价值观。

五、教学重点和难点

教学重点：价值观对人们认识和改造世界的活动有重要导向作用。

教学难点：价值观影响人们改造世界的活动，影响人们的行为选择。

六、教学方法

讲授法、案例分析法。

七、教学过程

（一）导入环节

教师活动：以孟子的名句导入，并请学生试着翻译古文。

教师展示材料：

孟子说：生，亦我所欲也；义，亦我所欲也。二者不可得兼，舍生而取义者也。生亦我所欲，所欲有甚于生者，故不为苟得也；死亦我所恶，所恶有甚于死者，故患有所不辟也。

学生翻译这段古文。

师：孟子所说的“生”是指生命，“义”是指道义、大义。孟子认为，当两者不能同时得到时，可能有人选择生，有人选择义。可见，求生还是取义，就是两种不同的价值观。显然，当两者冲突时，孟子选择了道义，这就是孟子舍生取义的价值观。在中国历史上，孟子舍生取义的价值观影响了一代又一代中国人，它成为中国传统价值观念，影响人们对人对事的认识和评价，也影响人们的行为选择。这节课让我们一起来学习——价值观的导向作用（板书）。

（二）讲授新课环节

师：价值观的导向作用表现在哪里？如何理解价值观影响着我们的认识和行为选择呢？我们先来看一则新闻。

> 2019 年 3 月 30 日，四川凉山木里县发生森林火灾。689 人义无反顾地冲向了火海，明知山有火，偏向火山行。31 日，就在救援转场途中，风力突变引发林火燃爆，5 分钟内，火焰将 30 名灭火人员吞没。4 月 1 日，这 30 名灭火人员的遗骸被找到。30 名救火英雄中有 27 名消防员，包括 1 名“80 后”、24 名“90 后”、2 名“00 后”，平均年龄只有 23 岁。

师：这些消防员在危险面前舍生取义，为了救火牺牲了自己的生命。当新闻报道这件事后，很多网友纷纷表达了自己的看法，有些人表达了对消防员牺牲的惋惜，有些人表达了对消防员的敬意。下面我们来看一看网友的留言，思考问题：人们是如何看待生命和道义的？他们又是怎样认识和评价消防员这份职业的？为什么？

天啊，这么年轻的生命就这样没了，消防员的工作既辛苦又危险，为什么还有人愿意做？好不值得啊！

江江

和平与繁荣背后总要有人矢志坚守、向火而行。他们选择以身犯险，不过是因为他们深知这个世上还有更多需要保护的人，他们的工作意义非凡。

文文

生 1：江江认为生命更重要，因此他觉得消防员的工作既辛苦又危险，不值得。

生 2：文文认为消防员在生命和道义面前选择了道义，选择了保护人民的利益，他们的工作意义非凡。

师：每个人的价值观不一样，当生命和道义不能两全时，有的人认为生命比道义重要，有的人认为道义比生命重要，因此他们对事物的认识和评价也不一样。价值观影响人们对事物的认识和评价。一个人的价值观不一样，对事物的认识和评价也不一样。价值观会影响我们对事物的认识和评价（板书）。价值观对人们认识和改造世界的活动有重要导向作用。

师：消防员不怕死吗？请同学们结合孟子的那段话和上面的材料说说自己的观点。

学生回答，分享各自的观点。

师：消防员其实害怕，就像孟子所说的那样，生命是他们所想要的，但还有比生命更重要的东西，所以他们不苟且偷生。死亡是他们所厌恶的，但还有比死亡更可怕的事，所以有祸患他不躲避。他们也厌恶死亡，可是事关无数人民的性命安危，所以在面对火海时，他们依然选择前行，去履行职责，守护百姓的平安。

师：我们得以生活在和平年代，得益于很多人的共同维护。我们的烈士英雄、军人、消防员，他们用自己的生命维护着社会的和平、繁荣。他们在生和义上选择了大义，这份大义一直支持着他们前进。可见，价值观影响着人们的行为选择，对人们改造世界具有导向作用。这是我要讲的第二个知识点：价值观影响人们改造世界的活动，影响人们的行为选择（板书）。

师：既然价值观对我们如此重要，我们应当树立正确的价值观。那么，我们应当树立什么样的价值观？下面我们来看一个视频——北京大学才女刘媛媛的演讲《年轻人能为世界做什么》。

学生观看视频。

师：也许我们做不到像消防员那样舍生忘死，无法做到孟子所倡导的舍生取义，可是，我们能够为了这个世界、为了美好的生活做自己能做的许多小事。如果你将来做生意，就不要缺斤短两，更不要以次充好；如果你将来开了工厂，就不要偷工减料，要坚守自己的操守和底线……不要让自己长大后变成你年轻时最痛恨、最厌恶的那种人。老师希望同学们能够树立正确的价值观去认识和改造世界。

（三）小结环节

价值观对人们认识和改造世界的活动有重要导向作用：一方面，价值观影响人们对事物的认识和评价；另一方面，价值观影响人们改造世界的活动，影响人们的行为选择。

（四）课堂练习环节

略。

（五）布置作业环节

略。

八、板书设计

2．价值观对人们认识和改造世界的活动有重要导向作用

（1）价值观影响人们对事物的认识和评价。

（2）价值观影响人们改造世界的活动，影响人们的行为选择。

九、教学反思

（1）没有充分利用好导入材料，对孟子舍生取义的观点解释得不够深入，只停留于表面，没能很好地把导入和新课讲授联系起来。

（2）一开始只是站在消防员和网友的角度来讨论消防员的工作值不值得，这不太恰当，应当从网友的角度出发来讨论价值观的问题。

（3）语速太快。

（郑雅屏）

“价值观的导向作用” 教学设计 （三）

一、教学课题

“价值观的导向作用”是人教版高中《思想政治》必修4《生活与哲学》第四单元第十二课第一框第二目中的知识点。

二、教学目标

1. 知识目标

理解价值观对人们认识和改造世界的活动有重要导向作用。

2. 能力目标

学会运用正确的价值观去认识和改造世界。

3. 情感态度价值观目标

树立正确的价值观。

三、教学重点和难点

教学重点：价值观对人们认识和改造世界的活动有重要导向作用。

教学难点：价值观对人们行为选择的影响。

四、教学方法

讲授法、案例教学法和讨论法。

五、教学过程

（一）导入环节

师：在上节课中，我们学习了价值观的含义，它是对事物价值总的看法和根本观点。在讲新课之前，我们先来完成一些填空，思考并回答：习近平总书记的治国金句中蕴含怎样的价值观？这些治国理念在我们认识和改造世界的活动中起到什么样的作用？

绿水青山就是__________。

生态兴则文明兴，生态衰则__________。

像保护__________一样保护生态环境。

师：不难看出，这三个句子表明习近平总书记的治国理念就是国家发展要重点保护环境，表明我国政府全面开始生态文明建设，建设人与自然和谐统一的社会主义国家。换句话说，习近平总书记的治国理念就是在发展经济过程中要坚持保护环境，建设生态文明，坚持可持续发展之路，坚持人与自然和谐共处。这些价值观体现在我们生活中的方方面面，对人们认识和改造世界的活动有重要导向作用。下面我们学习“价值观的导向作用”。

设计意图：以习近平总书记的金句作为导入，一方面检测学生对时政的关注，另一方面引入今天授课的内容。

（二）讲授新课环节

1. 讲授“价值观影响人们对事物的认识和评价”

教师展示文字：习近平总书记强调，生态文明建设功在当代，利在千秋。我们要牢固树立社会主义生态文明观，推动形成人与自然和谐发展的现代化建设新格局。

教师展示新能源公交车和汽车的图片。

师：从图片中我们可以看到，从排放废气的燃油公交车变成零排放、噪声小的纯电动公交车，从消耗汽油的燃油汽车变成节能充电的新能源汽车。人们普遍认为，新能源汽车可以减少不可再生能源的消耗和缓解环境压力，营造一个更加舒适、清新的环境，还可以节能环保，值得推崇发展……

师：在提出社会主义生态文明观后，人们逐渐认识到保护环境的重要性，逐渐从单纯追求经济效益转变为既追求经济发展又追求社会效益，经济建设不再只追求 GDP 增长。可见，人们对经济建设有了新的认识和评价。为什么人们对经济发展的认识和评价会发生改变呢？在社会主义生态文明观这种价值观的指导下，人们越来越深刻地认识到人与自然、社会发展与自然环境之间的关系，懂得要保护自然资源、改善环境等。由此可见，价值观影响人们对事物的认识和评价。

2. 讲授“价值观影响人们改造世界的活动”

师：在提出社会主义生态文明观之后，我们在道路上看到越来越多的新能源汽车、公交车取代了旧式的燃油汽车、公交车，这说明社会各领域都在为营造良好的生态环境做出自己的行为选择。这是价值观影响人们行为的具体表现。

师：例如，汽车制造业加大投入生产新能源汽车，不少人在购车时会优先考虑购买新能源汽车，市民在出行时会将电动公交车作为首选等。可见，社会主义生态文明观的提出影响了人们的行为选择，人们都在为构建美好生活而行动，为推动生态文明建设贡献出自己的一份力量。由此我们知道：价值观影响人们改造世界的活动，影响人们的行为选择。

（三）小结环节

在这节课的学习中，我们从习近平总书记关于生态文明建设的金句入手，从哲学角度深入学习价值观的导向作用，充分认识到价值观对人们认识和改造世界的活动有重要导向作用。一方面，价值观影响人们对事物的认识和评价；价值观不同，对事物的认识和评价就不同。另一方面，价值观影响人们改造世界的活动，影响人们的行为选择：选择正确，才能在改造世界的活动中取得成功；选择错误，就会在改造世界的活动中遭到失败。通过这节课的学习，老师希望同学们不仅在对待生态环境上要树立正确的价值观，而且在面对功名、得失、为人处世等方面都能够树立正确的价值观，以此来指导大家认识和改造世界的活动。

（四）课堂练习环节

略。

（五）布置作业环节

略。

六、板书设计

2. 价值观对人们认识和改造世界的活动有重要导向作用

（1）价值观影响人们对事物的认识和评价。

（2）价值观影响人们改造世界的活动，影响人们的行为选择。

七、教学反思

通过对本节课内容的试讲，我从两个方面来反思总结：

一方面，值得肯定的是导入比较吸引学生。高二的学生每天都会和时政热点打交道，特别是文科生，他们对于习近平总书记的语录比较熟悉，念起来也朗朗上口。在导入时，设计习近平总书记的语录能够比较好地把学生从刚上课的状态带入课堂学习，为接下来的新课讲授打下基础。

另一方面，还存在需要改进和完善的不足之处，如对本目知识点的理解还处在较浅的层次。首先，对知识点的逻辑关系没有梳理好，导致出现课堂内容逻辑性不强、教学重点和难点不突出等问题。其次，在讲授过程中，对知识点的衔接和过渡不够自然，容易忘记接下来要讲授的内容，导致讲课不够流畅。最后，对本节课教学过程中出现的意外处理不当，没有达到预期教学效果。希望在接下来的教学中可以继续发现问题、解决问题，让教学效果越来越好。

（赵　倩）

“矛盾的同一性和斗争性” 教学设计（一）

一、教学课题

“矛盾的同一性和斗争性”是人教版高中《思想政治》必修4《生活与哲学》第三单元第九课第一框第一目的教学内容。

二、教学目标

1. 知识目标

（1）初步形成对矛盾的同一性和斗争性的辩证关系的正确认识。

（2）理解矛盾的同一性和斗争性的关系及其意义。

2. 能力目标

能初步运用矛盾的同一性和斗争性来分析日常生活中的矛盾现象，培养学生解决问题的能力。

3. 情感态度价值观目标

培养用对立统一观点看问题的意识。

三、教学重点和难点

矛盾的同一性和斗争性的关系。

四、教学方法

讲授法。

五、教学过程

（一）导入环节

复习导入：我们上一节课已经学习了什么是矛盾，以及矛盾的两个基本属性。

讲解：矛盾就是对立统一的，对立也就是斗争性，统一也就是同一性。同一性有两个方面的含义，一是矛盾双方相互依赖，二是矛盾双方相互贯通。

- 矛盾
  - 对立（斗争性）
  - 统一（同一性）
    - 相互依赖，一方的存在以另一方的存在为前提，双方共处于一个统一体中
    - 相互贯通，即相互渗透、相互包含，在一定条件下可以相互转化

（二）讲授新课环节

师：今天我们一起来学习矛盾的同一性和斗争性的关系。

1．两者是相互区别的

（1）矛盾的同一性，是矛盾双方相互吸引、相互联结的属性和趋势。

一是矛盾双方相互依赖，一方的存在以另一方的存在为前提，双方共处于一个统一体中。

二是矛盾双方相互贯通，即相互渗透、相互包含，在一定条件下可以相互转化。

教师讲解：矛盾双方的转化是相对的、有条件的。通过字面意思我们可以这样理解：一方面是矛盾双方相互依赖，一方的存在以另一方的存在为前提，双方共处于一个统一体中，这是相对的。另一方面是矛盾双方相互贯通，即相互渗透、相互包含，在一定条件下可以相互转化，这也是相对的。

教师讲解：矛盾的同一性是相对的，主要是指它是有条件的。也就是说，任何矛盾的统一体，以及贯穿其中的同一性的存在，都受特定条件的限制，只有当某种特定条件具备时，矛盾双方才具有同一性，才能共处于一个统一体中；当这种特定条件消失时，矛盾双方就失去同一性，不能共处于一个统一体中。所以，同一性是有条件的。同时，矛盾的同一性赖以建立和存在的条件不是凝固的，而是可变的，因而矛盾的同一性又是暂时的、易逝的、相对的。

结论：矛盾的同一性是相对的。

（2）矛盾的斗争性，是指矛盾双方相互排斥、相互对立的属性。它体现着对立双方相互分离的倾向和趋势。

凡是矛盾，必有斗争。否则，矛盾双方就不成其对立面了。例如，“上与下”

"善与恶""美与丑"。但不是说它的存在不需要任何条件，而是说矛盾斗争性的存在不受特定条件的限制，即矛盾双方相互排斥的趋势在任何条件下都是存在的。

所谓无条件性并不是说它不需要任何具体条件或不处于任何具体条件中，而是指矛盾的斗争性既存在于具体条件中，又受特定条件（也就是同一性赖以存在的条件）所限制，还能够打破这些条件的限制，创造事物发展所必需的新条件。

结论：矛盾的斗争性是绝对的。

2. 两者是相互联系的

（1）斗争性离不开同一性。

教师提问：为什么斗争性离不开同一性？

教师讲解：因为必须具有某种共同的基础、相互依存的东西，才会同时呈现出排斥的倾向。如果不是相互依存的东西，那就意味着"彻底分离""毫不相干"，就谈不上相互排斥。因此，斗争性离不开同一性。例如，"教与学"是一对矛盾。教师教授学生各种各样的知识，学生从教师那里学习到各种各样的知识。教师的教和学生的学是相互依存的统一体，表现出同一性。只有在教学的统一体中，教师的教与学生的学才能体现斗争性，离开了这个统一体，就无所谓教学双方的斗争性了。

结论：斗争性寓于同一性中，并为同一性所制约。

教师补充讲解"长与短""上与下"和"善与恶"矛盾关系的例子，帮助学生理解。

（2）同一性离不开斗争性。

教师讲解：首先，矛盾双方相互依存离不开斗争性。老子说过，天下人都知道美之所以为美，那是因为有丑陋的存在；天下人都知道善之所以为善，那是因为有恶的存在。可见，美与丑、善与恶，一方的性质依赖于另一方来规定，这就是平时所言的"相比较而存在"，它们之间是相互依存的关系。同时，美与丑、善与恶是对立的，它们的性质也是由双方来相互规定，可见，依存是对立中的依存。其次，矛盾双方的相互转化也离不开斗争性。矛盾双方是可以转化的，是有条件的。人们常说"虚心使人进步，骄傲使人落后"，就是说一个人常保持虚心就会进步，骄傲就会落后。那么，由"进步"转化为"落后"的条件就是"骄傲"，由"落后"转化为"进步"的条件就是"虚心"。矛盾双方只能在矛盾统一体中向对立面转化——"落后"的对立面是"进步"，它们是相互斗争的。

结论：同一以差别和对立为前提。没有斗争性，也就没有矛盾双方的相互依存和相互贯通。

3. 矛盾双方既对立又统一，由此推动事物的运动、变化和发展

马克思说："假如没有小偷，锁会达到今天这样完善吗？假如没有假钞票，钞票的制造会这样精美吗?”

教师讲解：马克思的这句话正好表明了，小偷撬锁使制锁更加完善，推动了锁的进步。假钞票的出现也促使钞票制造越来越严谨细致，越来越难以制假。也就是说，有时候不好的行为或不好的事物，往往有利于好的行为、好的事物的产生和发展。马克思正是看到了两者之间相互对立统一的关系，从而看到了矛盾推动事物运动、变化和发展。

（三）小结环节

综上所述，矛盾的同一性和斗争性既有区别又有联系，它要求我们用一分为二的观点看问题；矛盾双方在一定条件下可以相互转化，要善于创造和运用条件，促使矛盾双方向有利方向发展。

（四）课堂练习环节

虽然不断升级的电脑病毒和无孔不入的不良手机短信使人们防不胜防，但是互联网的迅速发展和广泛使用，以及手机的技术升级和普及，还是给人们的日常生活带来了极大的便利。这可以说明（D）。

①任何事物都包含着既相互对立又相互统一的两个方面

②矛盾双方的统一是主要的，对立是次要的

③矛盾双方的统一是绝对的，对立是相对的

④矛盾双方相对立而存在，相斗争而发展

A. ①②　　B. ③④　　C. ②③　　D. ①④

（五）布置作业环节

搜寻表述矛盾的同一性和斗争性辩证关系的成语、俗语或名言，利用矛盾对立统一规律分析其中的哲学道理。（四人一组，合作完成）

六、板书设计

（一）矛盾的同一性和斗争性

1. 区别：同一性是相对的，斗争性是绝对的。

2. 联系：同一性以差别和对立为前提；斗争性寓于同一性之中，并为同一性所制约。

3. 意义：矛盾双方既对立又统一，由此推动事物的运动、变化和发展。

（邓艳嘉）

“矛盾的同一性和斗争性” 教学设计 （二）

一、教学课题

“矛盾的同一性和斗争性”是人教版高中《思想政治》必修4《生活与哲学》第三单元第九课第一框第一目的教学内容。

二、教学目标

1. 知识目标

理解矛盾的同一性和斗争性的辩证关系。

2. 能力目标

通过对矛盾的同一性和斗争性辩证关系原理的学习，提高辩证思维能力，学会运用矛盾对立统一的观点去看问题和解决问题。

3. 情感态度价值观目标

树立矛盾对立统一的意识。

三、教学重点和难点

理解矛盾的同一性和斗争性的关系。

四、教学方法

演示法、谈话法和讲授法。

五、教学过程

（一）导入环节

引导学生回顾前面所学的矛盾的同一性和斗争性的含义。板书课题。

设计意图：本节课内容与前面内容连贯性强。复习导入是为保持新旧知识间的系统连贯性、逻辑性。

（二）讲授新课环节

（1）区别：矛盾的同一性是相对的，斗争性是绝对的。

教师画线段：以画线段长短为例说明矛盾的同一性是相对的、有条件的。

教师画一条线段，让学生判断长度。

教师讲解：一条线段无法判断长短，必须要有另一条相对长或短的线段作对比，才可以说它是长还是短，因此长短的概念是相互依存的。

教师再画一条相对较长或较短的线段，说明长和短在一定条件下可以相互转化，以此引出矛盾的同一性是相对的、有条件的，世界上的事物都是相对的。

设计意图：通过画线段观察线段变化，形象直观，便于学生理解矛盾的同一性是相对的，化抽象为具体。

教师再列举老子的名言“天下皆知美之为美，斯丑也；皆知善之为善，斯恶也。故有无相生，难易相成，长短相较，高下相倾，音色相合，前后相随。恒也”，以及“乐极生悲”“否极泰来”“塞翁失马，焉知非福”等，进一步阐述矛盾的同一性是相对的。

师：如果我说，我可以在世界上找到一个跟你完全一模一样的人，你相信吗？

教师再以叶子为例，说明世界上没有两片相同的叶子。教师进一步说明世界上每个人都是独一无二的、有差异的，因而得出矛盾的斗争性是绝对的、无条件的。（哲学上的斗争性包括一切差异和对立）

再列举自然界的分解和化合，生物的遗传和变异，思维上的不同观点和学术争鸣，社会生活中的阶级斗争、战场厮杀、政治博弈等图片，从自然界、人类思维、社会生活三个方面例证矛盾的斗争性是绝对的。

设计意图：通过与教师直接对话，强化了学生对理论认识的切身体验，有利于学生自主构建知识。再列举老子的名言、其他具体事例来例证阐述观点，从自然界到人类思维，再到社会生活中的阶级斗争等三大方面，使学生对理论的认识从具体到抽象，最终形成一个抽象概念，加深对理论的理解。

（2）联系：同一性以差别对立为前提，斗争性寓于同一性当中。

教师展示材料：毛泽东在《目前抗日统一战线中的策略问题》中指出，抗日战争胜利的基本条件，是抗日统一战线的扩大和巩固。要达此目的，必须采取发展进步势力、争取中间势力、反对顽固势力的策略，这是不可分离的三个环节，以斗争达到团结一切抗日势力的目的。在抗日统一战线时期，斗争是团结的手段，团结是斗争的目的。以斗争求团结，则团结存；以退让求团结，则团结亡。

教师讲解毛泽东提出抗日统一战线的历史背景，分析当时中国社会各阶层的力量对比，指出当时共产党对此所采取的策略：发展进步势力、争取中间势力、反对顽固势力。采用既联合又斗争的策略，以斗争求团结。

多媒体展示毛泽东提出的策略：

进步势力：发展

中间势力：争取

顽固势力：反对

教师提问，引导学生思考：为什么毛泽东在抗日统一战线中要采取既联合又斗争的策略？他认为团结和斗争的关系是怎样的？里面蕴含了什么样的哲学道理？

教师分析深层原因并总结。

教师讲解：在民族和国家存亡之际，日本帝国主义侵略行径日趋恶劣，要取得抗日战争的胜利，必须联合中国社会各阶层一致抗日，形成强大的抗日统一战线联盟。但社会各阶层的利益关系是复杂的，既有相互依存的一面，又有相互对立的一面。

教师简要分析各势力的利益关系：进步势力的利益与我们有相符之处，我们可以把他们当作基本同盟者广泛地团结起来。中间势力与工人之间存在阶级矛盾，但他们在沦陷区受到日本帝国主义的压迫，赞成团结抗战，我们可以把他们当作反帝国主义的同盟者去争取。中间势力同国民党中央势力是有矛盾的，所以只要我们有正确的政策，可以采取中立态度。顽固势力则不同，他们一面主张团结抗日，一面又执行摧残进步势力的极端反动政策。如果顽固势力愿意团结抗日，我们可以争取他们留在抗日统一战线里面。如果顽固势力实行消极抗战，我们就同他们作思想上、政治上、军事上的坚决斗争。因此，我们对付顽固势力就要采取革命的两面政策：以斗争求团结。毛泽东深知矛盾的同一性和斗争性的哲学原理，将其灵活运用在抗日统一战线中，最大限度地团结一切可以团结的力量，集中力量进行抗日斗争。

教师讲解：斗争是团结的手段。同一性以差别和对立为前提，抗日统一战线要团结各方人士、各方政党阶级，敢于斗争，不能一味退让以求团结。联合的人多了，阵容扩大了……不进行必要的斗争清理整肃……会变得弱小，容易被敌人分化、击破，没有斗争性就没有矛盾双方的相互依存和相互贯通，事物就不能存在和发展。只有通过有效的斗争，才能争取进步势力的支持，才能抵制顽固势力的同化、击破，才能教训那些敢于放肆、敢于捣乱的人，使他们不敢轻易造次，从而紧紧地团结在我们周围。

教师讲解：团结是斗争的目的。斗争性寓于同一性之中，并为同一性所制约，没有同一性就没有矛盾统一体的存在，事物同样不能存在和发展。要巩固和发展抗日统一战线，就必须寻求双方共同的利益和更多的共同点、更深的认识，广泛团结进步势力，争取中间势力，抵抗顽固势力。

设计意图：从人与人的交往到政党之间的竞争合作，层层递进，知识不断深化。鉴于学生对抗日统一战线的历史有一定了解，采用毛泽东以斗争求团结的材料，切合学生已有的学习经验，有利于学生理解材料，学会分析问题和解决问题。通过抗日统一战线既团结又斗争的策略，与“矛盾的同一性是相对的，斗争性是绝对的”知识点形成前后呼应，有利于学生系统连贯地理解知识。

（3）意义：矛盾双方既对立又统一，由此推动事物的运动、变化和发展。

教师进一步总结前面抗日统一战线的例子。

教师讲解：在抗日统一战线中，毛泽东认为既要联合，又要斗争，两只手一只也不能少。不联合，我们的队伍就不能扩大；不斗争，我们就会在联合中失去地位。因此，我们要处理好矛盾的同一性和斗争性的关系，在统一中把握对立，在对立中把握统一。矛盾双方既对立又统一，由此推动事物的运动、变化和发展。

教师列举其他例子佐证观点。例如，人类社会的发展是生产力与生产关系、经济基础与上层建筑既对立又统一的结果。

设计意图：承接前面的例子，有利于知识点的顺延，也便于学生理解。通过人类社会发展和思维认识发展两个方面的例子，加深学生对矛盾的同一性和斗争性理论的理解，增强说服力。

（三）小结环节

矛盾的同一性和斗争性既相互对立，又相互统一。首先，两者是相互区别的。矛盾的同一性是相对的，斗争性是绝对的。其次，两者又是相互统一的，同一性以差别和对立为前提，斗争性寓于同一性之中，并为同一性所制约。矛盾双方既对立又统一，由此推动事物的运动、变化和发展。

设计意图：及时巩固所学知识点。

（四）课堂练习环节

（多选题）有人指出：全世界每个国家都有自己的文化，如果不各美其美，就只能任人宰割；不美人之美，世界就争端不断；只有美美与共，才能实现世界大同的美好理想。从矛盾的角度来看，这体现了（BC）。

A. 矛盾的同一性和斗争性的辩证关系

B. 同一性寓于斗争性之中，要在同一性中把握斗争性

C. 同一性以差别和对立为前提，要在斗争性中把握同一性

D. 要创造多种条件促进矛盾的同一性和斗争性的相互转化

（五）布置作业环节

利用本节课所学的知识思考中美两国之间的利益依存和利益对抗，即中美双方既竞争又合作的问题。

设计意图：结合时事政治，学以致用。

六、板书设计

（一）矛盾的同一性和斗争性

1. 区别：矛盾的同一性是相对的，矛盾的斗争性是绝对的。

2. 联系：同一性以差别和对立为前提，斗争性寓于同一性之中，并为同一性所制约。

3. 意义：矛盾双方既对立又统一，由此推动事物的运动、变化和发展。

设计意图：采用提纲式板书，知识点逻辑清晰，有利于学生整体把握知识内容。

（黄凤光）

“真理是具体的有条件的” 教学设计（一）

一、教学课题

“真理是具体的有条件的”是人教版高中《思想政治》必修4《生活与哲学》第二单元第六课第二框第二目的教学内容。

二、教学目标

1. 知识目标

（1）理解真理是具体的有条件的。

（2）理解真理与谬误之间可以相互转化。

2. 能力目标

（1）提高比较分析的能力和明辨是非的能力。

（2）培养具体问题具体分析的能力。

3. 情感态度价值观目标

树立在实践中不断认识、丰富、发展真理的思想。

三、教学重点和难点

教学重点：理解真理是具体的有条件的。

教学难点：提高辩证看待真理的能力。

四、教学方法

讲授法、合作探究法和案例分析法。

五、教学过程

（一）导入环节

教师活动：①回顾上节课的内容（真理的含义以及真理的客观性）。②引入列宁的一句话："没有抽象的真理，真理总是具体的，并且是有特定的范围的。"我们该如何理解这句话呢？

学生活动：一起回顾上节课所学的主要内容，并思考对列宁这句话的理解。学生只需有所思考，无须作出回答。

设计意图：上节课的知识点和本节课所要学的知识是紧密联系的，有助于学生温故知新。设下疑问，初步引发学生的思考，让学生带着好奇进行本节课的学习。

（二）讲授新课环节

（1）探究活动：阅读材料，思考并回答问题。

三角形内角之和等于180°，这是古希腊数学家欧几里得提出的定理。在此之后的两千多年里，人们一直把它当作任何条件下都适用的真理。随着航海事业的发展和人们对于球面认识的不断深入，这一定理的局限性逐渐暴露出来。

19世纪初，俄国数学家罗巴切夫斯基提出：在凹曲面上，三角形内角之和小于180°。随后，德国数学家黎曼提出：在球形凸面上，三角形内角之和大于180°。由此，人们关于空间的观念发生了革命性的转变。

教师提问：①罗巴切夫斯基和黎曼的发现是否表明欧几里得定理不再是真理？②是什么原因使人们认识到欧几里得定理并不是在任何情况下都适用的真理？

学生活动：学生阅读材料，思考问题。

教师板书：真理是具体的有条件的。

（2）教师请两位同学回答以上问题，并对他们的回答进行概括总结，分析归纳出材料中的主要知识点。

①真理都是具体的。（强调过程）

教师讲解：任何真理都是相对于特定的过程来说的，都是主观与客观、理论与实践的具体的历史的统一。我们应该在实践中，随着历史条件的变化而丰富、发展和完善真理。正如航海事业及科学技术的不断发展，推动了人们对于球面认识的不断深入。因此，任何真理都是相对于特定的历史过程来说的，它是主观与客观、理论与实践的具体的历史的统一，并且是随着历史条件的变化而不断丰富、发展和完善的。

②真理都是有条件的。（强调范围）

教师讲解：任何真理都有自己适用的条件和范围，如果超出了这个条件和范围，真理就变成了谬误。罗巴切夫斯基和黎曼的发现提出以后，欧几里得定理仍然是真理，只不过它的成立是有条件的。因此无论何时何地，我们都要结合具体条件来把握真理，如果脱离了具体的条件和范围，真理就会走向谬误。

设计意图：运用具体的事例进行探讨，挖掘其中的知识点，有助于学生通过形象的事例理解抽象的哲学原理。教师在学生回答的基础上再系统详细地分析材料，便于学生对知识点有整体深入的理解和把握。

（3）小组合作讨论：寻找社会生活、学习生活中的事例，从时间、地点、条件的变化来说明真理的具体性和条件性。教师给学生两分钟的讨论时间，并适时进行点拨、引导，最后根据小组代表的回答进行归纳总结。

设计意图：在学习完知识点之后，让学生通过小组合作学习，学以致用，有利于加深学生对知识点的理解。

（三）小结环节

（1）真理都是具体的。任何真理都是相对于特定的过程来说的，都是主观与客观、理论与实践的具体的历史的统一。我们应在实践中随着历史条件的变化而丰富、发展和完善真理。

（2）真理都是有条件的。任何真理都有自己适用的条件和范围，如果超出了这个条件和范围，真理就会变成谬误。我们应该学会具体问题具体分析，结合现实中的具体条件（时间、地点、范围等）来把握真理。

（3）回应列宁的名言“没有抽象的真理，真理总是具体的，并且是有特定的范围的”。请一位同学来谈谈学习本节课后对列宁这句话的理解。

设计意图：总结本节课所学内容，最后根据前面设置的疑问来检验学生对本节课知识点的理解和把握，有助于教师检验学生的学习成果。

（四）课堂练习环节

勾股定理的提出对数学计算的发展做出了重要的贡献，但是它只适用于直角三角形的计算，而不能应用于其他三角形。这说明（D）。

①真理和谬误往往是相伴而行的

②真理是具体的有条件的

③对同一个确定对象的认识可以有多个真理

④任何真理都有自己适用的条件和范围

A. ①④　　B. ②③　　C. ①③　　D. ②④

（五）布置作业环节

预习下一目“追求真理是一个过程”的内容。

六、板书设计

（二）真理是具体的有条件的

1. 真理都是具体的

2. 真理都是有条件的

（黄翠玲）

“真理是具体的有条件的”教学设计（二）

一、教学课题

“真理是具体的有条件的”是人教版高中《思想政治》必修4《生活与哲学》第二单元第六课第二框第二目的教学内容。

二、教学目标

1. 知识目标

（1）识记真理是具体的有条件的。

（2）理解真理在一定条件下会转化为谬误。

2. 能力目标

（1）提升具体问题具体分析的能力。

（2）培养理论联系实际的能力和语言表达能力。

3. 情感态度价值观目标

（1）体会在一定条件和范围内去认识真理。

（2）树立在实践中不断认识、丰富和发展真理的思想。

三、教学重点和难点

教学重点：真理都是具体的；真理都是有条件的。

教学难点：如何理解真理既是具体的又是有条件的。

四、教学方法

讲授法、问题探究法和小组讨论法。

五、教学过程

（一）导入环节

教师提问：下雨好还是不好？

学生各抒己见。

教师归纳：判定一件事情需要在具体的条件下进行，否则无法形成正确的认识。这也就是我们今天所要学习的内容——真理是具体的有条件的（板书）。

设计意图：利用问题导入，引发学生的思考与讨论，激发学生的学习兴趣。

（二）讲授新课环节

教师展示材料。

17 世纪的欧洲，经过许多科学家的努力，在天文学和力学方面积累了丰富资料的基础上，英国科学家牛顿实现了天上力学和地上力学的综合，形成了统一的力学体系——经典力学。在牛顿经典力学问世后的 200 多年间，许多科学家认为，整个宇宙都要服从这一“永恒定律”。但随着科学的不断发展，20 世纪初，爱因斯坦发现牛顿的运动定律只有在宏观低速运动的情况下才是正确的，一旦进入宏观高速运动领域，它就不再适用，必须让位于相对论力学。在随后的十几年中，玻尔、海森堡等年轻学者又发现，在微观领域内，牛顿定律必须让位于量子力学。

教师提问：牛顿经典力学是否适用于所有领域？这说明了真理具有什么特征？

设计意图：采用学生熟悉的例子，让学生对材料的理解更透彻，有利于学生正确分析问题以及更好地理解知识点。以问题驱动学生学习，通过层层设问，引导学生进行自主探究，沿着问题思路，从而获得对“真理是具体的有条件的”的理解。

教师在学生回答的基础上归纳知识点：真理都是有条件的。首先，任何真理都有自己适用的条件和范围，如果超出了这个条件和范围，只要再多走一小步，真理就会变成谬误。牛顿的经典力学有它的适用范围和条件，同样，爱因斯坦的相对论也有它的适用范围和条件。在宏观高速运动领域，牛顿的经典力学就会变成谬误。

教师提问：是什么原因使人们认识到牛顿的经典力学并不是一个“永恒定律”？

教师在学生回答的基础上归纳知识点：真理都是具体的。任何真理都是相对于特定的过程来说的，都是主观与客观、理论与实践的具体的历史的统一。具体的，是指主观认识符合当地的实际；历史的，是指主观认识符合当时的实际。

小组讨论：生活中有哪些例子能够说明“真理是具体的有条件的”？教师适当点拨、指导。

设计意图：采用小组讨论法，有利于培养学生的语言组织表达能力。

（三）小结环节

本节课主要学习了真理的两个特征：真理都是具体的，真理都是有条件的。“真理都是具体的”强调的是真理的空间和时间的统一，“真理都是有条件的”强调的是真理的范围。并且，真理在一定条件下会转化为谬误。

（四）课堂练习环节

社会公平是当前社会普遍关注的一个问题。中国共产党对社会公平的认识，经历了从“时间就是生命，效率就是金钱”到“效率优先，兼顾公平”，再到“初次分配和再分配都要兼顾效率与公平，再分配更加注重公平”的过程。这表明（A）。

①真理是具体的有条件的

②认识都是主观与客观的具体的历史的统一

③认识具有反复性、无限性和上升性

④真理在实践中总是要不断地被否定

A. ①③　　B. ①②④　　C. ①②③　　D. ②③④

（五）布置作业环节

预习下一目“追求真理是一个过程”的内容，并思考为什么追求真理是一个过程。

六、板书设计

（一）真理是具体的有条件的

1. 真理都是具体的

2. 真理都是有条件的

（吴晓妍）

“坚持整体与部分的统一” 教学设计

一、教学课题

“坚持整体与部分的统一”是人教版高中《思想政治》必修4《生活与哲学》第三单元第七课第二框第一目的教学内容。

二、教材分析

“坚持整体与部分的统一”属于“用联系的观点看问题”这一方法论的具体内容。讲授这一目的内容，主要是通过港珠澳大桥的生动例子来引导学生理解和掌握整体与部分的辩证关系。

三、教学目标

1. 知识目标

识记整体与部分的含义，理解整体与部分的辩证关系。

2. 能力目标

运用整体与部分的辩证关系原理去分析问题、解决问题。

3. 情感态度价值观目标

树立整体意识，培养全局观念，正确处理个人与集体、个人与社会的关系，具有合作精神和集体主义观念。

四、教学重点和难点

整体与部分的辩证关系。

五、教学方法

讲授法。

六、教学过程

（一）导入环节

师：港珠澳大桥是一座连接香港、广东珠海和澳门的桥隧工程，在2018年10月24日正式开通运营。港珠澳大桥作为中国从桥梁大国走向桥梁强国的里程碑之作，被誉为桥梁界的“珠穆朗玛峰”，也被称为“现代世界七大奇迹”之一。

播放视频《你好，港珠澳大桥》。

教师提问：看完视频后，你们对港珠澳大桥有什么感受呢？对港珠澳大桥的哪一部分印象比较深刻？

学生回答问题。

师：我们感受到港珠澳大桥的宏伟壮观。它的建设如此成功，那么它是如何建成的呢？今天我们就带着这个问题，进入本节课的学习——用联系的观点看问题，从整体与部分的辩证关系角度来分析港珠澳大桥是如何建成的。

（二）讲授新课环节

教师展示材料。

港珠澳大桥由桥梁、人工岛、隧道 3 个部分组成，东接香港，西接珠海和澳门，桥隧总长约 55 千米。港珠澳大桥历时 14 年建成，经过了前期规划、建设过程和正式开通 3 个阶段，是三地首次合作共建的超大型跨海交通工程。

探究问题：根据港珠澳大桥的介绍，分析哪些是部分，哪些是整体。

师：港珠澳大桥是一个整体，它由桥梁、人工岛、隧道 3 个部分组成。从港珠澳大桥 14 年的整个建设历程来看，它包括前期规划、建设过程和正式开通 3 个阶段。因此，整体与部分是相互区别的。下面请同学们结合教材，说说“整体”与“部分”有哪些不同？

1．含义不同

（1）整体是事物的全局和发展的全过程，从数量上看，它是一。

（2）部分是事物的局部或发展的各个阶段，从数量上看，它是多。

师：如何理解整体和部分的含义呢？我们可以从三个维度来理解。从静态的角度来看，整体是指构成事物的全局，而部分是事物的局部。这是第一个维度。

教师展示港珠澳大桥的平面图（略）。

师：从这张平面图中我们可以知道，港珠澳大桥由 3 个部分组成：海中桥隧的主体工程、港珠澳口岸和港珠澳三地的连接线。海中桥隧全长约 55 千米（其中主桥 29.6 千米）、香港口岸至珠澳口岸 41.6 千米。从静态的角度来看，港珠澳大桥是事物的全局，属于整体；海中桥隧的主体工程、港珠澳口岸和港珠澳三地的连接线是港珠澳大桥的局部，属于部分。

PPT 展示下图。

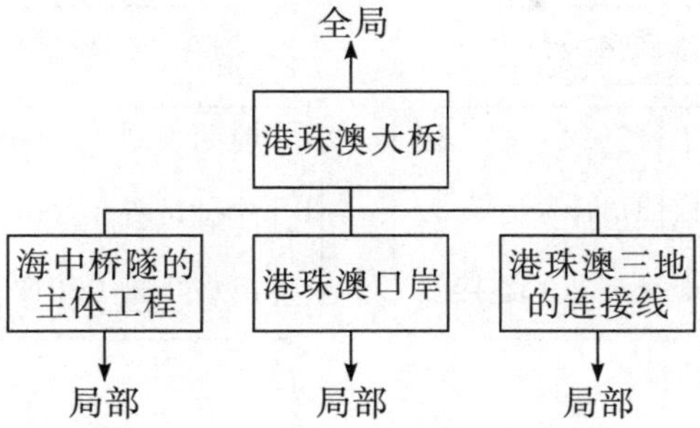

师：从事物发展的动态角度来看，整体是指事物发展的一个过程，而部分是指事物发展的各个阶段。这是第二个维度。

教师展示港珠澳大桥的发展历程图（略）。

师：从图中我们可以看到港珠澳大桥的发展历程：从 2004 年 3 月前期工作协调小组办公室成立到 2009 年 12 月 15 日正式开工建设，再到 2018 年 10 月 24 日正式通车，港珠澳大桥从设计到建设前后历时 14 年。其发展历程可以大致分为前期规划、建设过程、正式开通 3 个阶段。这 14 年的建设历程可以看成港珠澳大桥发展的全过程，是整体；前期规划、建设过程、正式开通是港珠澳大桥建设中的 3 个阶段，是部分。

PPT 展示下图。

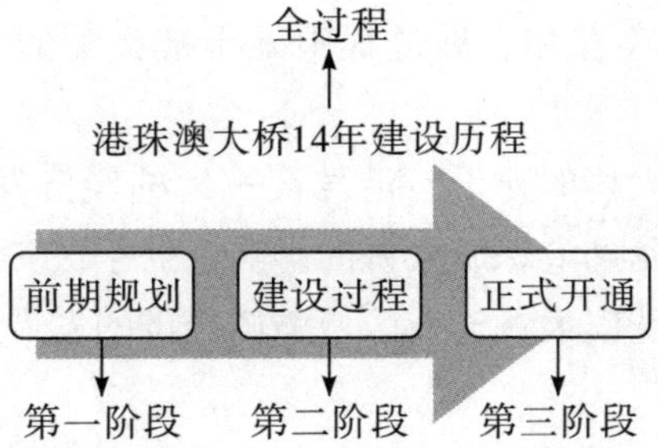

师：从数量的角度来看，整体是一，部分是多。这是第三个维度。港珠澳大桥作为一个整体时，是由海中桥隧的主体工程、港珠澳口岸和港珠澳三地的连接线这 3 个部分构成的；而把港珠澳大桥历时 14 年的建设历程作为一个整体时，它是由前期规划、建设过程和正式开通这 3 个阶段构成的。根据以上分析，我们可以发现整体的数量只有一个，部分的数量有多个。

PPT 展示下图。

一	港珠澳大桥	港珠澳大桥建设历程
多	□海中桥隧的主体工程 □港珠澳口岸 □港珠澳三地的连接线	□前期规划（2004年） □建设过程（2009—2018年） □正式开通（2018年）

2．地位、作用和功能不同

（1）整体居于主导地位，整体统率着部分，具有部分所不具备的功能。

教师展示材料：

港珠澳大桥是粤港澳大湾区内联结三地、促进互联互通的一项标志性交通基础设施。港珠澳大桥弥补了粤港澳大湾区建设的关键短板，使粤港澳大湾区建设如虎添翼。

教师总结：港珠澳大桥具有联结三地、促进互联互通、促进粤港澳大湾区建设的功能，这些功能是港珠澳三地任何一地都不具备的。港珠澳大桥弥补了粤港澳大湾区建设的关键短板，在粤港澳大湾区的经济发展中居于主导地位，统率着粤港澳大湾区的发展。

（2）部分在事物的存在和发展过程中处于被支配的地位，部分服从和服务于整体。

教师总结：港珠澳大桥的建设对港珠澳三地的经济发展有一定的促进作用，港珠澳三地的经济发展受到港珠澳大桥的影响，处于被支配的地位，这三地的发展也要服从和服务于港珠澳大桥连线区域整体经济的发展。

（三）小结环节

在本节课中，我们主要学习了整体与部分是相互区别的，它们的区别主要表现在两个方面：一是含义不同；二是地位、作用和功能不同。

（四）课堂练习环节

略。

（五）布置作业环节

略。

七、板书设计

（一）坚持整体与部分的统一

1. 整体和部分是相互区别的

（1）含义不同。

（2）地位、作用和功能不同。

（梁绮婷）

“意识的作用” 教学设计（一）

一、教学课题

“意识的作用”是人教版高中《思想政治》必修4《生活与哲学》第二单元第五课第二框的教学内容。

二、教学目标

1. 知识目标

（1）识记：

①意识活动的特点。

②意识对改造客观世界具有指导作用，意识对于人体生理活动具有调节和控制作用。

（2）理解：

①人们在意识的指导下能够能动地认识世界和改造世界。

②世界上只有尚未认识之物，没有不可认识之物。

（3）运用：

①分析“一切从实际出发，实事求是”的途径。

②运用物质和意识的辩证关系原理，分析生活中的问题。

2. 能力目标

（1）通过学习意识作用的原理，让学生对人类认识世界和改造世界的能力有一个正确的估计，逐步培养学生正确地认识世界和改造世界的能力。

（2）通过对物质和意识的辩证关系的学习，培养学生的辩证思维能力。

3. 情感态度价值观目标

（1）通过教学，让学生明确意识在认识世界、改造世界中的重要作用，引导学生树立正确的价值观。

（2）培养学生初步树立“一切从实际出发，实事求是”的唯物主义世界观。

三、教学重点和难点

教学重点：意识对改造客观世界具有指导作用；分析“一切从实际出发，实事求是”的途径。

教学难点：物质和意识的辩证关系原理。

四、教学方法

讲授法、提问法、讨论法和情境教学法。

五、教学过程

（一）导入环节

教师通过多媒体展示全国降温预警图。

师：同学们，前几天微博的一个话题“冷冷冷冷冷冷冷冷冷”登上了“热搜榜”第一位，是因为中央气象台发布了一则气象预警，未来两天将有一股强冷空气登陆我国北部，并迅速南下，影响我国绝大部分地区，带来大幅度的降温。人为什么能够认识到冷空气这种自然现象，为什么又能够在它还没到来之前就预测出它大致的登陆时间、影响范围、降温幅度呢？因为人是有意识的，能够能动地去认识这个世界。那么人的意识有什么特点？意识又有什么作用呢？我们该怎样发挥意识的作用呢？接下来，我们一起来学习第五课第二框“意识的作用”。

（二）讲授新课环节

1. 人能够能动地认识世界

环节一：意识活动具有目的性。

教师播放视频《水獭筑堤》。

师：通过视频我们可以了解到，水獭是一种生活在湖泊、沼泽等淡水地区的动物，它能够筑堤。科学家想了解水獭筑堤这种行为是不是有目的、有意识地完成的，于是做了一个实验：把一只幼小的水獭关在笼子里，在它身边放一些泥土，结果发现等它长大后，它就会自然地筑起堤来，尽管在笼子里筑堤是完全没必要的。水獭不会去思考需不需要筑堤，很显然，筑堤是水獭的本能，是无目的的活动。反过来，我们再来看科学家做实验这个行为，科学家为什么要去做这个实验？

学生回答。

师：科学家做实验之前，头脑中形成了去探究水獭筑堤行为的意识，这说明科学家做实验的行为是一种有意识的行为，并且他的行为是有目的的，这是我们今天要学习的第一个知识——意识活动的特点：意识活动具有目的性。

举一反三：蜘蛛织网、小鸟筑巢、蜜蜂建造蜂房与建筑师建造楼房的比较。

环节二：意识活动具有自觉选择性。

教师展示镜子图片。

师：我们日常生活中都会照镜子，当你站在镜子面前，镜子反映出来的是你这个人，你把任何东西放到镜子面前，镜子反映出来的都只能是放在它面前的这些东西。也就是说，客观世界有什么，它就反映什么，所以镜子是机械地、被动地反映客观事物。人的意识则不一样，意识对客观世界的反映是有选择性的、主动的，并不是客观世界有什么就反映什么。现在请同学们看看四周的环境，并和同桌讨论一下你看到了什么，一分钟后请同学来回答。

生1：课桌、凳子、灯、书、窗户、黑板……

生2：风扇、窗户外美丽的风景、老师、投影……

师：听完了刚刚两位同学的回答，大家有没有发现他们所关注的事物其实是不一样的？两位同学的潜意识都是有选择地去反映周边的事物。大家也一样，当我们上课时，我们的意识有选择地反映周边的事物，比如该看书时看书，该看黑板时看黑板，该思考的时候就思考，只有这样，我们的注意力才能集中起来，达到学习的目标。所以，意识对客观世界的反映是有选择性的、主动的，并不是客观世界有什么就反映什么。这也是意识活动的第二个特点：意识活动具有自觉选择性。同学们在课堂上要使自己的意识有选择地反映周边事物，集中注意力认真听课，提高学习效率。

环节三：意识活动具有主动创造性。

教师通过多媒体展示图片：蛇冬眠、燕子南飞；供暖设备；气象卫星、天气预报。

师（提问）：我们都知道蛇要靠冬眠来过冬，燕子在冬天来临之前会成群地往南飞，到温暖的地方过冬。北方的冬天很冷，为什么人不用靠冬眠来过冬，也不用在冬天的时候全部迁移到比较温暖的南方呢？

学生讨论回答。

师：蛇和燕子都是被动地适应天气的变化。但人不一样，人类在严寒的环境中，没有仅仅停留在被动适应严寒这个层面，而是发挥自己的意识，并付诸行动——发明供暖设备，去创造条件主动地适应环境。这是今天要学的意识的第三个特点：意识活动具有主动创造性。

举一反三（提问）：现实中还有哪些例子表现了意识活动具有主动创造性？

学生回答。

师：意识活动的主动创造性具有什么意义呢？请同学们阅读课本，并概括总结。

①意识活动的主动创造性，是人能够认识世界的重要条件。

由于历史条件的限制，每一时期人们对客观事物的正确认识总是有限的，但人们对客观事物的正确认识又总是在不断地深化、扩展、推移的。随着实践的发展和认识能力的提高，人类可以逐步解开自然界之谜和社会历史之谜。

②意识活动的主动创造性，意味着世界上只有尚未认识之物，没有不可认识之物。

举例：肺结核病在20世纪还是绝症，现在已经可以彻底治愈了。现在癌症是绝症，但是随着医学技术的进步，相信在不久的将来，癌症也会被人类攻克。

2. 人能够能动地改造世界

环节一：意识对改造客观世界具有指导作用。

师（过渡）：刚刚我们学习了意识的作用——使人能够能动地认识世界。如果我们仅仅能够认识这个世界，能满足我们活动的需要吗？显然是不能的。

多媒体展示：

世界不会满足人，人决心以自己的行动来改变世界。（列宁）

师：列宁的这句经典名言是说，世界永远不会满足我们，所以我们要通过自己的行动去改变世界，获取物质生活资料，满足我们的生活需要。这是我们今天要学习的意识的第二个作用：人能够能动地改造世界。

师（提问）：意识对我们改造客观世界的作用具体表现在哪些方面呢？带着这个问题，我们一起来完成以下探究活动。

探究活动一：

教师通过多媒体展示石头和电脑的图片。

师（提问）：这是一块普通的石头，请同学们思考，先有石头还是先有人们关于石头的认识？

学生回答。

师（引导）：先有石头。石头是自然界中固有的，在人类出现之前就已经存在了。

师（提问）：如果把石头换成电脑，先有电脑，还是先有人们关于电脑的设计？

学生回答。

师：先有人们关于电脑的设计，因为电脑不是自然界固有的，是人们在意识活动的作用下，形成对电脑的设计，通过一系列工序生产出来的。大自然可以演化出一块石头，可以演化出一座高山，但是即使再过几亿年，自然界也不可能演化出一台电脑。在意识的指导下，人们创造出自然界原本没有的东西，所以意识对我们改造客观世界具有指导作用。

探究活动二：

师（提问）：意识能直接作用于客观事物吗？我们通过一则材料了解一下。

人类自形成之日起，在相当长的时期内都用双脚作为交通和运输工具，行走于这个世界之上，但是随着人类活动范围的扩大和人的智力的提高，为了更加快速地到达目的地，人类就驯服一些动物如马、驴等作为乘坐工具或乘坐工具的动力（如马车），与此同时，轿子和以风作为动力的帆船也作为交通工具，与畜力交通工具长期并存。以人力、畜力和风力作为动力的交通工具占据了人类历史的绝大部分时间。直至1769年詹姆斯·瓦特发明蒸汽机，人类的交通工具才进入飞速发展阶段，短短两百多年，人类不仅能上天（飞机、航天飞机、火箭），还能入海（潜艇），技术也日新月异……

这些交通工具都不是在自然界中自然形成的，而是人类不断总结实践经验，进行研究设计，经过反复实验才完成的。这些工具的发明，大大地扩展了人类的活动范围，提高了人类活动的效率，也促进了人类社会的发展。

师（提问）：这些交通工具是怎样出现的？意识能直接作用于客观事物从而引起客观事物发生改变吗？

师（引导）：意识不能直接作用于客观事物，需要通过实践来完成。意识只有通过指导实践，才能把观念的东西变成现实的东西。

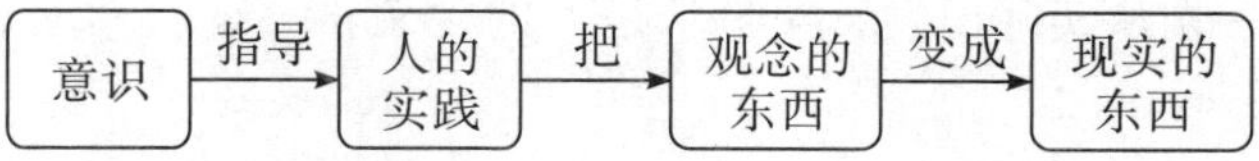

探究活动三：

师（过渡）：在上节课我们学习了意识有正确和错误之分，不管是正确的意识还是错误的意识，都是对客观存在的反映。那所有的意识都能促进我们人类实践活动的发展吗？

教师展示工业革命和“大跃进”时期的图片。

师：正确的意识促进事物的发展，使人们的实践活动获得成功；错误的意识阻碍事物的发展，使人们的实践活动遭到失败。所以，我们要树立正确的意识。

环节二：意识对于人体生理活动具有调节和控制作用。

师：在上节课我们学习了人脑是意识活动的器官，因此意识活动依赖于我们的生理活动，那意识对我们的生理活动有没有作用呢？请大家阅读贝多芬的故事，进行思考。

贝多芬的音乐震撼了无数人的心灵。可是，这位天才作曲家不到30岁就要忍受日益严重的耳疾的折磨，不到50岁就完全丧失了听觉。他凭着对音乐的热爱和坚定的信念，与命运抗争，在完全失聪的状态下创作出一生中最重要的几部作品。贝多芬的作品肯定了人类意志力的伟大，表达了只有通过暴风骤雨和艰难困苦才能走向辉煌、走向胜利的高昂的进取精神。

师（提问）：贝多芬为什么能战胜病痛并实现音乐上的成功？

学生思考并踊跃发言。

师：人的意志是人的意识的重要组成部分，是人类活动的动力所在。精神对人的心理和行为具有极大的影响，能够调节和控制人体生理活动。高昂的精神可以催人向上，使人奋进；萎靡的精神则会使人悲观、消沉，丧失斗志。这说明意识对于人体生理活动具有调节和控制作用。因此我们要充分利用好意识的这种调节和控制作用，在生活中保持高昂的斗志和奋发向上的精神，更好地完成自己的人生理想。

3．**一切从实际出发，实事求是**

环节一：什么是“一切从实际出发，实事求是”？

师（过渡）：刚刚我们学习了意识具有能动作用，使人能够能动地认识世界、改造世界，其中人的精神对人能产生调节和控制作用，但我们不能片面夸大精神的作用，把精神看作万能的，否则容易陷入唯心主义。所以，我们在认识世界和改造客观世界时，要坚持一切从实际出发，实事求是。接下来请同学们阅读课本，找出“一切从实际出发，实事求是”的含义。

学生回答。

师：一切从实际出发，实事求是，就是要求我们做事情从客观存在的事物出发，经过调查研究，找出事物本身固有的而不是臆造的规律性，作为我们行动的依据。

环节二：怎样做到“一切从实际出发，实事求是”？

广西、云南和贵州等省、自治区遭遇了百年未遇的旱灾，百姓生活用水、农业生产、牲畜饮水受到严重威胁。据专家分析，导致这次旱灾既有天气异常的原因，也有人为破坏生态环境的原因。面对旱灾，党中央、国务院高度重视，有关部门多次下拨抗旱救灾资金，派出工作组指导抗旱。面对灾情，全国干部群众积极抗旱，付出了巨大努力，取得了初步成效。

师：上一课我们学习了规律是普遍的、客观的，材料中的广西、云南和贵州等省、自治区遭遇百年未遇的旱灾，是自然界固有的规律，我们不能把它消灭，但我们在灾难面前并不是完全无能为力的，面对旱灾，党中央、国务院高度重视，派出工作组指导抗旱，全国干部群众积极抗旱，付出了巨大努力，取得了初步成效。这说明人可以发挥自己的主观能动性，探求事物的本质和规律，以指导实践。

（三）小结环节

意识的作用表现在两个方面：一是人能够能动地认识世界，二是人能够能动地改造世界。首先，人能够能动地认识世界，表现为意识活动具有目的性，具有自觉选择性和主动创造性。其次，人能够能动地改造世界，表现为人的意识所具有的能动性，人的意识对改造客观世界具有指导作用，人的意识可以调节和控制人体生理活动，等等。意识的作用要求我们在发挥主观能动性的过程中，一切从实际出发，尊重客观规律。

（四）课堂练习环节

（1）台湾作家林清玄写了一首诗："白鹭立雪，愚者看鹭，聪者观雪，智者见白。"这首诗蕴含的哲理是（C）。

A. 意识有正确与错误之分

B. 意识对改造客观世界具有指导作用

C. 意识活动具有主动创造性

D. 意识是人脑的机能

解析：对同一事物，不同的人有不同的反映，说明了人认识世界是能动的，意识活动具有主动创造性，因此应选 C 项。A、D 两项不符合题意；题干强调的是认识事物，而不是改造世界，所以 B 项也不能选。

（2）5 月 12 日是全国"防灾减灾日"。每年的这一天，全国各地都会开展各种形式的防灾减灾活动。这些活动的开展，有利于全社会防灾减灾意识的普遍增强，有利于推动全民防灾减灾知识和避灾自救技能的普及推广，有利于各级综合减灾能力的普遍提高，最大限度地减轻自然灾害带来的损失。这表明（C）。

①意识能够正确地反映客观事物

②意识能够反作用于客观事物

③正确的意识是我们想问题、办事情的出发点

④正确的意识能够促进客观事物的发展

A. ①②　　　B. ①③　　　C. ②④　　　D. ③④

解析：我们想问题、办事情的出发点必须是客观存在的实际事物，而不是正确的意识，③说法错误，①与题意无关，②④正确。

（五）布置作业环节

（1）识记物质与意识的辩证关系原理、方法论。

（2）完成练习册中的相关练习。

六、板书设计

二、意识的作用

（一）人能够能动地认识世界

1. 意识活动具有目的性

2. 意识活动具有自觉选择性

3. 意识活动具有主动创造性

（二）人能够能动地改造世界

1. 意识对改造客观世界具有指导作用

2. 意识对于人体生理活动具有调节和控制作用

（三）一切从实际出发，实事求是

（伍国娟）

“意识的作用” 教学设计 （二）

一、教学课题

“意识的作用”是人教版高中《思想政治》必修 4《生活与哲学》第二单元第五课第二框的教学内容。

二、教材分析

“意识的作用”是对“意识的本质”知识点的进一步深化。本课先从意识的三个特征进行讲述，接着引入意识的能动作用，进一步强化对意识的认识。同时强调意识只有付诸实践才能引起客观事物物质形态的变化，人类的实践活动受到客观规律的制约，因此只有把握规律、坚持实事求是和一切从实际出发，才能最大程度地发挥意识的作用。

三、教学目标

1. 知识目标

（1）识记意识活动的特点、意识对人们改造客观世界的作用、坚持一切从实际出发的具体要求。

（2）理解和掌握意识指导人们认识世界和改造客观世界的原理及其方法论。

（3）理解和运用坚持“一切从实际出发，实事求是”的方法论分析和解决现实问题。

2. 能力目标

（1）通过学习意识作用的原理，逐步培养学生正确地认识世界和改造客观世界的能力。

（2）通过对“一切从实际出发，实事求是”的含义以及具体要求的学习，增强学生对客观事物的理解和分析能力，从而提高学生正确解决客观实践问题的能力。

3. 情感态度价值观目标

（1）培养学生正确地认识意识的作用和精神的力量，在现实生活中保持昂扬向上的精神状态。

（2）通过学习，进一步增强学生对世界客观性的认识，初步树立一切从实际出发的唯物主义世界观。

（3）通过学习主观能动性和客观规律的辩证关系，树立“一切从实际出发，实事求是”的态度，明确积极、正确地发挥主观能动性的重要性。

四、教学重点和难点

教学重点：意识的能动作用；坚持“一切从实际出发，实事求是”的具体要求。

教学难点：正确处理发挥意识的能动性与尊重客观规律两者的关系问题。

五、教学方法

讲授法、合作探究法和案例分析法。

六、教学过程

（一）导入环节

温故知新，承上启下。

师：上节课我们学习了本课第一框的内容，大家还记得意识的本质是什么吗？（意识是物质世界长期发展的产物，是社会实践的产物，是人脑的机能，是客观存在的反映。物质第一性，意识第二性，物质决定意识。）谈到物质第一性，意识第二性，那是不是说明意识总是处于被动状态呢？显然不是。正如18世纪法国哲学家帕斯卡尔所言："我们的全部尊严就在于思想。"那么，意识有什么作用呢？怎样才能正确发挥意识的作用？今天我们一起来研究这些问题。

（二）讲授新课环节

1. 人能够能动地认识世界

（1）意识活动具有目的性。

哲学自习室：学生自主阅读课本第38页的材料内容，根据教材内容思考"为什么说最蹩脚的建筑师也要比最灵巧的蜜蜂高明"。

蜘蛛的活动与织工的活动相似，蜜蜂建筑蜂房的本领使人间的许多建筑师感到惭愧。但是，最蹩脚的建筑师从一开始就比最灵巧的蜜蜂高明的地方，是他在用蜂蜡建筑蜂房以前，已经在自己的头脑中把它建成了。

师（提问）：马克思的这段话说明了什么呢？

学生活动：学生阅读教材内容，形成自己的初步理解，通过对材料和知识点的解读，整理答案，回答问题。

教师小结：①灵巧的蜜蜂筑巢表面上似乎有某种预定的目的、计划，但实质上它们的操作纯粹是无目的的本能活动。②建筑师在建造之前，就已经在自己的头脑中把建筑物的主观构造、草图都设计出来了，建筑师建造房屋的过程也是实现自己目的的过程。③马克思的这段话说明：人比动物高明的地方在于，人的意识活动是有目的、有计划的。人们在反映客观世界的时候总是抱有一定的目的和动机，在实施行动之前对该行动做出相关的计划。这与动物纯粹无目的的本能活动有着本质区别。④人的意识活动是具有目的性的。

设计意图：根据教材提供的资源，让学生进行独立思考，区别人的意识活动与动物的本能活动，生成"意识活动具有目的性"知识点，培养其思维能力。

（2）意识活动具有自觉选择性。

意识是人脑对客观事物的反映，镜子成像是镜子对成像事物的反映。

师（提问）：①你认为这两种"反映"是否相同？如有不同，说明了人的意识有什么特点呢？举例说明。②请你结合自己的思考和小组成员进行两分钟的课堂讨论。

学生活动：学生结合自身经验进行比较和思考，回答问题。

教师活动：教师通过直观举例，比较分析并总结。

师（举例）：我们到商场购买商品，总是瞄准了想要买的东西去看，不会把商场中的每一类、每一种商品都看个遍；镜子成像则不然，只是简单的复制、粘贴。

教师小结：①相较于镜子成像而言，意识对客观世界的反映是主动的、有选择的，并不限于客观世界有什么就反映什么，只有当人们的实践活动需要时，人们才会去主动地反映它。②人类的意识活动是具有自觉选择性的。③除此之外，意识不仅能反映事物的外部现象，而且能够把握事物的本质和规律。

设计意图：创设新的教学问题情境，让学生从生活化的理念出发，发散思维。

（3）意识活动具有主动创造性。

国家体育馆“鸟巢”设计师李兴刚说：“不是先看到一个鸟巢，然后决定要做一个鸟巢的。”“它的构思恰恰是由内到外的一个过程，内部是借鉴古罗马竞技场的理念设计，东西高，南北低，便于比赛与观赛；外部一开始是为符合通风、透气、采光的需要，找到一种编织式的结构，后来一步步按照它的功能逻辑、结构逻辑、美学逻辑完成设计。”

问题探究：结合课本第 38 页的内容，分析材料，指出设计师设计“鸟巢”时体现了意识活动的哪个特点。

师生互动，共同探讨，加强对意识活动的主动创造性的理解。

教师小结：意识活动具有主动创造性。

设计意图：通过对材料的解读，加强对主动创造性知识点的理解；设问要说理由，以理释例，培养学生的逻辑思维。

（4）课中小测试：及时巩固，检测学习效果。

试判断下列材料突显了意识的哪个特点：

①为了提高英语的口语水平和写作能力，李华决定报一个课外辅导班。（答案：目的性）

②通过《舌尖上的中国》，有人看到了乡愁，有人看到了亲情，有人看到了家国情怀，每个人都能从中找到各自的解读。（答案：自觉选择性）

③国画的写意能将万千山水收于尺幅之间，这正是中国画的奇妙之处。（答案：主动创造性）

师（过渡）：我们认识了世界之后，我们的意识是否完成了任务呢？请大家带着对这个问题的思考，阅读课本第 39、40 页的内容，并结合文中案例思考以下问题。

2. **人能够能动地改造世界**

（1）意识对改造客观世界具有指导作用。

①是先有石头，还是先有人们对于石头的认识?（石头）

②是先有电脑，还是先有人们关于电脑的设计?（关于电脑的设计）

师：教材第39页的材料里面提及两个问题。首先请问大家，是先有石头，还是先有人们对于石头的认识?（石头）

那如果现在把石头换成电脑，再问同样的问题——“是先有电脑，还是先有人们关于电脑的设计”，大家又会怎样回答呢?

这里所提及的石头和电脑是两种不同的物质存在，石头是自然界固有的，在人类出现之前就已经存在了。而自然界本来是没有电脑的，它是人类制造出来的。

电脑的产生：人们在生产实践活动中产生了对电脑的需要，通过把握客观规律，构想出关于电脑的设计，根据电脑的设计指导电脑的制作，最终制造出各式各样的电脑。

教师分析：

①电脑的设计⟶电脑的制作⟶各式各样的电脑

②意识$\xrightarrow{\text{指导}}$人的行为实践$\xrightarrow{\text{把}}$意识中的观念$\xrightarrow{\text{变成}}$现实

人们对于电脑的构想和设计实际上是人的意识活动，也就是我们所说的观念的东西（存在）。在这个过程中，这种关于电脑的设计指导着人们进行电脑制作的实践活动，把观念上的设想变成现实的存在。意识对人们进行客观实践的改造活动起着指导作用。人们在意识的指导下能动地改造世界，即通过实践把观念的东西变成现实的东西，创造出没有人的参与永远也不可能出现的东西。

设计意图：加深学生对知识点的理解和认识，培养学生要想有改变就必须要实践的意识。

师（过渡）：意识对我们改造客观世界具有指导作用，那么，是不是所有的意识对我们改造客观世界的活动都有促进作用呢?

运用材料给学生说明强调正确意识的重要性：习近平总书记给华中农业大学“本禹志愿服务队”回信时指出，青年一代有理想、有担当，国家就有前途，民族就有希望，实现中华民族伟大复兴就有源源不断的强大力量。（青年人有理想抱负，有责任担当。在这种思想意识的指导下，他们选择投身于志愿活动，服务社会，促进了青年一代的成长）

学生活动：思考不同意识指导下所产生的创造活动，深刻体会正确意识的作用。

教师小结：正确的意识能促进事物发展，相反，错误的意识会阻碍事物发展。因此，我们在进行客观实践的过程中，不仅要重视意识的指导作用、能动作用，更要发挥正确的意识在事物发展过程中的促进作用。

（2）意识对于人体生理活动具有调节和控制作用。

案例分析：罗森塔尔效应。（教师讲授）

美国心理学家罗森塔尔曾做过一个实验。他来到一所小学，从一至六年级各选了3个班，对这18个班的学生进行了“未来发展趋势测验”。之后，罗森塔尔以赞许的口吻将一份“最有发展前途者”的名单交给了校长和相关教师，并叮嘱他们务必要保密，以免影响实验的正确性。其实，罗森塔尔撒了一个“权威性谎言”，因为名单上的学生是随便挑选出来的。

8个月后，罗森塔尔和助手对那18个班的学生进行复试。结果奇迹出现了：凡是上了名单的学生，个个成绩有了较大的进步，性格活泼开朗，自信心强，求知欲旺盛，更乐于和别人打交道。

显然，罗森塔尔的“谎言”发挥了作用。这个“谎言”对教师产生了暗示，左右了教师对名单上的学生的能力的评价，而教师又将自己的这一心理活动通过自己的情感、语言和行为等积极的信号传递给学生，使学生变得更加自尊、自爱、自信、自强，从而在各方面取得了异乎寻常的进步。

师：高昂的意识催人向上，使人奋进。相反，错误的、萎靡的意识容易使人悲观、消沉，丧失斗志。意识对于人体生理活动具有调节和控制作用。

教师小结：人能够能动地认识世界和改造世界。重视意识的能动作用，重视精神的力量，树立正确的意识，克服错误的意识。有人说：“精神不是万能的，但没有精神是万万不能的。”

意识的能动作用有两个方面的表现：一是人能够能动地认识世界，二是人能够能动地改造世界。意识通过正确地反映客观事物，特别是正确地反映客观事物的本质和规律，对实践起指导作用。

3．一切从实际出发，实事求是

（1）漫画三幅：

①图1：一位卖辣椒的老人，遇到两位女士先后询问辣椒辣不辣。

女士1：“（辣椒）辣不？”

卖家：“辣！”（女士1没买，走了）

女士2：“辣不？”

卖家：“不辣！”（女士2也走了）

②图2："全乡要想富，家家种桃树""面貌要想变，户户开饭店"。

③图3：为官一任（官员鼓吹政绩）。

结合课本第39、40页的内容，思考这三幅漫画说明了什么问题？（说明：脱离实际不可取，要从实际出发）

（2）什么是"一切从实际出发，实事求是"？

所谓"一切从实际出发，实事求是"，就是要求我们做事情尊重物质运动的客观规律，从客观存在的事物出发，经过调查研究，找出事物本身固有的而不是臆造的规律性，以此作为我们行动的依据。（强调尊重客观规律）

（3）"一切从实际出发，实事求是"的具体要求：

①"一切从实际出发，实事求是"要求我们充分发挥主观能动性，不断解放思想，与时俱进，以求真务实的精神探索事物的本质和规律，用科学的理论武装头脑、指导实践。

②要把发挥主观能动性和尊重客观规律结合起来。

③既要反对夸大意识能动作用的唯意志主义，又要反对片面强调客观条件，安于现状、因循守旧、无所作为的思想。

（三）小结环节

通过本节课的学习，我们了解到意识的能动作用，学会通过树立正确的意识去认识世界，并指导我们的实践活动。对此，我们既不能夸大意识的作用，盲目蛮干，也不能否认人的主观能动性。同时，我们还认识到一切从实际出发、实事求是的含义，从中体会到正确发挥人的主观能动性与尊重客观规律相结合的关系，在具体的实践中遵循和运用"一切从实际出发，实事求是"的具体要求办事情。

希望同学们在日常生活中能树立正确的思想意识，保持高昂的精神状态，认识事物的客观规律并充分发挥主观能动性，以迎接未来的挑战。

（四）课堂练习环节

（1）为了完成我国航天员太空行走的航天壮举，我国科学家做了长期、精心的准备，制订了周密的方案。这说明（D）。

①意识活动具有目的性

②意识活动具有主动性和独立性

③意识活动对改造客观世界具有促进作用

④人们能够认识和利用客观规律

A. ①②　　B. ③④　　C. ②③　　D. ①④

（2）"这世界上至少有一个地方你可以控制——那就是你的心境。"这句话所体现的哲学道理是（D）。

A．人们在意识指导下自发改造客观世界

B．意识是脱离客观存在的主观映象

C．意识在特定条件下决定和控制客观对象

D．意识对于人体生理活动具有调节和控制作用

（3）党的十八大报告指出，社会主义核心价值体系是兴国之魂，决定着中国特色社会主义发展方向。要深入开展社会主义核心价值体系学习教育，抵制各种错误和腐朽思想影响，用社会主义核心价值体系引领社会思潮，凝聚社会共识，为把我国建成富强、民主、文明的社会主义国家而奋斗。

请运用“意识的作用”有关知识说明用社会主义核心价值体系引领社会思潮的必要性。

答案：①意识活动具有目的性和计划性，为把我国建成富强、民主、文明的社会主义国家，必须用社会主义核心价值体系引领社会思潮。

②意识活动具有主动创造性和自觉选择性。为抵制各种错误和腐朽思想影响，必须用社会主义核心价值体系引领社会思潮。

③正确的意识对客观世界具有指导作用。社会主义核心价值体系是兴国之魂，决定着中国特色社会主义发展方向。

④意识对于人体生理活动具有调节和控制作用，高昂的精神可以催人向上，使人奋进。应用社会主义核心价值体系引领社会思潮，凝聚社会共识。

（五）布置作业环节

（1）人的意识活动具有目的性，人们对客观世界的反映总是抱有一定的目的和动机，会在实施行动之前对该行动做出相关的计划。请同学们在课后对本学期的政治学习做一个具体的规划，包括学习要达成的具体目标、步骤和方法、过程反思总结等，并结合学习规律和充分发挥主观能动性去完成，下周交给老师。

（2）完成同步课堂的相关习题，并预习下一课内容。

七、板书设计

二、意识的作用

（一）人能够能动地认识世界

1．意识活动具有目的性

2．意识活动具有自觉选择性和主动创造性

（二）人能够能动地改造世界

1．意识对改造客观世界具有指导作用

2．意识对于人体生理活动具有调节和控制作用

（三）一切从实际出发，实事求是

1. 含义

2. 具体要求

八、教学反思

本节课学习的是高中《思想政治》必修4《生活与哲学》第二单元第五课第二框“意识的作用”的内容。在新课程改革的要求中，这一知识点对学生学习的要求发生了很大的变化，在知识结构方面，首先要解决认识世界的问题，其次要解决改造世界的问题，最后要明确认识世界和改造世界的基本工作方法是一切从实际出发，实事求是。本次课的优点和需改进之处如下：

（一）优点

（1）根据教学要求，设计了包括知识、能力和情感态度价值观在内的明确、恰当的教学目标。

（2）在教学过程中，注重教学情境的创设，注重在具体的情境中引导学生进行哲学思考。

（3）在教学过程中，坚持哲学分析问题的方法，实现学科知识与生活现象、理论逻辑与生活逻辑的有机结合。

（二）需改进之处

（1）在教学过程中，要处理好教学方法与教学实效的关系。教学方法的运用应有利于增强课堂教学气氛，激发学生的学习兴趣，有效地调动学生学习的主观能动性。

（2）要努力实现对教学目标的整合，引导学生在探究中生成知识、形成能力，进而培养相应的情感态度价值观。

（3）要充分挖掘信息技术的优势，进一步发挥信息技术在学科教学中的作用，通过更多直观的信息材料增强课堂的趣味性和有效性。

（4）课堂内容的选材和讲解有待改进。

（陈　杨）

“揭开货币的神秘面纱” 教学设计

一、教学课题

“揭开货币的神秘面纱”是人教版高中《思想政治》必修1《经济生活》第一单元第一课第一框的教学内容。

二、教材分析

本课是《经济生活》的第一课，其中包含很多经济生活中的基础概念和一些经济规律。正确把握和理解这些概念与规律，对之后经济生活内容的学习起着引领作用。

三、教学目标

1. 知识目标

识记商品的含义及其基本属性；了解由物物交换到以货币为媒介交换的必然性；理解货币的本质；理解货币的价值尺度和流通手段两种基本职能；了解价格的含义；知道货币还有贮藏手段、支付手段、世界货币等职能；知道纸币的产生过程；了解货币供应量的确定标准；了解通货膨胀和通货紧缩。

2. 能力目标

学会透过现象看商品和货币本质；形成综合认识商品和货币的能力；能够初步正确认识和理解经济的运行规律。

3. 情感态度价值观目标

通过本课的学习，学生初步形成与市场经济相适应的商品和货币观念；树立正确的金钱观；树立劳动创造价值的价值观；培养正确认识经济世界的关键能力和核心素养。

四、教学重点和难点

教学重点：商品的含义；货币的本质。

教学难点：货币的产生。

五、教学方法

情境教学法、讲授法、讨论法和谈话法。

六、教学过程

（一）导入环节

师：在日常生活中，我们需要买很多东西。同学们闲暇时可能会去游乐场消费游乐项目；放学后可能会搭乘公交车回家；平常会逛网上商城买东西等。消费可以说是无处不在、多种多样，它与我们的生活息息相关、紧密联系。同学们知道这些用于消费的都是商品，那你们知道商品的含义是什么吗？它的基本属性有哪些呢？让我们带着这些问题，开始今天的学习吧！请同学们翻开课本第 4 页，阅读课本内容，找出商品的含义。

（二）讲授新课环节

教师讲授：不知道同学们有没有找到商品的含义？课本第 4 页第一自然段中提到的“用于交换的劳动产品，就是商品”，这就是商品的含义。同学们用笔画一下，这个要熟记。

要成为商品，必须满足两个条件。首先，它必须是劳动产品，即通过人类劳动生产出来的产品。其次，它必须是要用来交换的劳动产品。只有用来交换的劳动产品才能成为商品。

商品具有哪些基本属性呢？商品具有使用价值和价值两个基本属性。

什么是使用价值？使用价值就是商品能满足人们某种需要的属性。为什么会产生交换？其中的原因是人们需要这些商品，它们能够满足人们某种需要。我们需要买笔，因为我们需要用笔写字，笔能够满足我们写字的需要。因此使用价值是商品的基本属性之一，商品必然具有可以满足人们某种需要的功能。

那商品的价值怎么理解？凝结在商品中无差别的人类劳动就是商品的价值。这些产品的生产耗费了人的体力和脑力，就是无差别的人类劳动。什么叫有差别的人类劳动？比如，你生产的是食品，他生产的是玩具，我生产的是服务，不同的人通过不同方式、使用不同工具生产出不同的商品形态等，这就是有差别的人类劳动。而无差别的人类劳动就是指在这些产品中共性的、本质的东西，都耗费了人的体力和脑力。所以，我们要知道，只有劳动才能创造商品的价值，商品是使用价值和价值的统一体。

教师提问：接下来我们一起来判断这些东西是不是商品，并说出是或不是的原因。（展示 PPT 的题目：周围的空气？用于救援的物资？非卖品？）我们周围的空气不是劳动产品，也没有用来交换，所以它不是商品。

教师过渡：购买商品需要货币，商品和货币似乎是一对孪生兄弟。事实上，货币的出现要比商品晚得多。货币不是神创造的，也不是什么圣贤发明的，而是商品交换发展到一定程度的产物。接下来，老师想请同学们来参与一个“商品交换”的情境模拟，注意从中好好体会物物交换的感受并思考货币是如何产生的。

（三）活动设计环节

主题："商品交换"情境模拟。

道具：1本笔记本、2支笔、1本书签、4张明信片、1个笔筒。

人员：教师和5位同学先后参与。

教师介绍：很久以前的一天，有几个想要交换商品的人，在寻找自己想要交换的物品……

活动一：假如"本"同学有1本笔记本，"笔"同学有2支笔，"签"同学有1本书签，"信"同学有4张明信片。

商品交换规则是：

只有用1本笔记本才可以换到2支笔；

只有用2支笔才可以换到1本书签；

只有用1本书签才可以换到4张明信片。

教师提问：在大家都愿意交换商品的情况下，"本"同学想要用1本笔记本换到1本书签，应该怎么做？

学生活动：学生依照商品交换规则依次交换商品。

活动二：假如"本"同学有1本笔记本，"笔"同学有2支笔，"签"同学有1本书签，"信"同学有4张明信片，"筒"同学有1个笔筒。

如果加大商品交换规则的难度：

只有用1本笔记本才可以换到2支笔；

只有用2支笔才可以换到1个笔筒；

只有用1个笔筒才可以换到1本书签；

只有用1本书签才可以换到4张明信片。

教师提问：前提不变，"本"同学想要用1本笔记本换到1本书签，现在应该怎么做？

学生活动：学生在新规则下重新依照规则相继交换商品。

教师总结：从两次商品交换活动中，我们可以发现这样的规律：随着商品交换越来越频繁，交换范围越来越广，交换的商品种类越来越多，交换难度也越来越大。

教师讲授：后来，越来越多的商品涌入交换市场，有1本便签本、1个小玩具、1本便利贴、1小包纸巾等。这些商品的交换规则为：4张明信片=1个小玩具；4张明信片=1本便签本；4张明信片=1本便利贴；4张明信片=1小包纸巾。大家逐渐发现，轻薄、易携带的明信片可以很方便地换到很多种类的商品，很适合当商品交换的中介物。于是……

活动三：假设大家自然而然地将明信片抽离出来，以它为中介衡量其他商品的价值。前提不变，现在的交换规则是：

1 个小玩具
1 本便签本
1 本便利贴
1 小包纸巾 } =4 张明信片 = { 1 本笔记本
2 支笔
1 本书签
1 个笔筒

教师提问：“本”同学想用 1 本笔记本换到老师手中的 1 个便利贴，可以怎样做？

学生活动：“本”同学用笔记本换到明信片，再用明信片换任何他想要换到的商品，如便利贴。

教师小结：如果所有商品都可以用固定的某种等价的中介物去衡量价值，商品交换的过程不是“物—物”交换，而是“物—市场中大家普遍乐意接受的商品（等价的中介物）—物”，那交易过程自然就会简便很多。

教师讲授：这种大家普遍乐意接受的商品就是一般等价物，它表现一切商品的价值，充当商品交换的媒介。在我们的情境模拟中，明信片由于轻薄、易携带等特点，充当了我们交易中假设的中介物。

货币的产生过程就是从原始社会末期开始的偶然的物物交换，再发展到扩大的物物交换。在扩大的物物交换历史发展中，人们意识到物物交换存在很多困难，因而萌生了一种有效的解决方法，就是将自己的商品换成市场上大家普遍乐意接受的商品，再用这种商品换来自己所需要的商品。这种大家普遍乐意接受的商品便成为一般等价物，它表现一切商品的价值，充当商品交换的媒介。PPT 展示简易货币产生过程图。

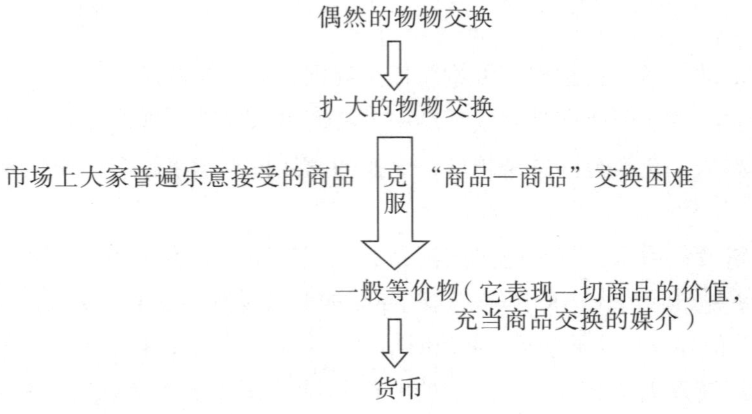

历史上充当过一般等价物的商品有很多，早期有牲畜、布帛、贝壳等。后来，贵金属金银等由于具有体积小、价值大、易于分割、不易磨损、便于保存和

携带等特点，逐步从商品世界中分离出来固定地充当一般等价物。这些从商品世界中分离出来固定地充当一般等价物的商品，就成为货币。货币的本质就是一般等价物。我们用一个图来表示货币和商品的关系。

教师过渡：刚刚我们了解了货币的产生过程及其本质，现在我们接着来了解一下货币的基本职能有哪些。翻开课本，阅读第二目的内容。

教师讲授：接下来，我们来进行几个关于货币基本职能的探究活动，结合阅读课本内容，来探究货币的基本职能到底是什么，它是怎样表现的。

（四）案例探究环节

探究一：

老陈在卖衣服，种类繁多，不断地有人来询问价格，于是他不停地回答：短袖20元一件、长袖40元一件、短裤25元一条、长裤55元一条……最后，他实在不耐烦了，干脆写好标价牌："短袖20元/件""长袖40元/件""短裤25元/条""长裤55元/条"……于是顾客自己看着标价牌比较各种衣服。

教师提问：①卖衣服的老陈说的"20元一件"和标价牌上写的"20元/件"叫作衣服的什么？它表现的是什么？②哪种衣服的价值更大？你是根据什么判断出来的？③在这个销售过程中你有没有看到真实的货币？这表明货币在执行哪种职能？

教师活动：教师走下讲台，观察和适当询问学生的想法。

师：请一位同学来回答第一个问题。

学生回答问题。

教师小结：嗯，这位同学回答得非常正确。在第一个问题中，"20元一件"和"20元/件"叫作衣服的价格，它表现的是商品的价值。那为什么价格可以表现价值呢？依据是什么？

教师小结：非常正确。价格是通过一定数量的货币表现出来的商品价值。价格是用来表现价值的。

师：再请一位同学来回答第二个问题。

学生回答问题。

教师小结：非常棒！我们可以知道长裤的价值最大，因为商品价值的大小就表现为货币的多少。确实，商品价值的大小是可以通过价格的高低来判断的。商品的价格比较高，价值就比较大；相反，价值就比较小。

师：请这位同学来谈谈第三个问题。

学生回答问题。

教师小结：这位同学回答得很棒！确实，在老陈的销售过程中，我们没有看到真实的货币，只是看到商品的标价，也就是观念上的货币。货币是在执行价值尺度职能。这就说明，货币在执行价值尺度职能时，并不需要现实的货币，只需要观念上的货币就可以了。

教师过渡：接下来，我们再来看看货币还有哪些职能？我们进行第二个探究活动。结合课本思考探究活动中的问题。

探究二：

场景1 木匠将自己生产的桌椅卖出去，然后购买木材带回家。

场景2 木匠将自己生产的桌椅卖出去，然后说“暂时没什么要买的”，将钱带回家。过了几天之后，木匠才到集市上买粮食。

教师提问：①木匠用桌椅换取货币，是最终目的还是一种手段？货币在这里起到什么作用？（手段；货币充当商品交换媒介的职能，叫作流通手段）②如果木匠卖不掉桌椅，对他会有什么影响？他想要观念上的货币吗？（意味着白白付出劳动，他所需要的商品也买不回来；货币在执行流通手段时需要现实的货币）

教师活动：教师走下讲台，观察和适当询问学生的想法，解答其疑惑。

师：请同学谈谈对第一个问题的看法。

学生回答问题。

教师小结：对，回答得很好。木匠用桌椅换取货币，这是他的一种手段，他的最终目的是能够用换来的货币再购买需要的商品。所以货币在此充当商品交换过程的媒介，执行流通手段的职能。以货币为媒介进行的商品交换，就叫作商品流通，其公式是 W—G—W。

师：再请一位同学来回答第二个问题。

学生回答问题。

教师小结：是的，回答得没错。木匠不能把自己的商品卖出去，而且卖不出好价钱的话，他的劳动就白费了，他所需要的商品就买不回来，所以他想要的应该是现实的货币。要使自己的商品能够卖出去，并卖出好价钱，商品生产者就要为购买者着想，生产适销对路、质量上乘的商品。

教师过渡：货币除了具有价值尺度、流通手段两种基本职能之外，还具有贮藏手段、支付手段、世界货币等职能。贮藏手段是指货币被当作社会财富的一般代表保存起来。它的特点是能够保值以及被广泛地接受。注意普通的金银首饰并不是黄金。比如，你在乡下田间挖到一坛黄金，这些黄金就执行了贮藏手段的职能。

支付手段职能是随着商品赊账买卖的产生而出现的。在赊账买卖中，货币被用来偿还债务。比如，银行支付存款利息给你；又如，支付房租、税款、工资等。

世界货币就是当货币走出国门，在世界市场上购买商品、支付国际收支差额，作为社会财富的代表在国与国之间转移时所具有的职能。比如，你在国外买了一台笔记本电脑，这时货币执行的就是世界货币职能。

教师过渡：有同学可能有疑问，我们在买电脑的时候通常是用人民币来支付的，并没有直接用货币，如黄金等。那纸币是什么？它是货币吗？我们应如何理解它呢？接下来，我们就来解答这个疑问，一起来学习第三目的内容“纸币”。请同学们打开课本，阅读课本内容。

教师讲授：首先，纸币是没有价值的，它只是一个价值符号，不是货币，而是代表有价值的货币。纸币代替金属货币在市面上流通后，人们习惯把纸币称为货币。那纸币的含义是什么呢？纸币是由国家（或某些地区）发行并强制使用的价值符号。

第一，纸币必须是由国家或某些地区发行的，比如我国发行的人民币、欧盟发行的欧元。个人或者非法定单位不能发行。第二，强制使用。不用不行，用与不用、用什么币、面值多大都是国家强制的。

那为什么我们会使用纸币呢？让我们来了解一下货币的发展史。

金属货币最初是以金银条块形式流通，每做一笔交易都要核实重量、检查成色，很不方便，于是就出现了具有一定形状、重量、成色和面额价值的铸币，如秦朝发行的圆形方孔钱币。后来，就产生了纸币。与金属货币相比，纸币的制作成本低，更易于保管、携带和运输，所以，纸币在世界各国中被普遍使用。

教师过渡：国家有权发行纸币，那可以任意发行吗？接下来我们来看一个案例。

小明：我们都想拥有一辆汽车，国家多发行货币（纸币），我们就能轻松拥有几十万元了，都能买汽车，多好呀！

小红：还是少发行好，那样汽车价格就会降低，用我们手头的钱就能买到汽车了！

教师提问：小明和小红的观点正确吗？国家可以任意发行货币吗？为什么？

学生踊跃发言。

教师点评：同学们的回答是正确的。国家或某些地区确实不能够随意发行货币，货币的发行量必须以流通中所需要的货币量为限度。如果不相符，那市场会出现什么状况呢？按照小明的观点，多发行货币的话，市场会出现怎样的状况？按照小红的观点，少发行货币的话，市场又会出现怎样的状况？

教师讲授：多发行货币，即货币的供应量超过流通中所需要的货币量，就会造成通货膨胀。通货膨胀指的是经济运行中出现的物价总水平持续上涨的现象。纸币发行量过多是通货膨胀的主要原因之一。引起通货膨胀的原因有很多，通货膨胀不仅与货币发行量有关，也与其他因素有关，如成本上升、总需求太大等。少发行货币则反之，会造成通货紧缩。通货紧缩是指物价总水平持续下跌的现象。通货紧缩表现为社会需求不足、物价水平疲软或下跌，通常伴随经济衰退出现。流通中货币相对不足会引发通货紧缩现象，导致商品的零售价格出现持续的负增长，从而导致企业生产能力过剩、生产经营者不敢投资、消费者不敢花钱、银行金融机构不敢贷款等现象，整个经济处于长期萧条的状况。

教师提问：纸币是运用先进的防伪技术制造出来的，国家为什么需要运用如此高超的技术制造纸币呢？

教师讲授：是为了防止假币的流行。防伪技术在纸币中的应用可以有效预防假币的流行。对于国家而言，假币的流行会扰乱市场经济秩序，造成通货膨胀，物价飞涨，可能会严重影响国民经济的发展；对于个人而言，我们自身的利益也会受损，因为假币是不能使用的，所以同学们要学会辨别真假币。假币一般摸起来很薄，印刷质量很差，容易出现水印模糊等情况。如果同学们自己不能辨别真伪，也可以到银行柜台，那里有专门的设备帮助我们识别纸币的真伪。看到造假币的行为也要及时报警。我们要爱护人民币，不乱画，不揉搓、毁坏人民币，不使用假币。良好的经济秩序需要我们共同维护。

（五）小结环节

师：讲到这里，本节课已经接近尾声了。相信同学们在这节课的学习中已有所收获。下面我们来回顾一下，本节课我们了解到商品的含义（商品是用来交换的劳动产品）和商品的基本属性（价值和使用价值），也探究了货币的产生过程和它的本质（一般等价物），以及货币的职能（价值尺度、流通手段、贮藏手段、支付手段和世界货币等，其中价值尺度和流通手段是基本职能），还学习了纸币的含义、产生过程和发行规律。商品和货币是我们了解经济生活的重要概念，同学们下课后记得及时复习所学内容，预习下一框的内容。

（六）课堂练习环节

（1）流通手段是货币的基本职能之一。在执行流通手段职能时，货币应该是（C）。

A. 价值不变的特殊商品　　　　B. 想象中的货币
C. 现实的货币　　　　D. 一种价值符号

(2) 金银固定地充当一般等价物之后，在商品交换中，作为商品流通的工具或手段的是（B）。

A. 一般等价物　　B. 货币　　C. 价格　　D. 交换价值

(3) 下列经济现象中，货币在执行流通手段的是（D）。

A. 一件衣服标价200元　　　　B. 把200元借给朋友
C. 老板支付给工人2 000元工资　　　　D. 用2 000元买回一台彩色电视机

(4) 如果在一年里全社会用现金购买的商品总量是5 000亿件，平均价格水平是8元，在这一年里合计流通5次。那么这一年里纸币的发行量应为________亿元。如果这一年实际发行了16 000亿元纸币，就可能会引起________。（A）

A. 8 000　通货膨胀　　　　B. 4 000　纸币购买力下降
C. 160 000　纸币升值　　　　D. 2 000　纸币购买力下降

(5) 一套演出服通过180元的货币表现出来的价值是（A）。

A. 商品的价值　　　　B. 商品的使用价值
C. 商品的价格　　　　D. 商品本身

（七）布置作业环节

思考：如何理解“金银天然不是货币，但货币天然是金银”？

七、板书设计

一、揭开货币的神秘面纱

（一）货币的本质

1. 商品的含义：用于交换的劳动产品
2. 商品的基本属性：使用价值、价值
3. 货币的产生过程：偶然的物物交换→扩大的物物交换→一般等价物→货币
4. 货币的本质：一般等价物

（二）货币的基本职能

1. 价值尺度
2. 流通手段
3. 其他职能：贮藏手段、支付手段、世界货币等

（三）纸币

1. 含义
2. 货币发展史：金银条块→金属铸币→纸币→电子货币
3. 纸币的发行

八、教学反思

优点：商品交换情境设置较好，可以调动学生的积极性，更好地理解货币的产生过程；知识点剖析清晰，思路清楚；教态自然，语言表达流畅。

缺点：探究问题设置还需改进，未能让学生有效参与和思考；语言表达偶有错误，需更加精进。

改进建议：需要加深对知识点的理解，提升专业水平；学会更好地运用讲授法，切忌造成“满堂灌”的情形。

（陈佩佩）

“价格变动的影响” 教学设计

一、教学课题

“价格变动的影响”是人教版高中《思想政治》必修1《经济生活》第一单元第二课第二框的教学内容。

二、教学目标

1. 知识目标

（1）掌握商品价格与商品需求量之间的一般规律。

（2）理解相关商品的价格变动对商品需求的影响。

（3）理解商品价格变动对生产经营的影响。

2. 能力目标

（1）掌握分析价格变动如何影响消费者需求和生产者供给的能力。

（2）运用本节课相关理论，分析生活中的经济现象，培养解决实际问题的实践能力和参与经济生活的能力。

3. 情感态度价值观目标

科学认识价格变动的影响，增强参与经济生活的积极性和主动性。

三、教学重点和难点

教学重点：商品价格与商品需求量之间的一般规律；商品价格变动对生产经营的影响。

教学难点：商品价格变动对生产经营的影响。

四、教学方法

讲授法、讨论法。

五、教学过程

（一）导入环节

师：价格与消费都和我们的生活息息相关。在日常生活中，我们的消费也会受到商品价格的影响。下面我们就来讨论交流一下在生活中商品价格的变动对我们消费的影响，也就是当商品涨价或者降价时对消费的影响，同学们可以谈谈其对自己或者是对家庭、家人消费的影响。

学生活动：学生用两分钟时间回忆生活中价格影响消费的事例，与老师、同学分享。

教师总结：这几位同学分享得很好，都是我们在生活中常常碰到的情况。

（二）讲授新课环节

（1）知识点一：价格变动会引起需求量的变动。

师：通过刚才同学们举的例子我们可以知道，一般来说，当某种商品的价格上升时，人们会减少对它的购买；当这种商品的价格下降时，人们会增加对它的购买。

根据这个原理我们可以总结出需求法则：

价格上涨—减少购买—需求量缩小（商品价格上涨，人们会减少购买，减少购买就意味着商品的需求量缩小）。

价格下降—增加购买—需求量扩大（商品价格下降，人们会增加购买，增加购买就意味着商品的需求量扩大）。

这说明了价格变动会引起需求量的变动。

我们来看看价格与需求量之间的关系：当价格上涨时，需求量缩小；而当价格下降时，需求量反而扩大。所以价格与需求量之间成什么关系呢？（成反比）

现在我们用一个坐标轴来表示价格与需求量之间的关系，横轴代表需求量，纵轴代表价格，画出来应该是什么图形？

画出来应该是一条曲线，为什么呢？

我们一起来验证这个图是否符合需求法则：在曲线上取点 A、点 B，分别用虚线画出两个点对应的价格和需求量，从点 A 移动到点 B 的时候，商品价格从 P_1 移动到 P_2，需求量从 Q_1 移动到 Q_2。我们可以看到，价格从 P_1 移动到 P_2，价格是下降了，而需求量从 Q_1 移动到 Q_2，需求量是扩大的，符合需求法则。反过来，从点 B 移动到点 A 的时候，商品价格从 P_2 移动到 P_1，需求量从 Q_2 移动到

Q_1。我们可以看到，价格从 P_2 移动到 P_1，价格是上涨了，而需求量从 Q_2 移动到 Q_1，需求量是缩小的。商品价格上涨，需求量缩小，这也是符合需求法则的。所以我们把这个图形叫作需求曲线图。如下图所示：

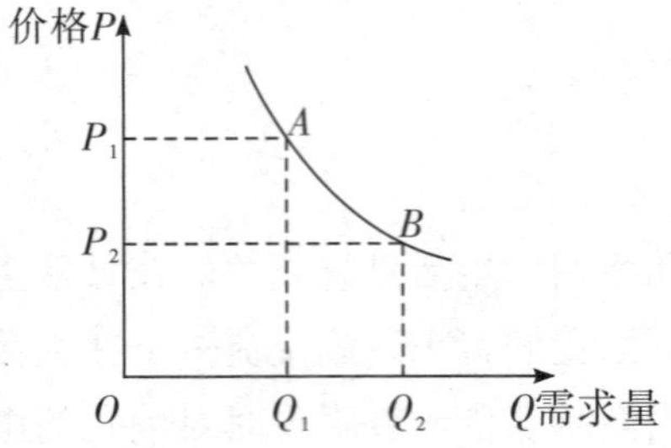

这个需求曲线图是大家需要重点把握的，现在给大家一分钟时间在书上画出来。

（2）知识点二：不同商品的需求量对价格变动的反应程度是不同的。

师：刚刚我们已经了解到价格变动会引起需求量的变动，但不同商品的需求量对价格变动的反应程度是不同的。

请同学们思考并讨论一下，大米和金项链同时涨价 30%，对人们需求的影响程度一样吗？为什么？

学生活动：学生进行讨论，讨论完毕后回答问题。

教师总结：大米是生活中的必需品，我们每天都要吃，不会说因为大米涨价了，我们就不买米、不吃饭了。而金项链对我们来说并不是生活中的必需品，是可有可无的，金项链涨价了，我们可以暂时不购买，等到降价了再去买也无妨。

我们一起来分析一下，生活必需品如大米、盐等，当它的价格变动时，需求量变化大还是小？需求量变化小。虽然它的价格变动也能引起需求量的变动，但我们不会因为涨价了就不吃饭、不用盐，也不会因为降价了就吃很多饭、用很多盐。需求量相对比较稳定。也就是说，它的需求量对价格变动的反应程度小。

高档耐用品如汽车、相机等，当它的价格变动时，需求量变化大还是小？需求量变化大。当它涨价了，人们会选择暂时不购买；等它降价了，人们又会去买了。需求量相对不太稳定。也就是说，它的需求量对价格变动的反应程度大。

我们把这种反应程度称为需求弹性。反应程度大，需求弹性就大；反应程度小，需求弹性就小。所以，生活必需品的需求弹性小，高档耐用品的需求弹性大。

PPT 展示需求弹性图。

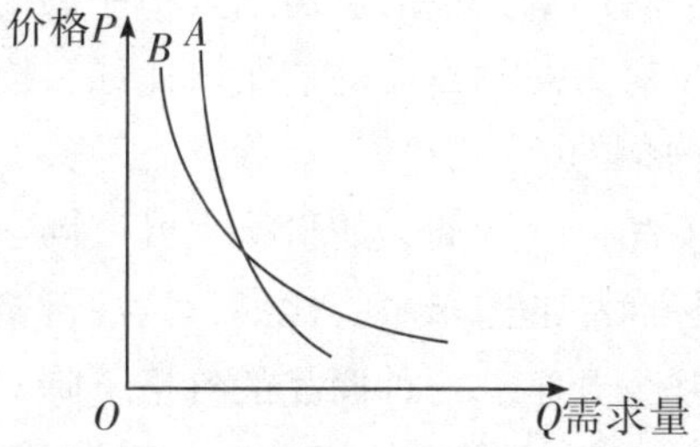

师：我们现在来看看这个图，大家判断一下 A 和 B 哪个是生活必需品，哪个是高档耐用品？A 是生活必需品，B 是高档耐用品。

（3）知识点三：商品需求量不仅受该商品价格变动的影响，还受相关商品价格变动的影响。

师：我们已经知道价格变动会引起需求量变动，但商品需求量不仅受该商品价格变动的影响，还受相关商品价格变动的影响。相关商品分为两类：一类为互补品，另一类为替代品。互为替代品的商品，用途是相同的，可以满足人们的同一需要，比如，高铁、飞机都可以满足我们的出行需要，所以这两种交通工具就互为替代品。（又如牛肉和羊肉，牛奶和果汁）

两种商品必须组合在一起才能使用，这两种商品就是互补品。比如，牙膏和牙刷组合在一起才能满足我们刷牙的需要。

同学们已经简单了解了互补品和替代品，接下来给大家一个小任务，老师在 PPT 上展示一些商品的价格变动趋势，请同学们来为自己的家庭安排合理的消费。（从肉类消费、水果消费、出行方式等角度进行安排）

商品名称	价格变动趋势
猪肉	价格仍持续上涨
鸡肉	价格基本平稳
橙子	价格下降
葡萄	价格比较稳定
汽油	价格上涨
新款眼镜架	优惠力度大

学生活动：学生自行设计合理的家庭消费，并讲述原因。

教师总结：我们可以发现，在这些同学的设计中，互为替代品的两种商品，当其中一种的价格上升时，同学们就会减少对它的购买而选择消费另一种商品。比如，猪肉涨价，大家会转而购买鸡肉。而当其中一种的价格下降时，同学们就会增加对它的购买而减少对另一种商品的购买。比如，橙子降价，大家就会增加对橙子的购买而减少对葡萄的购买。

作为互补品的两种商品，一种商品的价格上升，同学们不仅会减少对它的需求量，也会减少对另一种商品的需求量。比如，汽油价格升高，我们选择家庭出行方式的时候就会尽量减少开车。一种商品的价格下降，同学们不仅会增加对它的需求量，也会增加对另一种商品的需求量。比如，眼镜架优惠力度很大的时候，有些同学可能会考虑换眼镜。这不仅增加了对眼镜架的需求，也增加了对镜片的需求，因为眼镜架和镜片要组合在一起才能满足我们的需要。

我们用A、B来表示互为替代品的两种品，当A价格上升时，A的需求量减少，B的需求量会增加。当A价格下降时，A的需求量增加，B的需求量会减少。

如果A、B为两种互补品，当A价格上升时，A的需求量减少，B的需求量也会减少。当A价格下降时，A的需求量增加，B的需求量也会增加。

（4）知识点四：商品价格变动对生产经营的影响。

师：我们刚才学习的是商品价格变动对消费的影响，其实，商品价格变动也会影响到生产。

PPT展示材料。

某年大蒜价格暴涨，农户纷纷种植大蒜，可是好景不长，第二年市场出现严重的供过于求，大蒜价格呈断崖式下跌。同期玉米价格较高，蒜农纷纷改种玉米，大幅减少大蒜种植面积。

教师提问：大蒜价格的涨落是怎样影响蒜农生产活动的？

教师总结：大蒜价格上涨，蒜农获利增加，于是扩大生产规模，增加产量。大蒜价格下降，蒜农获利减少，于是压缩生产规模，减少产量。

我们在前一框学习了供求关系，这节课前面我们讲到的商品价格变动会引起消费者需求量的变动，影响的是“求”，我们也画出了需求曲线图。而在生产经营中，商品价格变动影响的是“供”，即商品价格变动会影响生产者的供给。

同学们根据这则材料可以推断商品价格与供给量变动是呈什么方向运动的吗？(学生回答“同方向”)

没错，是呈同方向运动的，现在我们画出供给曲线图。大家可以看到，在这个供给曲线图中，当商品价格上升时，供给量会增加；而当商品价格下降时，供给量会减少。

现在请大家在书上画出供给曲线图。

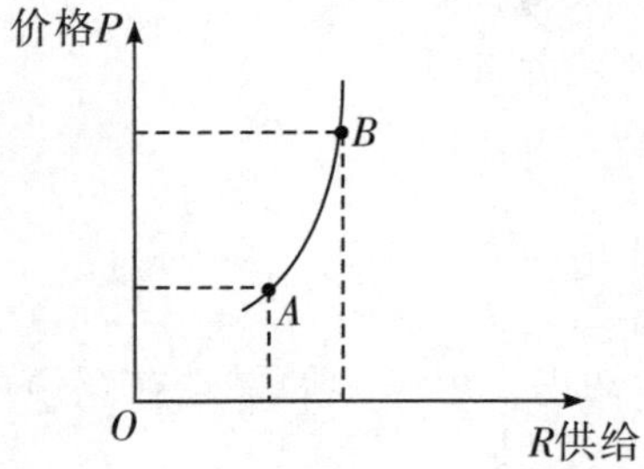

价格变动对生产的影响，主要表现在两个方面：一是调节产量。某种商品的价格下降，生产者获利减少，这时生产者会压缩生产规模，减少产量；某种商品的价格上涨，生产者获利增加，这时生产者会扩大生产规模，增加产量。二是调节生产要素的投入。当一些生产要素可以相互替代时，为了降低生产成本，哪种生产要素的价格下降，生产者就会增加这种要素的使用量；哪种生产要素的价格上升，生产者就会减少这种要素的使用量。

举例说明：大家应该都吃过石磨肠粉或石磨豆浆，以前它们都是由人工来磨的，但后来因为劳动力价格升高，以及人工效率低，一些经营石磨肠粉和石磨豆浆的连锁店就改用机器来磨，既节省人工成本，又能提高效率。

（三）小结环节

这节课我们学习了价格变动既会影响生活消费，也会影响生产经营。价格变动对生活消费的影响主要体现在商品价格变动会引起需求量的变动。当商品价格上涨时，需求量缩小；当商品价格下降时，需求量扩大。

不同商品需求量对价格变动的反应程度不同，也就是需求弹性不同。生活必需品的需求弹性小，高档耐用品的需求弹性大。

消费者对既定商品的需求受相关商品价格变动的影响。相关商品是指替代品或者互补品。

价格变动对生产经营的影响主要体现在调节产量和调节生产要素的投入上。

（四）课堂练习环节

（1）2017年7月，全国居民消费价格总水平同比上涨1.4%，其中，食品价格下降1.1%，非食品价格上涨2.0%。价格变动对下列商品的需求量影响较大的是（B）。

①大米　②黄金　③蔬菜　④汽车

A. ①②　　B. ②④　　C. ②③　　D. ①④

（2）对于出行者来说，飞机和高铁是可以相互替代的交通工具，如果机票涨价，而高铁票价格不变，可能会出现下列哪种现象？（B）

A. 乘飞机的人增多，乘高铁的人减少

B. 乘高铁的人增多，乘飞机的人减少

C. 乘飞机和乘高铁的人都增多

D. 乘飞机和乘高铁的人都减少

（五）布置作业环节

（1）运用本节课所学知识，思考：如果想在竞争中脱颖而出，蒜农应该怎样种植大蒜？

（2）复习本节课的知识点。

六、板书设计

二、价格变动的影响

（一）对生活消费的影响

1. 价格变动引起需求量的变动

2. 不同商品的需求量对价格变动的反应程度不同

3. 对既定商品的需求受相关商品价格变动的影响

（二）对生产经营的影响

1. 调节产量

2. 调节生产要素的投入

七、教学反思

（一）优点

（1）让学生通过与现实生活即直接经验结合，加深对教材理论知识的理解。

（2）对需求曲线的分析简单明了。学生跟着老师一起分析，能够比较容易理解和掌握需求曲线。

（3）学生在为自己家庭设计合理的消费时，能够切身感受到作为互补品或替代品的两种商品，其中一种商品价格变动对另一种商品的影响，有助于理解，也能够提高对知识的实际运用能力。

（二）需改进之处

（1）对价格变动影响生产经营的讲解还不够透彻。

（2）问题设置主要还是以教材为主，不利于开阔学生视野。

（3）在教学过程中，课堂互动的生动性和学生参与度有待提高。

（陈树晴）

第三章　初中《道德与法治》教学设计选编

“接纳与欣赏自己”教学设计（一）

一、教学课题

“接纳与欣赏自己”是人教版初中《道德与法治》七年级上册第三课第二框第一目的教学内容。

二、课标要求

“接纳与欣赏自己”所依据的课程标准的相应部分是“成长中的我”中的“认识自己”。具体对应的内容标准是：了解自我评价的重要性，能够客观地认识自我，积极接纳自我，形成客观、完整的自我概念。通过课程的学习引导学生正确认识自己，学会接纳和欣赏自己，做更好的自己。

三、教材分析

“做更好的自己”是人教版初中《道德与法治》七年级上册第三课“发现自己”的落脚点，包括“接纳与欣赏自己”和“我要飞得更高”两个目题。通过前一课“认识自己”的学习，学生已掌握认识自己的方法，本课在此基础上引导学生学会接纳自己和欣赏自己。

四、学情分析

正值青春期的学生，自我意识开始增强，希望能更多地了解自己。由于受到自身认识发展规律的限制，在认识自我上往往容易出现偏差，对自己的评价过高或过低，对别人的评价往往难以正确看待，容易形成自负或自卑的不良心理等。这种自我认识的偏差会给他们的学习生活带来影响。因此，重点引导学生学会接纳自己是必要的。

五、教学目标

1. **情感态度价值观目标**

养成乐观自信的态度，积极接纳自己，完善自我，做更好的自己。

2. **能力目标**

能够积极、正确地接纳自己；在与他人、社会交往的过程中努力做更好的自己。

3. **知识目标**

知道接纳自己的具体要求，接纳自己的全部；理解接纳自己需要乐观的心态，更需要勇气和智慧。

六、教学重点和难点

教学重点：学会接纳自己，接纳自己的全部。

教学难点：学会接纳自己的不足。

七、教学方法

讲授法、谈话法、讨论法和案例教学法。

八、教学过程

（一）导入环节

参与活动，引出课题。

教师活动：我是谁——每个人在白纸上用文字描绘自己，要求体现自己的优点与不足。（提示：可从性格、相貌、身材等方面入手）

教师提问：你喜欢你所描绘的自己吗？为什么？

学生活动：学生按要求写下自己的特点。师生互动。

设计意图：激发学生的学习兴趣；为学生提供思考与关注自我的机会；从学生的回答中了解学生对自身的看法。

教师过渡：通过刚才的活动，老师看到了大家对自我的关注与探索，但也发现有部分同学无法很好地接纳自己。希望通过本节课的学习，同学们可以学会接纳自己，做更好的自己。

（二）讲授新课环节

1. **我是独一无二的**

教师提问：请大家相互对比自己与他人的特点，看看能不能找到和你完全相同的人。

学生活动：学生比较自己与他人的特点，发现自身的独特性。组内交流看法。

设计意图：让同学们在比较中明白每个人都是独特的。

教师总结：我们每个人在性格、兴趣等方面都有自己的特点。我们只有接纳自己，才能正视自己和别人之间的不同。那么，我们应该如何接纳自己呢？

2. 如何接纳自己

活动一：小组讨论。

教师提问：接纳自己的不足，或者说接纳自己是不完美的，会给我们带来什么样的影响？

教师分析：接纳自己的不完美和不足是不容易的。但是，当一个人学会接纳自己的不足时，就可以正视自己的弱点，不把时间花在难过和自责上，而是集中精力改正它，从而成为更好的自己。每个人都有不完美的地方，对于努力也无法改变的不完美，我们需要改变心态，与之和平相处，这样可以让我们少走弯路。

教师总结：接纳不完美和接纳优点对我们同样重要，同样有帮助。因此，接纳自己，需要接纳自己的全部。既接纳自己的优点，也接纳自己的不完美；既接纳自己的性格，也接纳自己的身材、相貌；既接纳自己的现在，也接纳自己的过去。

设计意图：学生不愿意接纳不完美大多是觉得它会给自己带来消极影响，本环节通过讨论与追问，可以了解学生的想法，摆正学生对接纳不完美的错误理解。

活动二：多媒体展示材料——马云风趣调侃自己的外貌。

学生观看视频。

教师提问：马云对自己外貌的调侃给我们什么启示？

设计意图：让学生直观感受榜样的力量，勇于接纳自己的不足。

教师分析：马云能当众讨论自己的外貌，说明他非常有勇气，能正视自己的不完美。同时，他将自己的不完美拿来调侃，说明他能以一种积极乐观的心态接纳自己的不完美。马云还说，无论帅哥美女都会看腻，自己长相独特，慢慢品则有味道。这说明他能够多角度地看问题，将长相当成自己独特的标志。这是接纳自己的一种智慧。

教师总结：接纳自己，需要乐观的心态，更需要勇气和智慧。

教师拓展：介绍接纳自己的方法。

师生共勉：全班朗诵诗歌《接纳自己》。

设计意图：朗诵诗歌可以让学生“接纳自己”的情感得到升华。

（三）小结环节

接纳自己 { 需要接纳自己的全部
（优点—不完美；性格—身材、相貌；现在—过去）
需要乐观的心态，更需要勇气和智慧 }

设计意图：回顾本课知识，加深学生印象。

（四）课堂练习环节

进入初中后，小亮发现自己的个子比别的同学矮，脸上还长了青春痘。面对这些状况，他应该（C）。

A. 在课堂上偷偷照镜子

B. 要求父母为他购买增高鞋或其他增高药物

C. 欣然接受青春花蕾的绽放，接纳自己

设计意图：帮助学生检验与巩固本课所学的内容。

（五）布置作业环节

（1）同桌之间交换“我是谁”画像，为对方提出接纳自己的意见。

（2）预习下一节课内容“欣赏自己”。

九、板书设计

（一）接纳与欣赏自己

1. 接纳自己

（1）要接纳自己的全部，包括优点、不足、性格、身材……

（2）要用乐观、勇气、智慧去接纳自己。

（林晓虹）

“接纳与欣赏自己”教学设计（二）

一、教学课题

“接纳与欣赏自己”是人教版初中《道德与法治》七年级上册第三课第二框第一目的教学内容。

二、教学目标

1. 情感态度价值观目标

（1）引导学生用积极的态度去接纳自己、欣赏自己。

（2）培养学生良好的品格，发现自我、完善自我，确立积极向上的人生态度。

2. 能力目标

（1）学会接纳与欣赏自己，能在与他人、社会交往的过程中做更好的自己。

（2）掌握改正缺点、激发潜能的方法。

3. 知识目标

（1）学会欣赏自己。

（2）知道接纳与欣赏自己的方法。

（3）掌握做更好的自己的要求。

三、教学重点和难点

教学重点：结合自身实际，探究如何做更好的自己。

教学难点：积极、正确地接纳自我、欣赏自我，特别是接纳自己不满意的部分。

四、教学方法

讲授法、谈话法和直观演示法。

五、教学过程

（一）导入环节

活动引入——“美丽的指纹树”。

在上课之前，组织学生有序地走进教室，引导学生在教师事先准备好的树形图上按下自己的指纹。

学生活动：学生一一在树形图上按下自己的指纹。

师：同学们，大家上午好！今天我们讲一个新的框题——做更好的自己。首先我们来学习第一目内容——接纳与欣赏自己。

师：老师在课前制作了一个树形图，也请同学们在这个树形图上按下了自己的指纹。现在请同学们用自己的火眼金睛，看一下这棵树上有没有两个完全一样的指纹？

学生通过观察可知，没有两个相同的指纹。

师：通过这个指纹树，你们明白了什么道理？

生：世界上没有两个相同的指纹，每个人都是独一无二的。

设计意图：设置悬念，引发学生的好奇心。通过小活动激起学生对本节课的学习兴趣，活动内容与本节课内容紧密相关。指纹是每个人的独特标记，组织全班学生走进课室时依次按下指纹，能让学生在活动中产生独特的心理体验，感知自己的独特与宝贵。

教师总结：就像世界上没有两片完全相同的树叶一样，世界上也没有两个完全相同的人，我们每个人都是独一无二的。我们都将以自己独特的姿态展现在人们面前。相信通过我们自身的努力，我们一定会是更好的自己。

引出课题并板书。

（二）讲授新课环节

教学活动：看视频，明道理。

师：接下来，老师想请同学们看一个视频——*Dream It Possible*，在看这个视频的过程中，请同学们思考一下视频的主人公有哪些优点，又有哪些不完美的地方，然后拿笔记下来，看看哪个同学观察得最仔细，记下的东西最多。

视频简介：这个视频介绍了尼克·胡哲顽强的毅力。他虽然没有了四肢，但是依然可以乐观地生活。他走访了五大洲，演讲超过 1 500 场，他用他那幽默的语言向世人证明，身体的不健全并不可怕，可怕的是精神的不健全。(时长：3 分 25 秒)

生 1：主人公尼克·胡哲是一个四肢不健全的人，他长得不好看，小时候没人喜欢他。他的优点是他现在正确地认识了自己，他的演讲才能很棒。

生 2：我觉得他不完美的地方是他在过去曾有自杀倾向，不珍惜生命；而且以前也自暴自弃，看不起自己，觉得自己长得丑。现在的他很自信、阳光，也很勇敢，愿意把自己的经历分享给我们听，让我们可以从中受到鼓舞。

设计意图：通过观看视频，让学生领会尼克·胡哲是如何接纳自己的，以及用一种怎样的态度来接纳自己。通过让学生找尼克·胡哲的优点和不完美的地方，引导学生理解自己的优缺点，向尼克·胡哲学习，学会接纳自己的全部。

教师在学生回答的过程中，在黑板上记下他们的答案。当学生发言完毕后，把答案归类。

优点：可以正确认识自己、阳光、自信、勇敢……

不完美的地方：四肢不健全、曾觉得自己样貌丑陋、曾自暴自弃、曾不珍惜生命……

教师根据学生的回答总结知识点，引导他们学会从不同角度来认识他人和认识自己。

师：同学们观看得真仔细！尼克·胡哲面对自己这种身体的不健全，没有放弃自己，没有从此一蹶不振，而是选择了另外一种生活方式，接纳了自己，接纳自己好的一面，也接纳自己的不足。我们要像尼克·胡哲一样，接纳自己的全部。那么，我们要如何接纳自己呢？接纳自己的全部又是指什么？包括哪些内容？我们再来看看同学们的回答。

性格：阳光、勇敢。

身材：四肢不健全。

相貌：觉得自己不好看。

过去与现在：曾自暴自弃、不珍惜生命，现在正确认识自己，积极面对人生……

(1）接纳自己，需要接纳自己的全部。

师：既接纳自己的优点，也接纳自己的不完美；既接纳自己的性格，也接纳自己的身材、相貌；既接纳自己的现在，也接纳自己的过去。

师：刚刚我们说了，尼克·胡哲勇于接纳自己，接纳自己的全部。在视频里他讲了这样一段话："很多人照镜子时，希望自己有另一个体型，那不是真的你，你只是想成为别人期望的样子。当你说我有这些，我没有那些，我会说：'那又如何？我不在乎！'"大家想一想，尼克·胡哲是用一种怎样的态度来接纳自己呢？

生1：尼克·胡哲虽然身体有缺陷，但是他可以正确地看待自己。他没有嫉妒别人有健全的四肢，坦荡地说出"那又如何？我不在乎"，说明他是一个乐观积极的人。

生2：我觉得他是一个很勇敢的人，如果换作别人遇到这种事，可能会一蹶不振，对生活失去信心，所以我觉得他是用一种别人没有的勇气来接纳自己。

生3：我觉得他是用一种豁然的态度来看待自己。他很聪明，懂得多国语言，又懂得演讲的技巧，把深奥的大道理讲得浅显易懂，而且他自己本身就是个很有说服力的例子，他的精神深深鼓舞了我。

教师在黑板上记下学生说的关于态度的关键词：乐观、坦荡、积极、勇气、豁然、聪明（智慧）。

(2）接纳自己，需要乐观的心态，更需要勇气和智慧。

师：同学们说得非常好。我们要如何接纳自己呢？我们要像尼克·胡哲一样，用乐观、坦荡、积极、勇气、豁然、聪明（智慧）来接纳自己。

教师总结如何接纳自己：

①接纳自己，需要接纳自己的全部。既接纳自己的优点，也接纳自己的不完美；既接纳自己的性格，也接纳自己的身材、相貌；既接纳自己的现在，也接纳

自己的过去。

②接纳自己，需要乐观的心态，更需要勇气和智慧。

（三）小结环节

通过本节课的学习，我们明白每个人都是独一无二的个体。每个人都或多或少有着这样的优点或那样的不足。我们要像尼克·胡哲一样，学会接纳自己，接纳自己的优点、不足、性格、身材、相貌、过去和现在。我们还要用乐观、勇气和智慧去接纳自己。上课时，我们按下自己的指纹，那是个人的生理标记，那么通过这节课，老师希望同学们学会接纳自己，学会接纳自己是一种成长。只有学会接纳自己，才能学会欣赏自己，欣赏自己的独特性，又能看到他人的美丽；既能为自己鼓掌，又能为他人喝彩，成为更好的自己。

设计意图：总结知识，呈现完整的板书，帮助学生识记知识点。呼应导入环节，巧妙点题，升华情感。

（四）课堂练习环节

学会正确认识自己，是人生的一大智慧。我们应该（C）。

A. 欣赏自己，不要被他人的评价左右

B. 找到自己的优势，塑造完美超人

C. 全面客观地认识自己，既看到优点，也看到不足

D. 多看优点，不要太在意自己的缺点

教师讲解：A 选项，有则改之，无则加勉，欣赏自己，既要看到别人也要看到自己。B 选项，每个人都总会有这样的不完美或那样的缺点，完美的人并不存在，金无足赤，人无完人。D 选项，要接纳自己的全部，包括优点、缺点，这样才能更好地进步。

设计意图：本题考查的是接纳自己的方法。

（五）布置作业环节

略。

六、板书设计

（一）接纳与欣赏自己

1. 如何接纳自己

（1）要接纳自己的全部，包括优点、不足、性格、身材……

（2）要用乐观、勇气、智慧去接纳自己。

（刘淑仪）

"和朋友在一起" 教学设计

一、教学课题

"和朋友在一起"为人教版初中《道德与法治》七年级上册第二单元第四课第一框的教学内容。

二、教学目标

1．知识目标

（1）了解随着年龄的增长人际交际圈的变化。

（2）掌握友谊对个人成长的影响，学会如何结交益友。

2．能力目标

（1）通过对友谊更系统性的理解，学会与朋友和谐相处。

（2）正确处理与朋友之间的矛盾和冲突。

3．情感态度价值观目标

（1）树立正确的交友观念，学会悦纳他人。

（2）形成待人真诚、友善的价值观念与人生态度。

三、教学重点和难点

教学重点：友谊对个人生活的重要性以及影响；能够用正确的方法收获自己的友谊。

教学难点：如何处理与朋友之间的矛盾。

四、教学方法和学习方法

教学方法：讲授法、谈话法、讨论法和情感陶冶法。

学习方法：自主学习和探究学习。

五、教学过程

（一）导入环节

教师活动：上课前让学生拿出一张白纸，引导学生在纸上写下他们从幼儿园到小学六年级与他们玩得最要好的朋友的名字，并说说关系好的原因。在这个过程当中，教师也应制定备选答案，然后将学生的答案进行整合与分类。

幼儿园时期的友谊：一起玩耍；有东西一起分享……小学时期的友谊：一起玩游戏或运动；一起完成作业；下课一起买零食；一起走路回家……

学生活动：用一张纸写下自己最要好的朋友的名字并阐明与他（她）关系好的原因，在教师的指导下与同学们分享。在这个过程中，学生会回忆并发散思维，对即将要学习的知识充满好奇与期待。

设计意图：利用学生已有的知识经验与生活经验，引起学生注意，提高学生的学习兴趣，引出课题。

教师活动：板书课题“第四课　友谊与成长同行”，板书框题“一、和朋友在一起”。

教师过渡：通过这个小小的活动，我们会发现，在我们的成长中，除了父母之外，朋友是陪伴我们最多的人。随着我们渐渐长大，我们会渴望有那么一群人能与自己相伴，一起飞翔。我们会发现，同学、朋友成为我们生活中越来越重要的一部分。今天我们就来学习第二单元第四课第一框“和朋友在一起”，一起去探究我们与朋友之间发生的点点滴滴。

（二）讲授新课环节

教师活动：呈现情境材料，提出问题：如果你是小丽，你会怎么做呢？

小丽读初二了，最近她发现自己喜欢班上的一位男生，每次一见到他，小丽就脸红，心像小鹿乱撞。小丽很烦恼，她觉得那位男生就是她的白马王子，想找个机会向他表明自己的心意。当然，这件事情不能让父母和老师知道，她唯一能想到的就是她的朋友了，她想先向朋友寻求意见。可是，小丽的朋友虽然很多，周末经常跟他们一起出去玩，在这件事情上她却想不到一个值得她信任的朋友。

学生活动：通过情境设计来换位思考，如果自己就是小丽，面临朋友很多但找不到真正可以倾诉的对象时，自己会怎么做。在教师的引导下发散思维，积极发表自己的看法。

教师总结：这个时候，我们会发现问题的根本在于小丽明明有很多朋友，却找不到一个可以诉说心事的对象。同学们，或许有时候你们也会有像小丽那样的烦恼，特别是上了初中以来，你们的朋友圈扩大了，朋友之间交往的内容丰富了；但同时朋友圈好像又在缩小，不再像小时候那样与任何一个朋友都无话不谈了，因为你们渐渐有了不想让他人知道的秘密。这时候你会发现，你与最亲密的朋友之间的交往更加深入，关系也更加密切了。所以，小丽也应该找到与她关系最密切的朋友，然后向她倾诉自己的心事。

设计意图：利用情境创设，激发学生思维，让他们思考随着年龄的增长、朋友圈的变化，理性对待友谊。

教师提问：同学们，当你来到一个陌生的环境，周围的人你都不认识的时候，你会选择默默承受孤独还是努力与他人交朋友呢？

学生活动：跟随教师的步伐，积极响应教师在教学过程中所提出的问题，并在大脑中储存本节课重要的知识点。

教师小结：很好，大部分同学都选择了与他人交朋友，说明同学们很渴望友谊。是的，正是因为我们拥有对友谊的渴望，才让彼此相互靠近。在与朋友交往的过程中，有欢笑，也有泪水；有甜蜜，也有苦涩。所以我们要经常对自己的朋友关系进行梳理，这样可以更好地觉察自己对友谊的期待，逐渐学会处理在交友中遇到的各种问题。

设计意图：通过一个简单的提问给学生提供选择，让他们知道每个人都需要友谊。

教师活动：让学生完成课本中的"朋友影响力"图，在此过程中，教师可以走下讲台与学生交流互动，然后让学生分享所写的内容。

学生活动：在教师的引导下填写"朋友影响力"图，并勇敢与他人分享。

教师小结：同学们，填写这个图之后，我们会发现：朋友对一个人的影响很大，我们的言谈举止、兴趣爱好甚至性格等都或多或少地受到朋友的影响。朋友正在做的事情，我们会关注；朋友觉得有趣的事情，我们会尝试。与乐观开朗的朋友相处，我们会变得豁达；与乐于助人的朋友相处，我们会变得富有爱心等。我们应该珍惜和感谢我们的朋友。

设计意图：该图形象且具有代表性，能很清楚地让学生看到朋友对他们产生的影响，引出要学的内容。

教师活动：指导学生进行交流与讨论，让学生各自说一说朋友做过的一件最让自己感动的事，并以小组为单位，派一位代表来分享。

学生活动：成立学习小组，与同学们分享朋友做过的一件最让自己感动的事，并推荐一位代表与全班同学分享。

教师小结：朋友见证了我们一起走过的成长历程，通过同学们的分析，我们发现，在生活中，我们需要真诚友善的朋友。因为朋友，我们少了几分孤独，多了些许温暖，活得更加自在；因为朋友，我们认识到自身的价值，多了一份对自己的欣赏；因为朋友，我们学会了更好地与人相处，享受交往的快乐。伟大的教育家、思想家孔子说过："友直，友谅，友多闻，益矣。"所以，我们要与正直、诚信和见识广的人交朋友，那才是有益的。

设计意图：让学生感受朋友给自己带来的影响，感受与朋友一起成长的经历，引导学生结交益友。

（三）小结环节

通过这节课的学习，我们了解了朋友的重要性，朋友对我们的影响主要体现在言谈举止、兴趣爱好和性格等方面，还知道了我们要与正直、善良、见识广的人交朋友。在以后的日常生活中，我们应该谨慎交友，尊重和珍惜我们的朋友，正确处理与朋友之间的关系，既要结交对自己有益的朋友，也要努力成为别人的益友。

学生活动：学生在脑海回顾，初步形成对本节课所学知识的框架，最后落实到行动。

设计意图：让学生回顾所学知识，逐渐把课本知识变成他们自己的知识，初步形成基本的交友观念。

（四）课堂练习环节

阅读课本中马克思与恩格斯之间的故事，并思考故事下方的问题。有人说："能结交到亲密的朋友是一种幸福，而拥有一个对自己有深刻而良好影响的朋友则是人生的幸运。"你同意这个观点吗？结合自己的交友经历谈谈感受。

（五）布置作业环节

（1）思考：在交友的过程中，你最看重朋友身上的什么品质？为什么？下节课上课前请同学来回答。

（2）复习本节课所学知识，预习下节课的内容。

要求：①认真思考，形成个人独特的见解。②复习所学内容，加强记忆。

设计意图：①拓展学生思维，增强学生对知识的记忆。②引出下节课学习的内容。

六、板书设计

第四课　友谊与成长同行

- 一、和朋友在一起
  - 我的朋友圈 ⇒ 梳理、觉察
    - 扩大：交往内容更丰富
    - 变小：交往更深入，关系更密切
  - 友谊的力量 ⇒ 善交益友
    - 朋友对一个人的影响：言谈举止、兴趣爱好、性格等
    - 需要真诚友善的朋友：正直、诚信、见识广

（吴配娟）

“体味亲情” 教学设计 (一)

一、教学课题

“体味亲情”是人教版初中《道德与法治》七年级上册第三单元第七课第二框第一目的教学内容。

二、教学目标

1. 情感态度价值观目标

(1) 体味家庭中的亲情之爱，感恩亲情。

(2) 感受家庭中亲情的温暖，理解父母的爱，尊重家人。

(3) 在爱与被爱中理解、感悟亲情，发挥自己的作用，呵护亲情，付出自己的爱。

2. 能力目标

(1) 体会家庭中的亲情之爱，提高感悟亲情的能力。

(2) 理解家人的爱，常怀一颗感恩之心，并以实际行动回报家人的亲情之爱。

3. 知识目标

(1) 了解亲情的内涵及其产生的原因。

(2) 体味亲情，知道每个家庭都有不同的亲情表现形式。

(3) 理解家庭结构的变动也不会改变家中的亲情。

三、教学重点和难点

教学重点：了解家庭中亲情的表现形式。

教学难点：在爱与被爱中体味亲情、呵护亲情，以实际行动感恩亲情。

四、教学方法

讲授法、情境教学法。

五、教学过程

(一) 导入环节

猜一猜：根据甲骨文和图片的提示，猜汉字。

学生活动：学生根据甲骨文和图片提示，猜出“家”字。随后，回顾上节课所学习的内容，建立知识之间的联系。

设计意图：猜字环节吸引学生，引起学习的兴趣。了解“家”字的来源，吸引学生的注意，为新课讲授做好铺垫。通过过渡，学生初步了解本节课的学习内容。

教师过渡：这是个“家”字。我们在上节课学习了家的内涵，探讨了中国人心目中的家。家不仅指我们的住所，还指我们的家庭、家人。一个家，少不了亲情。那么，亲情是什么？亲情又有哪些表现形式呢？家庭结构的变动对亲情是否有影响呢？接下来，我们进入本节课的学习。

（二）讲授新课环节

1. 家中有亲情

活动一：展示教师与家人的两张合照，学生和教师分享看到照片时的感受。

学生活动：学生观看照片，在感受老师与家人之间浓浓亲情的同时，回想自己的成长历程，初步感知亲情。

教师小结：图片蕴含了家人之间浓浓的亲情。每个人的内心都有一份对家人割舍不断的情感。这种情感的产生或是因为他们给了我们生命，或是因为分享了我们的喜悦，或是因为他们是我们成长的陪伴者或见证者……这种情感就是家庭中的亲情之爱。因此，亲情就是对家人割舍不断的情感。

设计意图：展示自己和家人的照片，显示出家庭中浓浓的亲情，让学生从他人的照片中回想自己与家人生活的点滴。

活动二：根据情境，模拟父母说话。

情境：当你成绩下降时，父母会说：“________。”

学生活动：根据情境，两名学生在黑板上写出父母会说的话，并模仿父母的语气说出来。

教师小结：每个家庭的亲情表现不同，有的温馨和睦，有的磕磕绊绊……父母对子女的爱是细致入微的照顾，渗透在生活的点点滴滴之中。有时我们可能因为它的平常而忽略，但我们不能否认亲情的存在。我们也要学会理解父母，在享受父母的亲情之爱的同时要有一颗感恩的心。

设计意图：让学生尝试站在家长的角度根据情境模仿家长会说的话，尝试去理解家人。借助日常生活小事，提高学生感悟亲情的能力。

2. 家中的亲情永不变

活动三：阅读材料《闹钟没有妈妈的味道》，回答问题。

教师提问：①萌萌家的家庭结构发生了怎样的变动？②萌萌对父母的感情变化是怎样的？③萌萌以怎样的实际行动来回报继母？

学生活动：学生阅读材料，从材料中找出相关信息，回答问题。

教师小结：虽然萌萌的家庭结构变化了，但是只要我们用心感悟，就会发现她家中的亲情仍在。家庭结构发生变化是正常的现象，不管是怎样的原因，我们都要有勇气接受它。家中有亲情，亲情是需要呵护的，我们要用实际行动来回报父母对我们的爱。萌萌悉心照顾生病的继母，用自己的实际行动表达亲情之爱。

设计意图：材料源于现实生活，扎根于生活实际，学生更容易理解。让学生从材料中提取信息，提炼观点，锻炼学生的提取信息能力和总结归纳能力。

（三）小结环节

亲情是对家人难以割舍的情感。亲情的表现形式也不尽相同。虽然在现实生活中，家庭结构会随亲人的离开或新成员的加入而改变，表现形式也有所不同，但只要用心感悟，就会发现家中的亲情仍在。

爱是可以相互影响的，爱是需要双方主动呵护的。我们在爱与被爱中理解、感悟亲情，可有时候光有爱是远远不够的，我们要以实际行动回报父母的爱。只有这样，才能让爱常驻家人间。

设计意图：让学生了解本节课的学习内容，建立知识框架体系。

（四）课堂练习环节

略。

（五）布置作业环节

略。

六、板书设计

（一）体味亲情

1. 家中有亲情
亲情的内涵——→体味亲情
2. 亲情的不同表现形式——→感恩亲情
3. 家中的亲情永不变
家庭结构变动，亲情仍会存在——→回报亲情

（以上共同指向）→ 爱常驻家人间

（张紫萍）

“体味亲情” 教学设计 （二）

一、教学课题

“体味亲情” 是人教版初中《道德与法治》七年级上册第三单元第七课第二框第一目的教学内容。

二、教学目标

1．**情感态度价值观目标**

体味亲情之爱，感受亲情之珍贵。

2．**能力目标**

学会在实际行动中表达亲情之爱。

3．**知识目标**

理解亲情的表现形式，了解家庭结构变化与亲情之爱不变。

三、教学重点和难点

教学重点：感受亲情，理解亲情之爱。

教学难点：用心感受亲情之爱，学会用行动去表达亲情之爱。

四、教学方法

案例分析法、讨论法和讲授法。

五、教学过程

（一）导入环节

师：上节课我们学习了“家的意味”。家是我们身心的寄居之所，是我们温暖的避风港。家在每个人心里占据着非常重要的位置，我们每个人内心对家都有一份割舍不断的情感。那么，这份情感究竟是怎样的呢？请同学们带着这个问题，一起进入我们新课的学习——“爱在家人间” 的第一目 “体味亲情”。

学生活动：学生跟着教师回顾上节课的主要内容，并思考问题。

设计意图：通过教师导入，学生粗略回顾上节课的知识点，明确新课与旧课的联系，提出思考题，带领学生进入新课学习。

（二）讲授新课环节

1. 亲情之爱的内涵

教师活动：展示五组描述不同关系的人物在特定条件、场景下的行为和表现，漫画内容如下：图 1 为年轻妇女分娩女儿；图 2 为父亲熬夜照顾生病的女儿；图 3 为哥哥陪伴年幼的妹妹在公园玩耍；图 4 为外祖父母与外孙女的成长记录剪影；图 5 为养母含辛茹苦供儿子上大学。

教师提问：①漫画里描述了哪些人物之间的关系？（提示：图 1 为母女关系）②漫画中人物之间体现出什么样的情感？这些情感中是否有共性？若有，共性是什么？

教师依次在 PPT 上展示漫画，并引导学生描述和了解漫画内容，回答问题。

学生活动：跟随教师的思路，口头描述漫画内容，然后根据问题，结合漫画内容，思考并回答教师的问题。根据教师的引导和小结，做好相应的笔记。

教师小结：①漫画中人物之间的关系的共同特征是亲人与亲人之间的情感，具体表现为牵挂、照顾、给予和陪伴等行为。②亲情一般是以血缘关系为基础的，但是也有例外，如图 5 中的养母和孩子之间也存在浓浓的亲情。③亲情的产生或许是来源于亲人赋予我们生命，或许是因为他们陪伴我们成长、分担我们的忧愁等。上述漫画表现的是家人之间割舍不断的情感，即我们本节课将重点探讨的内容——亲情之爱。

设计意图：通过展示不同家庭关系和亲情的表现，让学生理解亲情之爱的一般内容：存在于家人之间，表现为牵挂、陪伴等行为，从而使学生初步体验亲情。

2. 家庭结构变了，亲情不变

学生活动：学生阅读课本中的材料《闹钟没有妈妈的味道》。

教师提问 1：萌萌的家庭结构发生了什么变化？

教师活动：教师简要解释家庭结构的含义，为学生回答问题做好必要的知识准备。要求学生分小组讨论，并派代表回答。

学生活动：学生根据材料对信息点进行筛选概括，再根据教师的提示谈谈有哪些家庭结构形式，思考自己家庭的组合属于哪一种。体会“家庭结构变了，亲情不变”的内涵。

教师分析：萌萌的妈妈去世，爸爸再婚，继母加入成为家庭成员，属于重组家庭。

教师追问 1：同学们，你们的家庭是怎样构成的，都有谁呢？

学生自由回答。教师根据学生回答，归纳出家庭的特点，指出除了重组家庭之外，还有主干家庭、单亲家庭等家庭结构。

教师追问 2：我们刚刚提到那么多家庭结构，它们在组合形式上有许多不同，但是这些家庭中都有一份性质相同的情感，那就是我们所说的亲情之爱。

教师小结：现实生活中，我们的家庭结构不尽相同，可能会发生改变。但是，只要我们用心感悟，就会发现家中的亲情仍在，尽管它的表现形式可能会发生变化。

设计意图：通过讨论，分析材料，整合概括材料信息点，着重点出“结构变化，亲情仍在”这一信息点，结合教材知识讲解，使学生理解。

教师提问 2：材料中的爸爸和继母是怎样表达他们对萌萌的亲情之爱的呢？

教师活动：提示学生从材料细节分析概括，指出情感表达方式。小组讨论 3 分钟后，派代表回答问题。教师点评并概括学生的回答，引出材料中的亲情表现形式。请学生结合自己家庭的实际情况作答。

教师小结：每个家庭的亲情表现不尽相同，有的温馨和睦，有的……有时我们可能因为它的平常而忽略它，有时我们似乎感受不到自己渴望亲情，甚至因此否认亲情的存在。

设计意图：通过阅读分析课本中的材料《闹钟没有妈妈的味道》，设计两个问题，引导学生带着问题去阅读材料。采用小组讨论的方式，分别讨论和回答两个问题。教师通过与学生问答的方式共同解决两个问题，引导学生理解“家庭结构变化，亲情之爱仍在；亲情表现形式不同，亲情之爱的核心始终相同”的内容。

3. 亲情之爱的表现形式不同

教师活动：展示新闻素材，通过展示图片“春运火车站旅客的年货行李堆积如山”和“慈母手中箱，临行密密装”，引导学生思考和讨论。

教师提问：为什么在外游子要不远千里带那么多有钱就能买的年货回家？为什么家里的亲人要给返程的游子准备那么多看似平淡无奇的物品？

学生活动：学生根据教师给出的图片，结合生活实际，说说图中人物的行为表现是怎样的，他们的行为表现又受到什么驱使和影响。学生分小组自由讨论，讨论结束后发表见解。教师要求学生通过分析材料，指出材料的人物之间的亲情表达形式，并结合自己家庭或者同学的家庭的亲人之间关于亲情表现的描述，概括出不同家庭的亲情表现形式。

教师小结：那些看似平淡无奇的物品，其实都承载了家人间相互的情感，那份情感就是家人间的亲情之爱。他们的爱也许没有用言语直接表达出来，但是他们通过具体的实际行动表达了自己对家人的爱。因此，我们要善于感知、行动，善于用心感受亲情、用行动回报亲情（爱是核心，爱是相互的）。

设计意图：通过感受材料中家庭成员表达亲情的方式，概括引出此类表达方式，进而引导学生思考并说说其他的亲情表达形式。结合书本，讲解“家庭亲情的表现形式虽不尽相同，但亲情之爱永远是核心和根本，需要用心体会感受”。

（三）小结环节

每个家庭的亲情表现、家庭结构不尽相同；也许家庭的亲情表现、家庭结构会发生变化，但家人间最根本、最核心的亲情之爱是不会动摇和改变的。我们要学会用心去感受亲情之爱，用行动回报亲情之爱。在享受家庭带给我们的幸福和温暖的同时，及时把爱传递回家庭中。

学生活动：回顾本节课的学习内容，跟随教师的引导，梳理知识结构和理解重点。

设计意图：通过整理课堂知识脉络，让学生对本课知识有整体的理解，通过思维脉络图，突出亲情之爱的核心内容。

（四）课堂练习环节

略。

（五）布置作业环节

以“我和×××（家人）的那些小事”为主题，写一则体现亲情之爱的文字素材。字数不限，文体不限。用信纸书写，下次课抽取学生的文章来分享。要求学生课后按要求完成，激励学生勇敢地表达亲情之爱，为家庭的亲情之爱行动。

六、板书设计

（一）体味亲情

1. 亲情之爱的内涵
2. 家庭结构变了，亲情不变
3. 亲情的表现形式不同

七、教学反思

本课主要让学生理解“亲情之爱”的内涵，理解不同家庭结构的变化对亲情之爱的影响；理解亲情之爱的多种表现形式；在理解和感受亲情之爱的基础上，学会用行动去表达和传递亲情之爱。在设计教案第一稿和第一次授课时，由于没能很清晰地说明“亲情之爱是什么”这个问题，导致后面的授课内容和结构出现把握不准和结构失衡的情况。教案设计和授课的整体情况未达到预期效果。

在重新理解教材和教学要求后，对教学设计进行了部分修改；在课堂开头着重对“亲情之爱是什么”这个问题进行讲解说明，然后让学生从“家庭结构变化”和“亲情表现形式不同”这两个方面去理解和体会“亲情之爱不变”的思想，最后引导学生把亲情之爱付诸行动，体现亲情之爱是相互的。修改过后的课堂教学设计用时可能会较长，要通过实际课堂的开展来调整教学，才能达到比较理想的教学效果。

（黄钰琪）

“情绪面面观” 教学设计（一）

一、教学课题

“情绪面面观”是人教版初中《道德与法治》七年级下册第二单元第四课第一框第一目的教学内容。

二、教材分析

第二单元“做情绪情感的主人”接续第一单元“青春时光”的主题，聚焦学生在身心发展关键期的情绪特点及广泛意义上的情感生活，通过“情绪—情感—情操”的完整链条促进学生的品德心理学习，以教师在道德与价值观层面的引导，为第三单元“在集体中成长”的学习奠定知识和情感基础。而第四课第一框“青春的情绪”的学习则为第四课第二框“情绪的管理”以及第五课“品出情感的韵味”的学习做了铺垫，打下了坚实的基础。

三、学情分析

进入初中阶段，学生的生活圈不断扩大。随着生活的逐步扩展，学生接触社会、接触学校的人和事不断增多，学生的人际交往圈也不断扩大。但是，初中学生的心理发展还很不成熟，尤其对自我情绪的把握不够，这成为制约学生追求更高、更快发展的瓶颈。学生渴望更多地了解一些心理（如情绪）方面的知识，希望能更好地驾驭自己。因此，在引导学生领会、理解和感悟相关情绪的内容的基础上，让学生选择正确、恰当的方式表达情绪，以免伤害他人，并学会关爱他人，理解他人的情绪感受，是心理健康教育的重要环节和重要内容。

四、教学目标

1. 知识目标

认识人类情绪的丰富多样性和复杂性，知道喜、怒、哀、惧是情绪的四种基本类型；了解影响情绪的因素。

2. 能力目标

逐步调适自己的情绪。

3. 情感态度价值观目标

体会人的情绪，理解自己的情绪和关注他人的情绪。

五、教学重点和难点

教学重点：了解情绪的分类，理解影响情绪的因素。

教学难点：理解影响情绪的因素。

六、教学基本策略和设计思路

本节课主要采用多媒体课件辅助教学，利用多媒体所展示的图片刺激学生学习，让学生在好奇和探究的氛围中学习，体验学习的乐趣。另外，通过板书知识结构，帮助学生理解本节课的重点内容，增强学习效果。

七、教学过程

（一）导入环节

1. 展示影视封面图片

教师提问：在进入新课之前，老师想问大家，你们有没有看过《神探夏洛克》和《名侦探柯南》？你们知道这些侦探是如何读懂别人心思的吗？闻名世界的 FBI 特工又有哪些绝密本领，使他们在打击犯罪活动中如有神助、屡建奇功呢？带着这些问题，我们来看一段视频，同学们可以仔细观察视频中犯罪嫌疑人的表现，以及犯罪嫌疑人与那位教授的对话，也许你们就能从中找到答案了。

2. 播放视频

学生观看视频并思考问题。

教师提问：看完视频后，相信同学们对老师所提的问题都有了答案。为什么 FBI 特工能在犯罪嫌疑人一句话都不说的情况下找到破案的关键呢？谁可以用刚刚视频中的一些关键词来描述一下？

学生回答：微表情……

教师总结：对的，其实 FBI 特工之所以能看出犯罪嫌疑人有没有撒谎，是因为他们能识别出微表情所涵盖的情绪。人们总是容易通过一些表情把内心感受表达给对方，虽然一个下意识的表情可能只持续一瞬间，但这种特性很容易暴露情绪。在生活中，我们体验着自己的情绪，也经常观察他人的情绪表现。对于情绪，我们是那么熟悉，但有时又迷惑不解。那么，步入青春期的我们了解自己的情绪吗？今天就让我们一起揭开情绪的面纱，共同探究青春的情绪。

设计意图：通过一个有关读心术的微视频，可以激发学生的学习兴趣，吸引学生的注意力，提供一个角度来认识情绪，为下面所讲授的内容做铺垫。

（二）讲授新课环节

1．展示四幅面部表情的图片

教师提问：我们可以通过表情来读懂人的情绪，那么，大家猜猜看，这四幅图分别表达了这个人怎样的情绪？

学生回答：高兴、生气、伤心、吃惊。

教师总结：同学们都猜得非常准确！其实，这四种表情就是基本情绪，我们可以简称为喜怒哀惧。我想问下同学们，你们通过哪些细节来判断这个人的情绪呢？正如书上所说，情绪是一种复合的心理状态，包括内在体验、外显表情和生理反应三种成分。比如，当我们感到快乐时，会感到精力充沛，对新鲜事物充满好奇，这就是一个人的内在体验。而外显表情是怎样的呢？正如刚刚那几个表情所展示的一样，比如，生气时耸眉瞪眼等。同学们也可以尝试通过这些小细节去读懂别人的情绪哦！生理反应又是指什么呢？生理反应就是：当我们伤心时，会不自觉地流眼泪；当我们害怕时，会呼吸急促、心跳加快，甚至不自觉地大叫。即使我们的表情骗过了别人，我们的心跳也骗不了别人。除了这四种基本情绪以外，我们还有哪些复杂的情绪呢？带着这个问题，我们来玩个小游戏，顺便考考大家对这四个基本情绪所了解的词语有多少。

2．游戏环节

全班分成四组，各代表喜、怒、哀、惧。每组成员以轮流接力的方式说出各组所代表的情绪的词语。比如，“喜”组说出“开开心心”，下一组“怒”组就接着说出“怒气冲天”。以这样的方式接力，中间停顿时间不能超过 3 秒，超过 3 秒就属于自动放弃，直接由下一组接着说。说出词语加 1 分，说出成语加 2 分，进行 5 轮，最后看哪个组得分最多，则获得比赛胜利。

学生说出表达基本情绪的词语或成语。教师记录得分，并维持课堂秩序。

教师提问：游戏结束了。同学们先平复一下心情，现在老师有几个问题想问问大家。首先，在刚才的比赛过程中，你们的心情是怎样的呢？

学生回答：高兴、刺激、紧张、伤心、害怕……

教师总结：看来同学们的情绪体验非常丰富，有高兴、有紧张、有失落，还有高兴和紧张交替出现的现象。这说明人的情绪具有多样性和复杂性。除了我们所提到的四种基本情绪以外，在此基础上，还有很多组成复杂的情绪，如悲喜交加、义愤填膺，或者害羞、焦虑、厌恶和内疚等各种各样的情绪。

教师提问：那么，这些情绪的产生或者说引起情绪变化的原因有哪些呢？同学们回想下，在刚刚的游戏过程中，我们的情绪受到了哪些因素的影响？同桌之间可以相互交流讨论一下，一会儿请同学来说一说。

学生回答：环境影响了我的情绪，比赛的环境让我很紧张。/老师放的背景音乐很欢快，所以我很放松。

教师总结：同学们说得都不错，其实影响情绪的因素有很多，就像刚才的游戏比赛，当你得知比赛结果没有拿到第一时，你的心情是怎样的呢？

学生回答：伤心、遗憾……

教师总结：为什么会伤心和遗憾呢？因为太想拿第一了，是吧？我们都听过“希望越大，失望越大”这句话，也就是说，对某件事的预期会影响我们的情绪。

教师提问：那么，当你不小心说错词语而遭到同学们取笑时，你的心情是怎样的呢？

学生回答：尴尬、生气。

教师总结：我们会觉得尴尬是不是因为我们都比较在乎别人对自己的看法？也就是说，周围的人对我们的评价和看法会影响我们的情绪。用书上的话说就是周围的舆论氛围在影响着我们的情绪。

教师总结：除了这两个因素以外，还有一些因素也会影响我们的情绪，如书上说的生理周期、自然环境等，还有同学们在游戏中所发现的其他因素，都有可能在生活中不知不觉地影响我们的情绪。相信同学们在刚才的游戏中已深有体会。

设计意图：通过具有趣味性的游戏，写出描绘情绪的词语，体会情绪的种类之多。再通过引导，让学生关注到自身的情绪产生变化的原因，从而引出课本的知识点内容。在活动中达到培养学生运用知识的能力，挖掘教材内在的逻辑，培养学生积极、主动探索的精神。

3．展示漫画

教师提问：现在老师收集了几幅关于同学们在日常生活中常见的情绪体验的漫画，同学们可以回忆一下是否和漫画中的人一样有过类似的感受。到底是什么因素引起他们的情绪变化？

学生回答：第一幅是对某件事的预期；第二幅是生理周期；第三幅是周围的舆论氛围；第四幅是自然环境。

教师总结：同学们回答得都不错，其实同学们在生活中细心观察，也会发现这些因素在影响着我们的情绪。比如，当你考试考了 70 分时，你觉得很意外、很高兴，而你的同桌考了 90 分却一脸不开心，这其实很正常。因为我们对某件事的预期不一样，导致了我们的情绪也不同。再如，有些同学动不动就给别人取外号或者取笑别人，这些也会给我们的情绪带来影响。当我们脸上长了青春痘时，我们会觉得很郁闷，这也许又是因为我们的生理周期来了。或者在晴天时我们会莫名高兴，在雨天时又莫名低落，很多人都觉得莫名其妙，其实这很正常，自然环境也会影响我们的情绪。随着周围情况的变化，我们的情绪也会经常变化。例如，刚刚在讨论过程中所说的背景音乐和环境等，都是影响我们情绪的其他因素。那么情绪又有怎样的作用呢？我们留个悬念，下节课再继续探究。

（三）小结环节

学生回顾之前学习的内容，尝试总结。

教师总结：我们前面通过一个微表情了解了情绪的复合心理状态，更重要的是通过这节课的学习，我们知道情绪包括基本情绪和复杂情绪。基本情绪包括喜、怒、哀、惧；复杂情绪有很多，如害羞、内疚、焦虑等。我们还知道影响情绪的因素有很多，并重点了解了书上所介绍的四种因素，分别是个人对某件事的预期、周围的舆论氛围、生理周期、自然环境。我们来通过一个习题巩固一下吧！

设计意图：将课本知识联系起来，培养学生的总结和概括能力。

（四）课堂练习环节

1. 下列不属于情绪的有（C）。

A. 喜怒哀惧　　B. 焦虑　　C. 血压升高　　D. 害羞

2. 下列因素中，可能会对情绪造成影响的有（C）。

①个人的生理周期　②理想的目标　③同学的嘲笑　④美好的景色

A. ①②③　　B. ②③④　　C. ①②③④　　D. ①②④

设计意图：及时反馈，巩固课堂教学效果，让学生准确地把握知识。

（五）布置作业环节

用不同的色彩表达不同的情绪感受，制作“情绪调色板”。与同学分享“情绪调色板”，猜猜对方想要表达的情绪是怎样的。

设计意图：让学生结合自己对情绪的体会，用画画的方式表达出自己的情绪，可以使他们的情感升华，加深他们对情绪的体验，合理地表达情绪。学生在学到知识的同时，不仅身心能够得到发展，还能培养创新精神。

八、板书设计

第四课　揭开情绪的面纱

一、青春的情绪

（一）情绪面面观

1. 分类

①基本情绪：喜、怒、哀、惧

②复杂情绪：害羞、内疚、焦虑等

2. 影响因素

①对某件事的预期
②周围的舆论氛围
③生理周期
④自然环境

（曾彦霏）

“情绪面面观” 教学设计 （二）

一、教学课题

“情绪面面观”是人教版初中《道德与法治》七年级下册第二单元第四课第一框第一目的教学内容。

二、学情分析

初中学生正处于青春期，情绪和情感会出现一系列变化，不断拓展和丰富的生活经验为本节课的学习提供了感性认识的基础，能够理解人具有的复杂多样的情绪体验。但是他们的知识面较为狭窄，对于问题的分析仍较多停留在表面上，还不能从深层次进行分析，难以达到抽象概括的水平。

三、教学目标

1. 知识目标

知道人的基本情绪，理解人的情绪是复杂多样的；了解人的情绪受多方面因素的影响；理解情绪会影响我们的观念和行动。

2. 能力目标

培养学生的分析能力和语言表达能力，增强情绪调控能力。

3. 情感态度价值观目标

体会不同的情绪，感受情绪对生活的影响，积极调整自己的心态面对多变的情绪。

四、教学重点和难点

教学重点：情绪的基本类型；影响情绪的因素；情绪的作用。（依据课程标准和教材内容）

教学难点：影响情绪的因素；情绪的作用。（依据学情）

五、教学过程

（一）导入环节

师：同学们正处于青春期，情绪非常丰富。这节课老师想和大家一起玩个游戏，共同来体验青春的情绪。这个游戏是这样的：我们请四位同学上来站成一个圆圈，每个人伸出两只手，左手竖起拇指，右手张开手掌，把左手的拇指放在隔壁同学右手手掌下面。四位同学准备好后，老师讲个故事，当你听到故事中出现数字时，你就要用右手去抓住同学的拇指，同时，你的左手要逃离。被抓次数最多的同学就要接受惩罚。

师：同学们，准备好了吗？我要叫四位同学上来玩这个游戏了。怎么样？大家的心情紧张吗？

活动安排：教师叫四位同学上台玩游戏。教师将随机采访学生，描述自己的心情。

师：这位同学，你现在的心情怎么样？

学生回答。

师：准备开始了！我要念故事了！

教师念故事，游戏开始，一轮游戏过去，有的同学被抓了，有的同学抓住了小伙伴……教师在游戏过程中采访学生。

师：哇！这位同学反应很快，抓住了别人，你此刻的心情如何？

学生回答。

师：这位同学，你刚刚被同学抓住了，你现在的心情如何？

学生回答。

师：游戏我们玩到这，请同学们回到座位上，老师决定惩罚这位同学。

师：老师刚才留意到你不是被抓次数最多的，可是老师就是想惩罚你，你此刻的心情又是怎样的？

学生回答。

设计意图：教师通过自身感染性强的语言以及与学生在游戏中的互动，让学生沉浸于情绪复杂多变的游戏中。一方面有利于调动学生的积极性，另一方面能让学生切身感受到自身情绪的变化，从而导入本节课的内容。

（二）讲授新课环节

师：在刚才的游戏中，台上的同学们玩得很开心，台下的观众也看得很高兴；有的同学会紧张，有的同学很害怕；抓住别人的同学很兴奋，被抓的同学会不开心；意外被老师惩罚的同学感到了一点点失落……在游戏中，我们体验到了复杂多样的情绪。生活中，人的情绪也是复杂多样的，但是可以分为基本情绪和复杂情绪。其中，喜、怒、哀、惧是基本情绪，还有害羞、焦虑、内疚等是复杂

情绪。(知识点一)

那么，情绪又是如何定义的呢？情绪是一种复合的心理状态，包括内在体验、外显表情和生理反应三种成分。在刚才的游戏中，有的同学因为紧张，表情僵硬，手心冒汗。紧张就是我们的内在体验，表情僵硬就是外显表情，手心冒汗就是生理反应。通过这些表情，我们也能体会到情绪的复杂性，各种各样的情绪丰富了我们的生活。

师：我们知道情绪是复杂多样的，那么，是哪些因素影响我们的情绪呢？请大家结合刚刚的游戏，两个人一组讨论交流。

学生回答。

师：在刚刚的游戏中，同学们都很希望能够抓到同学的手指而不是被别人抓住，所以我们就会变得很紧张、很专注。如果别的同学很厉害，无形中自己的压力会很大。刚刚有一个同学明明不是被抓次数最多，却意外遭受惩罚，很不开心……假如说，今天不是比赛，台下没有那么多的观众看着我们，相信这会是一个很放松的游戏……

师：因此，有许多因素会影响我们的情绪。其中，对某件事情的预期、周围的舆论氛围、环境都是影响情绪的重要因素。除此之外，个人的生理周期会影响情绪，一般来说女生每到生理周期，心情会比较烦躁；有的人每当打雷会很害怕，吃甜食会很开心，听到美妙的音乐会很愉悦等。可见，生活中各种各样的因素都会影响我们的情绪。(知识点二)

师：生活中各种因素都会影响我们的情绪。其实，情绪也会影响我们的生活。情绪的作用非常神奇，它会影响我们的观念和行动。(知识点三)

师：那么，情绪到底是怎样影响我们的观念和行动呢？让我们一起来看看小聪的故事，思考两个问题：①面对考试，小聪的情绪是怎样的？②在情绪的影响下，小聪的观念和行为发生了怎样的变化？

学生思考并回答。

师：面对考试，小聪很紧张，导致很多原本会做的题目做不出来，然后生气，心想会被同学嘲笑，结果把试卷撕了，回到家后又很焦虑，吃不好，睡不香，最终导致生病了。这就是情绪影响我们的观念和行动的典型案例。这是有生物学依据的。生物学研究表明，情绪会影响身体激素的分泌，激素分泌过多会影响神经系统，进而影响人的思维、观念和行动。案例中的小聪因为紧张，生理上的激素发生改变，进而影响神经系统、影响思维、影响记忆，本来会做的题目却做不出来。又因为生气和焦虑，他的认知和反应也相继发生一系列改变，心想会被嘲笑，撕了卷子，吃不好，睡不香，最终生病了。面对考试，我们不要像小聪一样，深陷于各种复杂的情绪之中而影响了考试的正常发挥。我们应该学习课本第 35 页默默同学的做法，冷静地分析自己做错的原因，调整学习态度，使学习更有劲头。可见，情绪的作用非常神奇，情绪会通过影响我们的生理活动进而影响我们的观念和行动；情绪可能激励我们克服困难、努力向上，也可能让我们因为某个小小的挫折而止步不前。

设计意图：通过引入和情绪相关的心理学知识，拓展学生的知识面。先让学生思考在游戏中影响情绪的具体因素，再根据学生的回答，做出相应的抽象概括，有意识地突破本节课的难点。

（三）小结环节

上课前我们通过小游戏让大家充分体验了人的情绪是复杂多样的，情绪会受到多方面因素的影响，它也会影响我们的观念和行动，希望大家能够调整好自己的情绪，做自己情绪的主人。

（四）课堂练习环节

情绪从一定意义上说是心灵的“窗户”。情绪的作用有（C）。

①情绪会影响我们的观念和行动

②情绪可能激励我们克服困难、努力向上

③情绪只会给我们的生活带来负面影响

④情绪也会让我们因为某个小小的挫败而止步不前

A. ①②③　　B. ②③④　　C. ①②④　　D. ①②③④

（五）布置作业环节

略。

六、板书设计

第四课　揭开情绪的面纱

一、青春的情绪

（一）情绪面面观

1. 情绪是复杂多样的

2. 情绪受到多方面因素的影响

3. 情绪影响观念和行动

七、教学反思

同学们能够在愉快轻松、互动性很强的课堂中完成本节课的学习。但是，学生在看似闹哄哄的课堂中是否能够实现知识的内化、情境的迁移，还有待教师进行课内课外观察和评价。

（陈宛媚）

“情绪调节” 教学设计 （一）

一、教学课题

“情绪调节”是人教版初中《道德与法治》七年级下册第二单元第四课第二框第二目的教学内容。

二、教学目标

1．情感态度价值观目标

（1）感受人生的喜与悲，体会人的正面情绪和负面情绪，感受情绪对生活的影响。

（2）辩证地看待人的正面情绪和负面情绪。

（3）养成乐观向上、自尊自信、意志坚强的人生态度。

2．能力目标

（1）学会调节自己的情绪。

（2）能够自我调适、自我控制。

3．知识目标

（1）了解不同的情绪感受。

（2）掌握调节情绪的途径和方法。

（3）理解情绪对人的影响及其相互关系。

三、教学重点和难点

教学重点：学会辩证地看待正面情绪和负面情绪；学会合理调节情绪的方法。

教学难点：掌握合理调节情绪的方法。

四、教学方法

案例分析法、谈话法和讨论法。

五、教学过程

（一）导入环节

昨天，小沛在篮球比赛中赢了，他很高兴，拿着奖牌就冲回家，完全忘记了自己的手表还留在篮球场上。下午上学前，他发现手表不见了，到处找都找不到，很着急，便闷闷不乐地上学去了。他一直想着他的手表，上课时也心不在焉，被老师点名批评了。放学后，他再次来到篮球场，发现手表就掉在石凳下面，一下子又高兴起来了！

学生活动：阅读并分析案例。

设计意图：导入时，学生通过案例可以感受生活中的情绪变化。

（二）讲授新课环节

教师提问1：昨天小沛经历了怎样的情绪变化？这些情绪对他的生活、学习产生了怎样的影响？

学生活动：回答问题。

教师讲解：①小沛一天经历了从开心到悲伤，再到开心。②小沛因为赢得了篮球比赛，太开心了，导致他忘记整理好东西再离开，丢了手表。③小沛不见了手表，很伤心，导致上课不认真，影响了学习，还被批评了。④小沛后来在石凳下面找到手表了，又变得很开心。刚才我们提到了开心、伤心、闷闷不乐等各种情绪，可以把它们归纳为正面情绪和负面情绪。

每个人的生活里面都有多种多样的情绪，无论是正面情绪还是负面情绪，都是我们成长中的一部分，也是很正常的。它们使我们的生活变得多姿多彩。

适当的情绪可以使我们更健康快乐地成长。比如，心情舒畅的时候，我们更有信心完成作业或任务；考试前的适当焦虑，可以使我们更有动力去复习。

但是，我们都知道任何事情过度就不好了，那么情绪也一样。当这些情绪过度时，如果我们处理不当，它就会对我们的生活造成影响，不利于我们健康成长。就像案例中的小沛，他赢得比赛后太开心了，所以忘记了原本应该做的事情，直接回家了，导致手表不见；后来小沛一直闷闷不乐，处于过度的负面情绪中，导致他无法认真上课，影响了学习。可见，我们应当正确地对待自己的情绪。

教师提问2：你们觉得小沛怎样做才可以更好地调节自己的情绪？（引导他在赢得比赛后要怎么样，在发现手表不见后要怎么样）

学生活动：回答问题。

教师讲解：小沛应该用正确的方法去调节好自己的情绪，就像同学们说的，转移注意力或者学会控制自己等。

小沛在赢得比赛后不能太得意了，要学会控制一下自己，把该做的事情做完，开心时也要记得收拾好自己的东西，不要得意忘形了。

小沛在找不到手表后，不应该一直闷闷不乐，还不听课，要学会安慰自己，同时把注意力转移到课堂上，不要让沮丧长时间控制自己，影响自己的学习。

（转移注意法）

学生活动："解决烦恼"。自己被老师批评或和好朋友吵架时，该怎么办？学生选择相应的烦恼，讲出相应情况的处理方法。

教师讲解：①不要觉得老师的批评很恐怖，要懂得老师的批评是对自己的一种期待与关心，要把它作为动力。考试成绩不理想也要学会反思自己，改变认知，一次失败不代表一切，应努力学习，争取下次考得更好。（改变认知评价）②遇到不开心的事情做一下运动、听一下音乐，放松放松。（转移注意力、合理宣泄、放松训练）

学生活动：学生根据上面归纳的情绪调节方法及生活经验来解决烦恼。

设计意图：通过"解决烦恼"这一活动，能够让学生更加深入地思考调节情绪的方法，更好地掌握这些方法。

教师活动：教师根据学生回答情况及联系上一环节学生的回答，分别归纳对应四种调节情绪的方法。（改变认知评价、转移注意力、合理宣泄、放松训练）

当学生回答得不够全面时，教师可以适当补充完整。尽量做到每个方法都有对应的具体做法，例如教师在遇到这种情况的时候会怎样做等。

（三）小结环节

我们要学会正确地对待自己生活中的情绪，要学会用正确的方法去调节情绪。

（四）课堂练习环节

略。

（五）布置作业环节

让学生把最近的烦恼（也可以是以前遇到的烦恼）写出来，并且运用本节课学到的方法来分析如何调节自己的情绪。

设计意图：延伸课堂，提高学生的分析能力以及对课堂知识的运用能力。

六、板书设计

（二）情绪调节

1. 正确对待情绪

2. 调节情绪的方法

①改变认知评价

②转移注意力

③合理宣泄

④放松训练

七、教学反思

通过老师的点评及自身的反思，我感觉自己还有很多做得不好的地方。比如，在站上讲台的时候，还是会有点紧张，导致板书没有写好。课堂导入的案例设置得不够恰当，在设置案例时，本意是想更贴近学生的生活，让学生更有代入感，但是为了更加切合提问，案例的情节发展设置得过于理想化。在部分环节中，比如在讲解完“正面情绪和负面情绪”后，没有自然地过渡到讲解“调节情绪的方法”。知识点之间的过渡没有做好衔接，不够自然流畅。对于课堂的时间把握还不够好，无法在15分钟内讲解完预设的内容。在接下来的学习中，会针对以上的不足加以改进，继续提升自己的授课能力。多多练习自己的粉笔字，同时抓住每一个可以站上讲台的机会，调整好自己的心态。多看优秀教学设计，学习其中的技巧，尤其是案例设置技巧和课堂讲解技巧。一定要多多练习，尽量把自己所要讲的内容放在心里，以做到自然地说出要说的话。经过这次授课，我深深地感受到自己还存在很多不足，还需要付出更多的努力才可以真正讲好一节课。接下来一定会多讲、多听、多学习，做好反思，做好总结，提升自己各方面的能力，争取在下次试讲中取得更大的进步。

（吴靖雯）

“情绪调节” 教学设计 （二）

一、教学课题

“情绪调节”是人教版初中《道德与法治》七年级下册第二单元第四课第二框第二目的教学内容。

二、教学目标

1. 情感态度价值观目标

感受各种情绪；保持乐观、开朗的心态，做情绪的主人。

2. 能力目标

学会识别正面情绪和负面情绪；学会调节自己的情绪。

3. 知识目标

了解情绪调节的作用；识记调节情绪的方法。

三、教学重点和难点

教学重点：掌握调节情绪的方法，合理调节情绪。

教学难点：学会并运用调节情绪的方法，合理调节情绪。

四、教学方法

讲授法、讨论法和问答法。

五、教学过程

（一）导入环节

教师播放视频《快乐你懂的》，导入新课。

师：同学们，看完这一视频之后，你们有怎样的情绪感受？节奏欢快的歌曲可以影响我们的情绪，说明人的情绪是可以通过一些途径进行调节的，这节课让我们一起来学习“情绪调节”这一内容。

学生活动：感受歌曲，并回答教师所提的问题。

设计意图：渲染气氛，使学生快乐轻松地开始课堂学习。

（二）讲授新课环节

1．正确对待各种情绪

（1）分辨情绪的正负面。

师：请同学们思考一下，以下哪些是正面情绪？哪些是负面情绪？

①悲伤　②兴奋　③激动　④愤怒

⑤快乐　⑥难过　⑦低沉　⑧愉悦

学生活动：根据教师所提的问题，对正面情绪与负面情绪进行归类。

设计意图：通过分辨情绪的正负面，培养学生的辩证思维能力，使学生更好地理解正面情绪与负面情绪这一知识。

教师总结：人的情绪有正面与负面之分。一般情况下，开心、兴奋、快乐等属于正面情绪；悲伤、生气、痛苦等属于负面情绪。在我们的一生中，有喜也有悲，我们不可能一直保持正面情绪或负面情绪的状态。我们需要学会分辨情绪的正负面，该喜则喜，该悲则悲，正确对待自己的各种情绪感受。

（2）情绪的作用。

首先，保持积极的心态，享受愉悦，让我们的青春生活更美好。

其次，适当的负面情绪可以帮助我们适应突发事件。例如，第二天要交多个科目的作业，面对繁重的作业任务，同学们虽有抱怨情绪，但适度的紧张可以帮助我们更加集中精神进入学习状态、提高学习效率，进而迅速完成作业。

最后，如果我们持续处于负面情绪状态，则可能危害身心健康。例如，有的同学认为作业任务过于沉重，感觉压力很大、烦躁，甚至过于冲动把作业本给撕烂了，从而受心神不安、容易冲动等负面情绪的困扰。持续的负面情绪具有危害性，会危害我们的身心健康。

学生活动：学生结合课本与PPT上展示的内容，了解正面情绪和负面情绪的影响。

设计意图：举例说明负面情绪的危害性，使学生正确对待自己的情绪感受，明白情绪需要调节的道理。

教师总结：在生活中，调节情绪要做到喜怒有度：喜不能得意忘形；怒不可暴跳如雷；哀不能悲痛欲绝；惧不能惊慌失措。我们要学会合理地调节情绪，以积极心态保持正面情绪，克服持续的负面情绪。那么，我们应该如何调节自己的情绪呢？有什么方法吗？下面我们一起来学习。

2. 合理调节情绪的方法

师：在实际生活中有哪些事情会使你产生不良情绪？你调节情绪的方法又是什么？请同学们分组讨论一下。

学生活动：结合课本和生活经验，谈谈排除不良情绪的调节方法。

设计意图：小组讨论培养学生的语言表达能力；通过举例说明，有利于学生更好地掌握调节情绪的具体方法。

教师总结：情绪调节的主要方法有四种。

（1）改变认知评价。改变自己对事情的态度或看法，尝试从多角度思考问题，保持良好的心态。例如，面对同样倒在地上剩下的半瓶酒，悲观的人认为全完了，但是乐观的人认为幸好还剩一半。我们可以改变态度，换个角度去思考问题，获取积极的情绪感受。（治本的方法）

（2）转移注意力。通过改变注意焦点、做自己平时最感兴趣的事情、换个环境等方式来调节情绪，如旅行、看书、看电影、逛街等。（治标的方法）

（3）合理宣泄。通过适当的途径和方式来排除不良情绪，如写日记、在适当的场合哭一场、向朋友倾诉、做运动等。但是合理宣泄不等于放纵、任性、胡闹，应在适当的时间、场合、地点宣泄。（治标的方法）

（4）放松训练。通过放松心情来调节不良情绪，如深呼吸、听音乐、做瑜伽等，使自己的心理和生理得到放松。（治标的方法）

（三）小结环节

这节课我们学习了情绪的正负面、情绪对个人行为和生活的影响以及情绪调节的主要方法。我们要学会分辨正面情绪与负面情绪，合理调节自己的情绪；运用适当的方法来排除不良情绪，拥有乐观健康的心态，做情绪的主人。

（四）课堂练习环节

人的情绪不起于事件，而起于对事件的看法。小丽与迎面走来的同学打招呼，结果同学不理她。“太傲慢了吧！”小丽一下子郁闷了，但转念一想：“也许是他没看见我。”心情瞬间就明亮起来。这种调控情绪的方法是（A）。

A. 改变认知评价　　B. 转移注意力

C. 合理宣泄　　D. 放松训练

（五）布置作业环节

请同学们课后记录一天的心情晴雨表，针对自己一天产生的不良情绪写出调节情绪的具体方法。

六、板书设计

（二）情绪调节

1. 正确对待各种情绪

（1）分辨情绪的正负面

（2）情绪的作用
- 正面情绪
  - 适度——→有利
  - 过度——→有害
- 负面情绪
  - 适度——→有利
  - 过度、持续——→有害

2. 合理调节情绪的方法

（1）改变认知评价

（2）转移注意力

（3）合理宣泄

（4）放松训练

七、教学反思

（一）预期目标

（1）利用视频导入，活跃课堂气氛。通过播放《快乐你懂的》这首节奏欢快的歌曲的视频调动学生的情绪体验，引导学生明白情绪是可以通过一些方法进行调节的。

（2）在课堂上充分利用多媒体课件，丰富课堂内容，使课堂教学更为形象、生动。在讲解分辨情绪的正负面与情绪调节的方法这两个知识点时，选取了一些较为生动形象的图片，激发学生的学习热情。

（3）运用师生和谐互动的学习方式，注重学生的主体地位。在教学过程中，通过小组讨论的方式，引导学生结合自身经历谈谈调节情绪的方法，促进学生与学生、教师与学生之间的互动，进而调动学生的积极性，启发学生的思维，培养学生的语言表达能力，引导学生合理地调节情绪，做情绪的主人。

（二）实际效果

（1）播放完视频之后，在一定程度上活跃了课堂气氛。

（2）在讲解情绪正负面知识点时，学生的学习热情不够高涨。

（3）小组讨论过程中，学生开展讨论、交流意见的时间过短，效果不是特别理想。

（三）成功之处

（1）抓准了“情绪调节”的重点和难点，尽量让学生结合自身的经历来谈谈调节不良情绪的方法，注重学生的主体地位，培养了学生动脑、动口主动获取信息和思考信息的能力，让他们认识到在生活中要合理地调节情绪。

（2）在授课过程中主要采取讲授法、讨论法和多媒体展示三种教学方法。利用多媒体教学，加入视频、图片、实例，丰富的教学资源调动了学生的学习积极性。

（四）不足之处

（1）对学生的内心情感挖掘还不够深，没有充分加强与学生的沟通和交流。

（2）导入过渡太快，没有充分调动学生的学习气氛。

（3）在某些教学环节中设计有些生硬，应该多设计与学生生活实际贴切的情境。

（4）没有侧重对正面情绪的讲解，没有正确引导学生明白正面情绪也要调节的道理。

（5）把握时间不够好，导致没有重点讲解情绪调节的方法，对于改变认知评价这一方法的讲解不够全面、准确。

（6）板书设计不够美观。

（五）心得体会

回顾这节课的教学，我真正体会到一句话：“生活本身就是一本教科书。”首先，教师要有选择地运用教材，不但可以对教材进行筛选、调整和重组，而且可以有针对性地加以补充。其次，教师要善于捕捉教育信息，创造性地生成活动主题。

在本节课中，我从发生在学生身边的事例出发，从学生关心的、感兴趣的问题入手，提炼教育活动的主题。由于这种主题是学生耳闻目睹的或自己体验、感悟的，学生感到亲切，觉得有话可说，充分体现了“以学生为主体，以教师为主导”的教学理念，从中培养了学生良好的思维习惯和自学能力、合作学习能力，使学生掌握了适应实际需要的基本技能。最后的教学环节设计，是让学生运用调节情绪的方法来解决实际生活中的烦恼，曾设想学生应当都会用书本相关知识并结合自身经历来解答问题，但是在课堂上效果不好。在今后的教学中，我需要努力把生成的课程资源与预设的结果调整一致，及时调整教学环节，让生成的资源为教学目标服务。

总而言之，上完这节课后，我感受颇深。作为一名在校师范生，我还存在很多不足，如缺乏讲课经验、专业知识不够扎实、语言表达不够流畅、在讲课的过程中会紧张、板书设计不够美观、还没有完全吃透内在的知识逻辑结构等，这些问题都会严重地影响教学效果。由此，我感受到要成为一名优秀的政治教师，还要走很长一段路，需要具备过硬的政治教师专业素养。

（吴丹丽）

“美好集体是善于合作的” 教学设计 （一）

一、教学课题

“美好集体是善于合作的”是人教版初中《道德与法治》七年级下册第三单元第八课第一框第二目中的知识点。

二、教学目标

1．知识目标

（1）识记美好集体是善于合作的，要分工协作，优势互补，相互帮助，共同进步，发挥作用，实现价值。

（2）了解个人与集体关系的基本知识。

2．能力目标

（1）逐步掌握集体合作的策略，学会在集体中分工协作，实现优势互补。

（2）学会辩证看待个人与集体的关系。

3．情感态度价值观目标

（1）形成热爱集体、善于合作的品质。

（2）树立个人价值与集体价值相统一的意识。

三、教学重点和难点

教学重点：美好集体是善于合作的。

教学难点：如何在集体的合作中正确处理个人与集体的关系。

四、教学方法

讲授法、讨论法和情境教学法。

五、教学过程

（一）导入环节

师：同学们，这节课老师先给大家看两张熟悉又有亲切感的图片。

PPT 展示两张学生在班级大清洁活动中的照片。

师：同学们对这两张照片有印象吗？当时大家各自在忙着做什么呢？

学生观看图片，回忆并自由回答：扫地、拖地、擦黑板、擦窗户……

设计意图：利用学生熟悉的图片，唤起学生参与集体活动的记忆，激发学生的学习兴趣，导入主题。

师：看来同学们都记忆犹新啊！其实老师也把当天的具体情况记录在班级记录本上。下面就让我们一起来看看当时同学们是怎么做的。

PPT 展示清洁记录情况。

（二）讲授新课环节

开学第一周，我让生活委员组织了一次班级大清洁活动。男生力气较大，负责拖地和搬桌椅；女生较细心，负责擦黑板和扫地，高个子的同学负责擦窗户……看来真是男女搭配，干活不累！每位同学都很认真地完成各自的清洁任务。提前完成任务的同学也相继帮助未完成任务的同学，这样的相互帮助真暖心！最后在大家的努力下，我们班整齐又干净！看来每位同学都是劳动能手！

师：同学们可以先回忆一下，然后前后桌之间交流讨论一会儿，之后老师请同学来回答一下你们当时分工做什么，又是怎么做的。

学生交流讨论。

师：好，我们的讨论到此结束。我看××同学刚才讨论得很激烈，我们请××同学来说说。

学生回答。

师：好，请坐。××同学表达得很清晰，真棒！

教师总结：我们结合××同学的观点来看一下。扫地、拖地、擦黑板、擦窗户等，这么多项任务分配给每个同学来完成，同学们相互协作，充分体现了大家在集体中分工协作、相互帮助的合作精神。例如，高个子的同学发挥优势，负责擦窗户；男生力气大，干一些重活；女生较细心，可以擦黑板。这是一个优势互补的过程。

师：我们再来看两张照片（PPT 展示班上学习小组积极讨论的照片），这两张照片中，我们班上的学习小组正在积极讨论问题。讨论时同学们具体是怎样分工的？又是怎么做的呢？我们一起来看看。

下午上课时，我要求各小组围绕主题展开交流讨论，并上台展示。我发现同学们都积极参与。有些同学理解能力较强，便帮助组员分析理解问题；有些同学语言表达能力较强，便代表小组上台展示……经过讨论后，各组展示了各自的观点和想法，并得到了大家的肯定。我相信在这样的交流讨论中，同学们都学有所获，取长补短，共同进步！

师：我们请××同学来说说在讨论展示的过程中大家是怎么做的。

学生回答。

师：好，看来××同学抓住关键点了。

教师总结：我们结合××同学的观点来看一下。理解能力较强的同学帮助组员分析理解问题，语言表达能力较强的同学代表小组上台展示，每个同学都充分发挥了自己的能力与作用，得到了大家的肯定，实现了自身的价值。当然，每个同学都有自身的优势与长处，大家相互帮助，共同进步。

学生活动：学生结合材料分享想法，并认真听教师总结，深入理解知识点。

设计意图：在学生自主分析完后，再由教师带领学生更深入地分析总结，帮助学生加深理解。

师：总的来说，同学们分工协作，相互帮助，发挥作用，说明我们班是一个怎样的集体呢？

学生回答。

师：有同学说是美好的集体、合作的集体……对，我们班是一个美好的集体。

教师总结：美好集体是善于合作的。合作意味着分工协作，相互帮助，发挥作用。在我们班级小集体中需要合作，在一些大集体、大团队中更强调合作。2015 年诺贝尔医学奖获得者屠呦呦说："青蒿素的发现不是一个人的成绩，是团队共同努力的结果，很多同志都参与了这项研究，都做出了贡献。"这句话告诉我们，合作不是消极依赖或袖手旁观，而是大家共同发挥作用，但又要避免个人英雄主义。个人英雄主义是指脱离集体，只依靠个人的力量去完成任务。老师希望同学们积极参加集体活动，加强与同学的合作，让自己和集体变得更美好。

设计意图：引用屠呦呦所说的话，让学生理解合作不是消极依赖或袖手旁观，要避免个人英雄主义。帮助学生辩证地理解合作，辩证地看待个人与集体的关系。

（三）小结环节

师：同学们，现在我们来总结一下本节课学习的内容。本节课通过同学们熟悉的照片得出“美好集体是善于合作的”的结论，合作意味着分工协作，优势互补，相互帮助，共同进步，也意味着每个人都发挥自己最大的作用，实现自己的价值。

教师帮助学生整理知识，画出本节课知识点的结构图。

设计意图：学生跟随教师回顾本节课所学的知识点，厘清知识联系和结构，掌握重点和难点。

（四）课堂练习环节

略。

（五）布置作业环节

略。

六、板书设计

分工协作，优势互补
相互帮助，共同进步 ⟹ 美好集体是善于合作的
发挥作用，实现价值

七、教学反思

（1）通过展示班级图片导入，直入主题，转好地激发了学生的学习兴趣，调动了学生的积极性和主动性，课堂教学氛围较活跃。

（2）课堂总结较好，利用屠呦呦的例子可以突破重点升华主题。

（3）设问方面还需深入思考，设计的问题应尽量清晰明了、环环相扣。

（4）分析案例时无须着急，可先让学生充分讨论。

（5）要更加自信，尽量减少紧张情绪，放松心态。

（6）粉笔字还需多下功夫。

（黄彩凤）

“美好集体是善于合作的” 教学设计 （二）

一、教学课题

“美好集体是善于合作的”是人教版初中《道德与法治》七年级下册第三单元第八课第一框第二目中的知识点。

二、教学目标

1. 情感态度价值观目标

（1）感受集体生活的幸福，体会团结的力量。

（2）形成善于合作的品质，培养主动参与集体活动的意识，意识到个人在集体中的积极作用。

2. 能力目标

（1）逐步掌握在集体中与他人交往、沟通和表达的技能。

（2）学会正确认识自己与了解他人，掌握组织策略。

3. 知识目标

（1）认识美好集体是善于合作的，理解合作的重要性。

（2）认识合作要避免个人英雄主义、消极依赖或袖手旁观。

（3）掌握集体生活合作策略。

三、教学重点和难点

教学重点：美好集体是善于合作的。

教学难点：在集体中学会合作，同时要避免个人英雄主义、消极依赖或袖手旁观。

四、教学方法

讲授法、讨论法和情境探究法。

五、教学过程

（一）导入环节

游戏活动：以“邀请函”的形式随机抽取 4 名学生进行游戏。游戏由 3 个关卡——绕口令、脑筋急转弯、你划我猜构成。进行游戏时，学生自主安排任务进行的次序及人员分配，在3分钟内依次接力通过3个关卡即成功。

学生活动：4名学生参与游戏；其余学生观察参与者是如何进行合作的。

教师活动：主持活动。要求其他同学观察4名同学是如何进行合作的。

设计意图：①通过游戏的形式活跃课堂气氛，调动学生对课堂的积极性，提高参与度，使其在以后的集体活动中拥有自信和勇气。②借助游戏平台，让学生展现自我，了解他人，并促进学生之间的交往。③通过游戏，让学生亲身体验到如何进行集体合作，并在合作中收获快乐、感受集体的美好。

（二）讲授新课环节

(1) 探究一：根据游戏活动，提问学生，总结“美好集体是善于合作的”。

教师活动：根据游戏，提出问题，与参与游戏的学生进行交流。

问题1：任务进行的顺序是由谁决定的呢？

问题2：A同学为什么会选择念绕口令，而其他小伙伴选择其他任务呢？

问题3：B同学在脑筋急转弯一关出现困难时，其他小伙伴是怎么做的？

教师活动：根据学生的回答总结归纳要点：集体合作是分工协作，优势互补，相互帮助，共同进步，充分发挥各自的能力。

学生活动：回答问题。

以下为学生可能的回答：

回答1：任务进行次序由4人共同决定（集体）。

回答2：我比较擅长念绕口令，其他同学擅长其他活动，所以我们这样分工以便更快完成任务（分工协作、优势互补）。

回答3：其他同学主动帮助我，一起想问题的答案（互帮互助）。

设计意图：通过游戏，让学生亲身体验游戏中的合作，使之对合作有更深刻的理解。在提问过程中，能够使学生更加了解合作的具体表现，从而引出本节课的重点。

(2) 探究二：设计情境，共同探讨集体合作中出现的个人英雄主义、消极依赖或袖手旁观的问题。

在动物乌托邦里，朱迪警官接到市长下达的任务，迅速寻找团队成员完成任务。首先找到了尼克、闪电和洪金豹，他们积极参加任务并承担了自己的责任。虽然尼克总是吊儿郎当，闪电行动缓慢，洪金豹好吃懒做，但是一旦执行起任务来，他们严肃认真，相互帮助，各自发挥优势。作为一个团队，他们善于合作，组成一个美好的集体。

但是，集体中也存在一些不好的声音。例如，朱迪找到了剩下两位成员——牛警官和羊秘书。牛警官说：“任务对我来说根本不是问题。但是我太牛了，样样精通，无所不能。合作，你们都得听我的！”而羊秘书说：“这和我没多大关系，让他们做好了，多我一个不多，少我一个不少。”

学生活动：观看 PPT，听教师讲解，认识到集体合作中应避免个人英雄主义、消极依赖或袖手旁观。

教师活动：提前寻找学生为对话配音；讲解故事；分析尼克、闪电和洪金豹三者的表现，进一步深化“美好集体是善于合作的”的含义及集体善于合作的表现；讲解牛警官的态度属于个人英雄主义的表现，是不利于集体合作的，而羊秘书表现出消极依赖、袖手旁观的态度，亦不利于集体合作；最后总结我们在合作中应避免个人英雄主义、消极依赖或袖手旁观。

设计意图：延伸游戏所传递的“美好集体是善于合作的”，前半部分继续深化这一主题，讲述善于合作的表现；后半部分引申出不利于集体合作的表现：个人英雄主义、消极依赖或袖手旁观。

（3）探究三：引导学生思考，交流讨论集体生活合作策略。

教师活动：通过上述游戏和例子，再结合集体生活的经验，请学生交流讨论：我们应该如何改善牛警官和羊秘书在集体合作中的态度呢？在集体中应如何更好地开展合作？

学生活动：小组进行交流讨论集体生活合作策略。

教师总结归纳集体生活合作策略：拥有积极、开放的心态，坦诚交流，彼此信任；正确认识自己，懂得欣赏他人的优点并包容他人的不足；遵守规则，明确分工，主动承担自己的责任；经常自我反思。

设计意图：通过小组探究，分享集体生活中的经验和教训，交流集体生活合作策略，鼓励学生独立思考，锻炼学生的表达能力。

（三）小结环节

美好集体是善于合作的。在集体中，我们应该分工协作，优势互补，发挥自己的最大作用，同时避免个人英雄主义、消极依赖或袖手旁观。我们还学习了集体生活合作策略。

（四）课堂练习环节

略。

（五）布置作业环节

略。

六、板书设计

3. 美好集体是善于合作的

（1）善于合作的表现

（2）集体生活合作策略

七、教学反思

这是一节典型的初中活动型课堂教学。它注重学生的参与和体验，能够充分调动学生参与课堂的积极性，激发学生的学习热情，教学效果显著。在教学过程中，教师还应思考如何将学生从活动的游戏世界带回到现实世界，从而理解现实生活。课堂教学中，游戏仅是一个引子，起到了吸引学生的作用，但更重要的是如何提高学生在现实生活中的合作意识。

第二部分的故事讲解不够贴近学生的生活，应在第一部分的基础上进一步深化，提升学生合作的实践性，加强学生在课堂上的参与度。

（田佩琦）

“法律的特征” 教学设计 （一）

一、教学课题

“法律的特征”是人教版初中《道德与法治》七年级下册第四单元第九课第二框第一目的教学内容。

二、教学目标

1. 情感态度价值观目标

树立法制观念，增强法律意识和法治观念，养成遵纪守法的好习惯。

2. 能力目标

能够理解法律与其他规范的区别，学会在日常生活中做出正确的判断。

3. 知识目标

理解和识记法律的特征，知道法律是一种特殊的行为规范。

三、教学重点和难点

教学重点：法律是由国家制定或认可的；法律是由国家强制力保证实施的；法律对全体社会成员具有普遍约束力。

教学难点：法律对全体社会成员具有普遍约束力。

四、教学方法

讲授法、讨论法、小组合作学习和案例教学法。

五、教学过程

（一）导入环节

师：通过上节课的学习，我们知道国家和社会的和谐发展都离不开法律，法律与我们每一个人的生活都是息息相关的。请同学们结合上节课所学的知识和自己平常的所见所闻，用一个词或一句话来表达你对法律的感受。

教师总结：生活中我们一提起法律就会想起公平正义，法律保障我们的生活等。接下来我们学习法律的特征，希望通过这节课的学习，同学们能够更好地感受和理解法律的公正与威严。

学生活动：思考问题，举手回答问题。

设计意图：从学生对法律的感受入手，贴近学生生活实际，激发学生对国家法律的认同感，以饱满的热情投入新知识的学习中去。

（二）讲授新课环节

1. 了解立法程序，观看立法过程的视频

师：无规矩不成方圆，法律就是一个社会的规矩。在中国，制定法律的权力属于全国人民代表大会及其常务委员会。法律的制定过程包括法律案的提出、审议、表决和公布四个环节。

学生活动：学生阅读材料和观看视频，思考问题：法律是由谁制定的？是如何制定的？

教师总结：法律是由全国人民代表大会及其常务委员会制定的，经过四个严格的程序。因为全国人民代表大会是国家的最高立法机关，代表的是国家的意志，所以体现了法律是由国家制定或认可的。

①法律是由国家制定的，是指国家立法机关按照一定的立法程序制定法律、修改或废止现有法律的活动。例如《中华人民共和国未成年人保护法》。

②法律是由国家认可的，是指国家立法机关根据实际需要，对社会上原来已经存在的某些风俗习惯、道德规则、宗教教规等加以确认，赋予其法律效力，使之成为法律。例如《中华人民共和国婚姻法》。

设计意图：通过阅读文字和观看立法过程的视频，帮助学生了解法律的制定过程，使学生理解法律的第一个特征，有利于培养学生的法治意识。

2. 案例分析

材料1 2015年4月3日，中共中央政治局原常委、中央政法委原书记周永康涉嫌受贿、滥用职权、故意泄露国家秘密一案，由最高人民检察院侦查终结。2015年6月11日，天津市第一中级人民法院依法对周永康进行了一审宣判，判处无期徒刑，剥夺政治权利终身，并处没收个人财产。

材料2 刘某某，平度市某街道办事处某村原报账员。2013 年 1—2 月利用职务之便，两次挪用本村土地补偿款 200 万元用于个人理财。另侵吞本村土地补偿款银行利息万余元。2014 年 8 月，法院以挪用公款罪、贪污罪，数罪并罚，判处其有期徒刑六年。

PPT 文字提示：材料中周永康和刘某某都是因为违法犯罪被警察抓捕，之后交由人民检察院和法院侦查宣判，最后才被送往监狱。在这里，警察、人民检察院、法院和监狱这些机关是国家的暴力机关，都具有强制力。

教师提问：材料 1 和材料 2 中涉及的具有强制力的机关，说明法律具有怎样的特征？

学生活动：学生分小组讨论问题。

教师总结：体现了法律是由国家强制力保证实施的，如果没有国家强制力作后盾，那么法律在许多方面就变得毫无意义；若违反法律的行为得不到惩罚，法律所体现的意志也就得不到贯彻和保障。

教师提问：无论是高级官员还是基层职员，只要违法犯罪都会被逮捕，说明法律具有怎样的特征？

学生活动：小组交流讨论周永康和刘某某的违法行为，教师给予指导，帮助学生解读分析案例。交流讨论过后小组派代表回答问题。

教师总结：任何人都没有超越法律的特权，不论职务高低、功劳大小，不论是高官还是普通百姓，只要触犯国家法律，都必须承担相应的法律责任，说明了法律对全体社会成员都具有普遍约束力。

设计意图：通过选取比较典型的法律案例，并通过深入分析案例，更加直观地帮助学生了解法律的另外两个特征。一方面，让学生深刻体会犯法一定会受到惩罚，增强学生的法治意识；另一方面，增强学生的守法护法观念，形成法律面前人人平等的觉悟。

（三）小结环节

这节课学习了法律的三个特征：①法律是由国家制定或认可的。②法律是由国家强制力保证实施的。③法律对全体社会成员具有普遍约束力。通过本节课的学习，希望同学们能够理解法律的特征，遵守法律，具有法治意识，做遵纪守法的好公民。

（四）课堂练习环节

经最高人民法院核准并下达死刑执行命令，对“级别最低、数额最大、手段最恶劣”的贪污案件的案犯罗某依法执行死刑。这一案例说明（C）。

A. 法律由国家制定或认可

B. 法律只对违法分子具有约束力

C. 法律靠国家强制力保证实施，具有强制性

D. 只有犯罪行为才承担法律责任

（五）布置作业环节

列举日常生活和学习中的相关规则，并分析这些规则哪些属于道德，哪些属于法律，哪些属于校纪校规。全班分组完成，并以对抗赛的形式分别罗列相关规则，最多、最全、最快、最准确的小组胜出。

六、板书设计

法律的特征
- 法律是由国家制定或认可的
- 法律是由国家强制力保证实施的
- 法律对全体社会成员具有普遍约束力

}遵纪守法的好公民

七、教学反思

在教案的设计方面，教学目标表述不全面，教学重点和难点把握不到位甚至偶有错误，导致整个课堂教学的安排出问题。在问题设计方面太宽泛、太死板，应该适当地给予学生思考的空间。在提问之前应该先给学生讲清楚有关知识点，这样学生学习起来才能更加容易、更加轻松。

在课堂教学中，对教学难点的把握不够准确。讲法律与道德和校规校纪的区别时花的时间较多，对前面几个重点知识讲得不够透彻、深入，课堂教学效果不太理想。在板书方面还应该多加练习，打好基本功。在讲授知识点的时候应该关注学生的反应，了解他们是否真的已经理解知识点，注重教学效果。

教育之路，道阻且长。只有提高自身的专业素质和专业知识水平，站在讲台上才能更加自信从容。

（吴祝燕）

“法律的特征” 教学设计 （二）

一、教学课题

“法律的特征”是人教版初中《道德与法治》七年级下册第四单元第九课第二框第一目的教学内容。

二、教学目标

1. 情感态度价值观目标

树立法制观念，增强法治意识和公民意识。

2. 能力目标

学会区分法律行为与道德行为，能够在生活中做出正确判断。

3. 知识目标

知道法律是由国家制定或认可，由国家强制力保证实施的一种特殊行为规范；理解我国公民在法律面前一律平等。

三、教学重点和难点

教学重点：法律的特征。

教学难点：法律对全体社会成员具有普遍约束力。

四、教学方法

讲授法、讨论法。

五、教学过程

（一）导入环节

师：我们的社会是一个法治社会，法律与我们的生活息息相关。俗话说：“无规矩不成方圆。”那么，你对法律了解多少呢？你知道法律的特征吗？本节课我们就一起来学习法律的特征。请同学们结合材料1，思考一个问题：在我国，法律是如何产生的？

（二）讲授新课环节

1. 法律是由国家制定或认可的（板书）

材料1 2019年3月15日，第十三届全国人民代表大会第二次会议通过了《中华人民共和国外商投资法》。

教师提问：在我国，法律是如何产生的？

教师归纳：法律是由国家制定或认可的。

（1）法律是由国家制定的，指特定国家机关按照法定程序，制定法律、修改或废止现有法律的活动。

制定程序：提出—审议—表决—公布。

（2）法律是由国家认可的，指特定国家机关根据实际需要，以一定形式赋予在社会上已经存在的某些习惯、道德规范等以法律效力的活动。

例如，我国把“常回家看看”纳入新修订的《中华人民共和国老年人权益保障法》。

那么，国家制定的法律要怎样才能保证得到实施？也就是说，国家法律要靠哪些力量来保证实施？（国家强制力）

2. 法律是由国家强制力保证实施的（板书）

（1）国家强制力主要包括军队、警察、法庭、监狱等。它的运用必须以合法为前提。

（2）其他行为规范主要依靠社会舆论、信念、习俗、教育和行政等力量保证实施。

（3）法律是由国家强制力保证实施的，这是法律区别于道德等行为规范的最主要特征。

3. 法律对全体社会成员具有普遍约束力（板书）

材料2 党的十八大以来，反腐成为新常态，“老虎”“苍蝇”一起打，“天网”行动追回外逃腐败分子800多名，周永康、徐才厚等高级领导干部纷纷落马。

材料3 某高中学生小李、小王因为厌学，沉迷于网络游戏。为了玩游戏，他们花光家里给的零用钱后，持刀抢劫他人钱财，触犯刑法，被人民法院判处有期徒刑两年。

思考：这些现象说明了什么？

教师归纳：法律对全体社会成员具有普遍约束力。公民在法律面前一律平等，任何人都无超越法律的特权。任何人无论职务高低、功劳大小，只要触碰了法律，都必须承担相应的法律责任。

学生思考并讨论：从产生方式、实施手段、调整对象和范围等方面，思考和讨论法律与道德、校纪校规有什么不同。

教师活动：教师引导学生思考并填写表格，帮助学生更全面地理解法律的特征。

类别	产生方式	实施手段	适用对象和范围
法律	由国家制定或认可	国家强制力	全国适用
道德	在社会生活中自然形成	舆论、信念、习俗	普遍适用
校纪校规	学校制定	教育、行政	在校师生

（三）小结环节

法律的特征有三个：第一，法律是由国家制定或认可的；第二，法律是由国家强制力保证实施的；第三，法律对全体社会成员具有普遍约束力。法律面前人人平等。我们要知法、守法、用法，自觉维护社会的公平正义，维护法律的尊严。

（四）课堂练习环节

略。

（五）布置作业环节

略。

六、板书设计

（一）法律的特征

1．法律是由国家制定或认可的

2．法律是由国家强制力保证实施的

3．法律对全体社会成员具有普遍约束力

七、教学反思

（1）教学设计要紧密联系学生的实际生活，法律知识要回归到现实生活中去。

（2）明确教学重点、难点，并在教学中坚持突出重点、突破难点。

（3）对知识目标要进行补充，如识记法律特征，要求学生记忆主要知识点。

（4）讲清“法律对全体社会成员具有普遍约束力”这一特征，需再补充一个普通的例子来说明，让学生明白法律的普遍约束力表现在哪里，知道法律规范着人们的行为——什么可做，什么不可做。此次教学未能突破难点。

（5）讲好法律的三个特征即可，在规定的时间内合理安排教学内容。

（6）要尽可能发挥学生的主体性与积极性，激发学生的学习热情，使课程更加生动、课堂气氛更加活跃。

（林玉珍）

“关爱他人是一门艺术”教学设计

一、教学课题

“关爱他人是一门艺术”是人教版初中《道德与法治》八年级上册第三单元第七课第一框第二目的教学内容。

二、教学目标

1. 情感态度价值观目标

感受关爱的力量，增强关爱他人的意识。

2. 能力目标

运用全面的、发展的观点分析如何关爱他人，提高辩证思维能力；提高学生关爱他人的能力。

3. 知识目标

懂得关爱他人要心怀善意、尽己所能，掌握关爱他人的策略和注意事项。

三、教学重点和难点

教学重点：关爱他人，要心怀善意；关爱他人，要尽己所能。

教学难点：关爱他人，要讲究策略。

四、教学方法

情境教学法、案例教学法和讲授法。

五、教学过程

（一）导入环节

师：同学们好！在上节课中，我们学习了什么是关爱及其重要性，接下来我们要学习如何去关爱他人。关爱他人需要学习吗？是的。它不是我们天生就具有的技能，而是一项需要通过学习才能掌握的艺术。关爱他人是一门艺术。只有通过学习，我们才能掌握关爱的要点和技巧，学会关爱他人。

设计意图：承上启下，回顾上节课学习的知识，并引出本节课的学习内容。

（二）讲授新课环节

1．关爱他人，要心怀善意

师：在上节课的学习中，我们了解到关爱就是关心和爱护。可见，关爱是建立在关心基础之上的，没有关心就没有关爱。同学们，是不是有了关心就肯定会有关爱啊？或者说，是不是所有的关心都是关爱？

展示台风动图。

师：广东潮州地区属于沿海地区，经历过多次台风侵袭。今年的超级台风“利奇马”可谓一匹真正的“烈马”，一路肆虐，所到之处无不风雨交加，甚至造成了严重的人员伤亡。人们纷纷关心灾区的情况。人们的关心都是一样的吗？

生：不是。

师：台风摧毁了许多居民楼的门窗，这时小偷“关心”起了受灾居民的住所，看看有什么值钱的物品遗漏，这种关心是关爱吗？

生：不是。

师：小偷的“关心”之所以不是关爱，是因为这种“关心”充满了恶意，它与“爱护”背道而驰。还有一种关心看起来像是很有善意，大家看一下它是不是关爱。一些商家留意到台风受灾地区物资短缺，连夜带着物资赶往灾区安置点“关心”当地居民，并高价兜售食品和生活用品，这种关心是关爱吗？

生：不是。

师：这些商家对当地居民的“爱护”，往往是出自推销产品的需要，而非出自真情实意，它不是关爱。可见，不管是恶意的关心，还是伪装成善意的关心，它们都不是关爱。关爱是建立在善意基础之上的关心。关心有很多种，只有善意的关心才是关爱。在台风救援前线的武警战士，将学校作为临时的休息场所，撤离时，将当地政府送过来的抗台风物资留给了孩子们。他们说：“在救援一线，食物尤其珍贵。我们没舍得吃完，留给孩子们。”这就是善意关心下的关爱行动。善意是关爱的基础，也是关爱的出发点，没有善意的关心就不可能有关爱。因此，关爱他人，我们要心怀善意。当他人遇到困难的时候，我们要在道义上给予支持，在物质上给予帮助，在精神上给予关怀。

设计意图：通过恶意关心、伪善关心的层层递进，引导学生思考什么样的关心才是关爱，从而归纳出关爱他人需要心怀善意这一动机。

2. **关爱他人，要尽己所能**

师：关爱他人需要心怀善意，这种善意不能只停留在想一想的层面，它还需要表现出来。例如，李明坐在公交车的座位上，当他看到有个挺着大肚子的孕妇站在旁边，心想："怀孕的准妈妈真是辛苦！要是有人给她让个座就好了。"然而他继续坐在座位上玩手机。同学们，李明对怀孕的准妈妈有没有善意？

根据学生的回答情况进行归纳引导，关键是回归到下面的知识点上来。

师：关爱不只是一种善良的心意，它也是一种行动，是尽己所能做出表现善良心意的行动。例如，2008 年 5 月 12 日，四川省汶川县发生里氏 8 级大地震。虽然这件事情已经过去了多年，但是有一件事情大家记忆犹新——一方有难，八方支援。全国人民心系四川灾区的人们，有钱出钱，有力出力，捐款捐物，帮助灾区重建。在面对灾难时，人们都在尽自己的能力去互相帮助、互相支持，共渡难关。人的能力、力量有大小，只要是尽自己的能力去关心爱护他人，这就是关爱。关爱他人要尽己所能。

设计意图：通过教师讲解，帮助学生理解关爱不在于大小，而在于尽自己的能力付出行动。

3. **关爱他人，要讲究策略**

师：某中学初二（3）班的月月同学，在不久前的期中考试中成绩下降了很多，她非常伤心。同学小雯看在眼里，急在心里，为了宽慰她，就偷偷在校园广播台为她点了一首歌，播音员在广播时把月月的情况也说了出来。出乎小雯意料，月月听了后不仅不领情，还很生气。同学们，如果你是月月，你会不会生气？

师：我们再来看另外一个例子。有一所中学对学生校园卡的消费大数据进行分析，每个月在食堂吃饭超过 60 次、一个月总消费不足 420 元的学生，被列为受资助对象，学生不需要公开贫困信息，不用参加贫困生评选，学校直接将补贴款打入学生饭卡，对贫困学生进行"隐性资助"。如果你是贫困生，你会怎么想呢？

师：在第一个案例中，小雯好意关心月月，但并没有取得预想的关爱效果。因为小雯没有顾及月月的感受，没有考虑到她的自尊心。在第二个案例中，这所中学就充分考虑到了贫困生的自尊心问题，从而以一种更加智慧的方式，让贫困生在保有尊严的情况下得到资助。这说明，我们关爱他人时，不仅要有善意，要尽己所能，还要________。

教师要引导学生回答"讲究策略"或"讲究方式方法"等答案。

师：同学们，关爱他人要讲究策略。策略是我们实现目标的方案、方法。为了达成“关心、爱护他人”的目标，我们需要考虑行动方案是否恰当。这种考虑有两个基点：一是从关爱对象方面去考虑，刚才的两个案例就属于这一方面；二是从关爱者自身的情况去考虑。

假设你遇到有人溺水的情况，你会怎么做呢？下面我们对一些施救方法进行判断，正确的打“√”，错误的打“×”。

①大声呼救找援手（√）

②悄悄走开（×）

③把竹竿递给溺水者（√）

④结成“人链”施救（×）

⑤寻找漂浮物扔给落水者（√）

⑥在不会游泳的情况下下水施救（×）

师：当遇到有人溺水的情况时，我们不能视而不见，而应该及时向溺水者伸出援手，否则会错过黄金抢救时间。同时，在施救之前，我们一定要有明智的判断——自己是否有能力下水施救。只有这样，我们才能在保护自己不受伤害的前提下采取理智的行动，既帮助了别人，又保护了自己。可见，关爱他人时，我们既要尊重他人的隐私，考虑他人的内心感受，也要从自身的实际出发，要有安全防范意识和自我保护意识。

设计意图：“讲究策略”主要涉及两点：一是要尊重被关爱者的隐私，二是要从关爱者的实际情况出发。从两个方面分别探讨关爱他人的策略和注意事项。

（三）小结环节

通过这节课的学习，我们知道了关爱他人需要心怀善意，需要尽己所能，需要讲究策略。关爱是上述三个要素的统一，它们缺一不可。关爱作为一种生活艺术，我们需要在生活中不断地学习、练习才能掌握它。最后，让我们观看一个视频——《小男孩的饭盒》，理解关爱是一门艺术。

视频中的小男孩家里贫困，有时在午间饭点时从书包里掏出的是空饭盒。他走出教室后，有同学注意到小男孩带来的是空饭盒，出于善意给他的盒子里悄悄装了自己带来的食物。虽然不多，但这是同学们所能够提供的帮助。同学们也很讲究关爱的策略，没有直接将食物给小男孩。

同学们，社会因为有关爱而变得温暖，关爱他人是我们每个个体应尽的社会责任。通过这节课的学习，希望大家今后更能心怀善意地关心他人，在尽己所能帮助他人的同时，能讲究关爱的策略与艺术，从而让我们这个社会更美好，让我们的人格更完美。

（四）课堂练习环节

略。

（五）布置作业环节

略。

六、板书设计

（二）关爱他人是一门艺术

1. 心怀善意

2. 尽己所能

3. 讲究策略

关爱他人＝心怀善意＋尽己所能＋讲究策略

（赵　倩）

“国家安全与我们息息相关” 教学设计 （一）

一、教学课题

“国家安全与我们息息相关”是人教版初中《道德与法治》八年级上册第四单元第九课第一框第一目的教学内容。

二、教学目标

1. 知识目标

了解国家安全的内涵，知道国家安全与我们息息相关，理解国家安全是国家生存与发展的重要保障。

2. 能力目标

提高自主学习能力、收集资料的能力及语言表达能力。

3. 情感态度价值观目标

热爱祖国，树立总体国家安全观，自觉维护国家安全。

三、教学重点和难点

国家安全是国家生存与发展的重要保障。

四、教学方法

讲授法、讨论法。

五、教学过程

（一）导入环节

师：在开始这节课前，我们先来回顾知识：国家的核心利益包括哪些？（复习课本内容）

生：国家的核心利益包括国家主权、国家安全、领土完整、国家统一、宪法确立的国家政治制度和社会大局稳定、经济社会可持续发展的基本保障。

师：我们上节课还学习了我们要坚持国家利益至上、树立维护国家利益意识、捍卫国家利益。其中国家安全是国家的核心利益，所以我们要维护国家安全。

师：那么，为什么要维护国家安全？维护国家安全有什么重要意义？我们这节课就来学习。请同学们翻开课本。

设计意图：温习导入，巩固上节课所学的知识，引出本节课内容。

（二）讲授新课环节

1．概念释疑

师：什么是国家安全？

国家安全是指国家政权、主权、统一和领土完整、人民福祉、经济社会可持续发展和国家其他重大利益相对处于没有危险和不受内外威胁的状态，以及保障可持续安全状态的能力。

2．回顾历史，放眼当下

自1840年鸦片战争爆发到1949年中华人民共和国成立的一百多年，中国长期遭受西方列强的野蛮侵略，国家主权和领土完整遭到严重破坏，中国人民经历了不堪回首的苦难。

中华人民共和国的成立，使中国人民成为国家、社会和自己命运的主人，实现了中国向人民民主专政制度的伟大跨越，实现了中国高度统一和各民族空前团结，彻底结束了中国半殖民地半封建社会的历史，彻底结束了一盘散沙的局面，彻底废除了外国列强强加给中国的不平等条约和帝国主义在中国的一切特权。

中华人民共和国成立后，我国各族人民在中国共产党的领导下，团结奋斗，顽强拼搏，使我国经济社会发生了翻天覆地的变化，人民生活水平不断提高，综合国力大幅提升。

教师展示历史图片：被迫签订《南京条约》，开放通商口岸、赔款、割地等——国家主权和领土完整遭到破坏；南京大屠杀，人民经历不堪回首的苦难等。

小组讨论：今昔对比，1840—1949 年与现在我国的生存发展状况分别是怎样的？发生了怎样的变化？（5 分钟）

师：请各小组派代表发言，首先说说 1840—1949 年我国的生存发展状况。

学生回答：当时我们国家受到外国列强的侵略，国家政权和主权受到威胁，国家的统一和领土完整遭到破坏，国家的生存受到了极大的挑战，更谈不上发展了。

师：请各小组派代表发言，说说我国现在的生存发展状况如何。

学生回答：现在我们国家的生存得到了保障，社会经济不断发展，国家越来越繁荣富强。我们国家取得了很多成就：政治上，建立了中华人民共和国，实现了政权稳定和社会稳定，是一个政治大国；经济上是世界第二大经济体，科技发展迅猛，如国产大飞机 C919、中国高铁、华为 5G 等产品的生产，综合国力不断增强；文化上，正在进行文化强国建设，走中华民族伟大复兴之路。

教师总结：国家安全是国家生存与发展的重要保障。我们国家的安全得到保障后，国家的生存和发展才能得到保障。

3．维护国家安全，我们应该怎么做

学生自由发言，利用课前收集的资料和课前的准备表达自己对本课相关内容的理解，并分享维护国家安全的具体做法和事例。

师：国家安全很重要，作为中学生，我们应当积极维护国家安全，维护国家安全是我们的义务。只有这样，国家才能更好地生存和发展，我们个人也才能更好地生存和发展。

设计意图：给学生表达自己观点的机会，锻炼学生收集资料的能力、语言表达能力等。

（三）小结环节

我们知道了国家安全的内涵，理解了国家安全对一个国家和民族的意义——国家安全是国家生存与发展的重要保障，我们要维护国家安全。

（四）课堂练习环节

略。

（五）布置作业环节

略。

六、板书设计

（一）国家安全与我们息息相关

1．国家安全是国家生存与发展的重要保障

（1）什么是国家安全？

（2）国家安全有保障，经济社会才能不断发展。

七、教学反思

这一课比较重要，直接影响学生对国家安全的认识和态度。因此，培养学生维护国家安全的意识，需要教师讲好，学生才能学好。上课时，要及时让学生温故知新，搭建起新旧知识联系的桥梁，梳理清楚新旧知识的关系。教师要向学生提出问题，启发学生思考，寻找问题答案，充分发挥学生在学习中的主体作用。本课教学设计在一遍又一遍的更改中不断完善，以期达到良好的教学效果。

（朱丽霞）

“国家安全与我们息息相关” 教学设计 （二）

一、教学课题

“国家安全与我们息息相关”是人教版初中《道德与法治》八年级上册第四单元第九课第一框第一目的教学内容。

二、课时安排

15 分钟。

三、教学目标

1. 知识目标

理解国家安全的重要性。

2. 能力目标

提升语言表达、分析、归纳等能力；促进学生的辩证思维和逻辑思维的发展。

3. 情感态度价值观目标

感受国家安全的重要性，树立国家安全观，提高维护国家安全的自觉性，形成维护国家安全的意识。

四、教学重点和难点

国家安全是国家生存与发展的重要保障。

五、教学方法

讲授法、讨论法。

六、教学过程

（一）导入环节（2 分钟）

师：同学们，上节课我们学习了国家利益的相关内容，知道了国家安全利益是国家的最高利益。同学们知道每年的 4 月 15 日是个特殊的日子吗？每年的 4 月 15 日是全民国家安全教育日。讲到国家安全，我们是幸运的，生活在和平与发展的时代。如果是生活在战争年代，国家安全都无法保障的社会里，人们的生活又会是什么样子呢？

学生思考并回答。

教师总结归纳学生的回答，进而引出课题。

师：同学们说得都对，在战争时期，国家不安全，人们的生活就会陷入苦难。因此，国家安全是国家生存与发展的重要保障。这节课我们就来学习这一内容。

设计意图：处在和平环境的学生往往感觉国家安全离自己很远，较难体会国家安全的重要性，所以由学生的感性认识切入主题。

（二）讲授新课环节（10 分钟）

图片展示和比较分析国家不同时期的生存发展状况：

教师展示鸦片战争、火烧圆明园等战争年代图片，以及中华人民共和国成立后的图片，如开国大典、国庆阅兵、中国航母、港珠澳大桥等和平年代图片。

学生活动：学生观看图片，加深对国家安全的理解。

设计意图：直观展示图片，通过对比，学生更能体会材料所蕴含的内容，从感性层面理解国家安全是国家生存与发展的重要保障。

教师对图片进行解释：我们先看鸦片战争、火烧圆明园、时局图这三张图片，在当时，我们国家面临列强的入侵，国家主权和领土完整遭到了破坏，国家的生存和发展受到极大的威胁，人们流离失所，生活困难。再看战争结束后，中华人民共和国成立的开国大典、和平年代的大阅兵、中国航母、港珠澳大桥这四张图，充分说明了中华人民共和国成立以后，国家安全了，国家主权和领土完整得到了保障，经济、社会也发展起来了。因此，国家安全是国家生存与发展的重要保障。

教师过渡：同学们带着图片带来的触动和感受，阅读下面这则材料，思考并讨论一个问题。

自1840年鸦片战争到1949年中华人民共和国成立的一百多年，中国长期遭受西方列强的野蛮侵略，国家主权和领土完整遭到严重破坏，中国人民经历了不堪回首的苦难。

中华人民共和国的成立，使中国人民成为国家、社会和自己命运的主人，实现了中国向人民民主制度的伟大跨越，实现了中国高度统一和各民族空前团结，彻底结束了中国半殖民地半封建社会的历史，废除了列强的不平等条约。

中华人民共和国成立后，我国各族人民在中国共产党的领导下，团结奋斗，顽强拼搏，使我国经济社会不断发展，人民生活水平不断提高，综合国力大幅提升。

教师提问：为什么说国家安全是国家生存与发展的重要保障?

学生思考并讨论。

教师归纳学生的回答，并进行分析和讲解。

师：鸦片战争时期，受西方列强的野蛮侵略，国家安全无法得到保障，国家主权和领土完整遭到严重破坏。正如我们前面所看到的图片，人民的生活苦不堪言，此时国家的生存都受到了极大的挑战，更谈不上发展了。中华人民共和国成立后，国家主权独立了，中国人民当家作主，实现了国家统一和领土完整，国家生存得到保障，经济社会不断发展，实现了繁荣富强。因此，国家安全是国家生存与发展的重要保障。如下图所示：

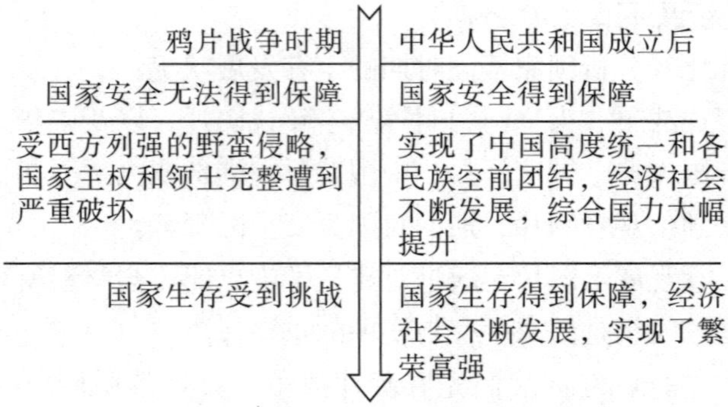

国家安全是国家生存与发展的重要保障

（三）小结环节（2分钟）

师：这节课我们通过一个假设的问题，设想国家安全无法保障的情境，引发大家的思考。再通过中华人民共和国成立前后对比的图片和材料，深入理解和学习本节课的知识点：国家安全是国家生存与发展的重要保障。从生存方面来说，当国家政权和主权由自己作主、实现国家统一和领土完整、国家安全有保障时，国家的生存才得以保障。从发展方面来说，国家安全有保障时，经济社会才能不断发展，从而更加繁荣富强。

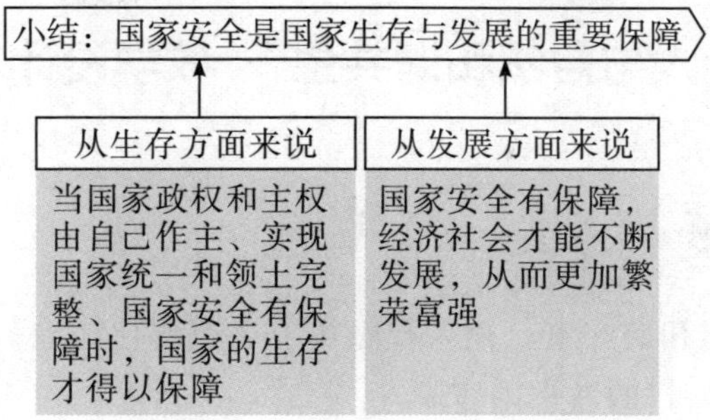

（四）课堂练习环节（1 分钟）

略。

（五）布置作业环节

略。

七、板书设计

（一）国家安全与我们息息相关

1. 国家安全是国家生存与发展的重要保障

（1）从生存方面来说

（2）从发展方面来说

八、教学反思

（一）不足要改进

创设情境时间过长，教学时会让学生不知所云。图片展示过程中，教学目标不够明确，有点偏离知识点。讲课时，未能将材料问题设置中的两个问题结合起来讲解。

（二）优点应保持

能够积极创设教学情境，引起学生的学习兴趣；能够选择各种材料，讲解时做到观点与材料相统一、理论与生活相统一。

（李思琴）

“坚持人与自然和谐共生” 教学设计 （一）

一、教学课题

“坚持人与自然和谐共生”是人教版初中《道德与法治》九年级上册第三单元第六课第二框第一目的教学内容。

二、教学目标

1. 知识目标

（1）了解生态文明、资源环境承载能力的概念。

（2）理解人与自然和谐共生的含义。

2. 能力目标

（1）增强环境保护的意识和能力。

（2）学会与自然和谐共生，积极参与生态文明建设。

3. 情感态度价值观目标

（1）感受环境污染对人类的危害。

（2）形成爱护环境、尊重自然、促进可持续发展的意识。

三、教学重点和难点

教学重点：人与自然和谐发展。

教学难点：资源环境承载能力的概念。

四、教学方法和学习方法

教学方法：讲授法、演示法。

学习方法：讨论法、分析归纳法。

五、教学过程

（一）导入环节

教师活动：展示当今蓝天白云下的伦敦桥图片，让同学们猜一猜这是哪里。

学生活动：学生观看环境优美的伦敦桥图片，感受优良环境下人类的美好生活。

教师讲解：同学们真聪明，一下子就看出这里是英国伦敦。大家觉得伦敦的环境怎么样？是不是环境优美，空气清新呢？但是，1952 年的伦敦环境与现在是天差地别，当时的伦敦空气质量堪忧，甚至出现了“杀人雾事件”。下面老师就来为大家回放一下，让我们回到 1952 年，去看看当时的伦敦是怎样的。

（二）讲授新课环节

1．破坏环境的后果

教师活动：展示伦敦“杀人雾事件”的工业背景。

1952 年 12 月 5 日开始，一场大雾在英国伦敦持续了 5 天。当时伦敦冬季多使用燃煤采暖，市区还有许多以煤为主要能源的火力发电站。煤炭燃烧产生的污染物在城市上空蓄积，整个伦敦城笼罩在烟尘煤气中。据英国官方统计，在大雾持续的 5 天里，死亡者多达 4 000 人。在大雾过去的两个月内，陆续又有 8 000 多人因毒雾死亡。英国媒体将这次污染事件称为“杀人雾事件”。

教师提问：造成这场灾难的真正原因是什么？

学生活动：同学之间相互交流，并归纳伦敦“杀人雾事件”的真正原因。学生总结得出造成伦敦“杀人雾事件”的主要原因有两个：①工业生产方面，在市区建设火力发电站，导致市区上空污染物积聚；②日常生活方面，煤炭燃烧取暖产生大量烟尘污染。

教师讲解：1952 年的伦敦，空气受到污染，环境遭到破坏，造成了 12 000 多人死亡。由此可见，破坏环境的后果是很可怕的，环境污染对人们的健康危害极大。因此，我们要保护环境。

探究问题：为了保护环境就应该停止人类社会的发展吗？

教师活动：教师向同学们提出一个问题：伦敦“杀人雾事件”是因为工业的快速发展和人类自身利益（冬季取暖）而破坏了环境，那么我们要为了保护环境而停止人类社会的发展吗？请同学们分小组进行讨论。

学生活动：展开讨论。

教师点评并总结：人类不应该为了保护环境而停止发展，而应该努力做到人与自然和谐共生。环境遭到破坏，主要是人类在谋求发展过程中对环境的索取超过了资源环境的承受能力。

教师活动：“资源环境承载能力”的木桶演示。

教师讲解：资源环境承载能力是指在一定的时期和一定的区域范围内，在维持区域资源结构符合持续发展需要、区域环境功能仍能具有维持其稳态效应能力的条件下，区域资源环境系统所能承受人类各种社会经济活动的能力。伦敦“杀人雾事件”的发生正是因为人类不合理使用能源，超过了资源环境承载能力，人类的活动违背了自然规律。

教师活动：为了更好地理解这个概念，教师展示一个由许多长短不一的木块构成的木桶，每块木板代表不同的自然资源，如“水资源”“矿产资源”“土地资源”“大气资源”等。在高于木桶最短板的地方画一条分界线，假设这条分界线为“资源环境承载能力”，这块木桶最短板为伦敦“杀人雾事件”中的“空气资源”。教师请一位同学上来试着倒水进入木桶，由于木桶最短板“空气资源”低于分界线高度（即低于“资源环境承载能力”），所以这块木桶只能盛较少的水。这一演示让学生不仅直观认识了“资源环境承载能力”的概念，还认识到：我们不用为了保护环境而停止人类世界的发展，而是应该在资源环境承载能力的范围内发展。

教师总结：在人类社会的发展过程中，不能为了保护环境而完全停止发展，而是应该在资源环境承载能力的范围内谋求人与自然和谐发展。保护环境不等于不发展，而是要人与自然共同发展。

学生活动：观看教师的演示，聆听教师演示时对“资源环境承载力”的讲解。

2. 可持续发展是人与自然和谐发展的目标

教师活动：展示《清洁空气法》。

在伦敦“杀人雾事件”之后，英国走上了现代意义上的空气污染治理之路。1956 年，英国出台了世界上第一部空气污染防治法——《清洁空气法》。此后，英国又出台了一系列空气污染防控法律，加大控制空气污染的力度。伦敦逐渐告别烟雾，摘掉了“雾都”的帽子。

教师展示《清洁空气法》中的相关内容，并且插入图片展示“杀人雾事件”发生时能见度低、天灰蒙蒙的伦敦，以及如今蓝天白云、空气清新、经济依然得到发展的伦敦，进行对比。

教师提问：伦敦治理空气污染的经验，对我们保护环境有什么启发？

学生活动：小组讨论后，回答问题。

教师活动：通过学生们的答案，归纳结论——人类社会在发展的同时，也要与自然和谐发展。

（三）小结环节

同学们，今天通过伦敦“杀人雾事件”，我们学到了三点知识：①我们不能随意破坏环境，不能因为经济发展和人类自身利益而超出资源环境承载力。②不破坏环境不代表不发展、不开发资源，而是要在资源环境承载力的范围内合理利用资源。③人类社会在发展的同时，要与自然和谐发展。

（四）课堂练习环节

略。

（五）布置作业环节

略。

六、板书设计

（一）坚持人与自然和谐共生

1. 环境破坏对人类会产生巨大危害
2. 要在资源环境承载能力的范围内合理发展
3. 人与自然要和谐发展

（李 真）

“坚持人与自然和谐共生” 教学设计 （二）

一、教学课题

“坚持人与自然和谐共生”是人教版初中《道德与法治》九年级上册第三单元第六课第二框第一目的教学内容。

二、教学目标

1. **情感态度价值观目标**

体会生态环境与人类生存之间的关系，形成爱护环境、尊重自然的意识。

2. **能力目标**

掌握爱护环境的基本方法，进一步提高参与生态文明建设的能力。

3. **知识目标**

了解生态文明的概念；理解建设生态文明要以资源环境承载能力为基础，以自然规律为准则，以可持续发展、人与自然和谐共生为目标。

三、教学重点和难点

理解建设生态文明要以资源环境承载能力为基础，以自然规律为准则，以可持续发展、人与自然和谐共生为目标。

四、教学方法

讲授法、案例分析法。

五、教学过程

（一）导入环节

播放视频：内容为427米高空拍摄重度污染下的北京。

教师提问：根据视频，描述一下重度污染下的北京是什么样子的。

学生观看视频并回答问题。

师：重度污染下的北京，城市被雾霾笼罩，能见度很低；蓝天与雾霾之间界线分明，地上的人只能看到灰蒙蒙的天；中小学停课；空气中PM2.5（空气中直径小于2.5mm的悬浮物）浓度高，人们不敢轻易外出活动……同学们刚刚的回答其实反映的是首都北京生态环境系统所面临的最严重危机——雾霾。有报告显示，2015年北京一年中有大约2/3的日子都是雾霾天，其中又有大约1/5的日子为重度雾霾天。可见，北京的雾霾已经达到十分严重的地步。针对近年来的雾霾围城问题，人们也在思考：雾霾从哪来？又该怎么治理呢？

设计意图：通过观看视频，吸引学生注意力，让学生敢于、善于表达，发表不同看法，打开课堂局面。

（二）讲授新课环节

师：我们来阅读一则材料，看一看北京的雾霾究竟从哪里来。

北京作为我国的政治、文化中心，近年来却饱受雾霾围城的困扰。有专家表示，北京雾霾的形成原因是多方面的：第一，京津冀地区作为我国北方的重工业区，每年的工业生产都向周围的大气层排入大量的工业废气。第二，北京的机动车数量庞大，内燃机产生的氮氧化合物、碳氢化合物、一氧化碳等有害气体也是形成雾霾的重要来源。第三，北京近几十年来城市建设发展迅速，高楼大厦越建越高、越建越密，阻挡和摩擦作用使风流经城区时明显减弱，水平方向静风现象增多，不利于大气污染物扩散、稀释，却容易在城区和近郊周边积聚。第四，燃煤取暖，排放废气。我国北方到了冬季，就会燃烧煤炭进行集中采暖，而大量燃烧煤炭，加上排放处理不达标，导致空气中的燃煤烟尘量非常大，煤的燃烧还会产生大量的有害气体二氧化硫。

教师提问：根据材料，简要说明一下北京雾霾形成的原因。

学生回答。

师：谢谢××同学的回答，总结得很到位。其实，无论是工业废气、汽车尾气还是燃煤产生的烟尘，都可以归为大气污染。大量的有害气体被排入北京上空的大气层中，严重超出了大气层中所能容纳和消化有害气体的最大值，再加上高密度的城市建筑物阻挡了风流，使大量的大气污染物积聚，由此形成了雾霾。

师：雾霾危机从侧面反映了我们国家近几十年来因为片面追求经济发展而引发的生态环境问题。雾霾问题只是这些生态环境问题中的一小部分。针对近年来日益严重的生态环境问题，党的十七大首次提出了要建设生态文明。那么，什么是生态文明？接下来，我们来简单了解一下生态文明的内涵。

师：生态文明是工业文明之后的文明形态，是人类文明发展的一个新的阶段。简单来说，生态文明就是追求人与自然、人与人、人与社会和谐共生、良性循环、全面发展、持续繁荣的社会形态。它的根本宗旨是实现人与自然和谐发展。

师：我们已经简单了解了生态文明的内涵。接下来，我们结合北京雾霾形成原因的案例一起来分析应该如何建设生态文明，实现人与自然的和谐发展。

师：首先，北京作为一个区域生态环境系统，其资源环境承载能力是有限的。大量的工业废气、汽车尾气等污染气体排入北京上空的大气层中，远远超出了大气层的自净能力，导致北京的生态环境系统负载过重，最终形成雾霾。这就要求我们建设生态文明要以资源环境承载能力为基础，对资源环境的利用不能超出当地的资源环境承载能力。其次，对于北京当地的生态环境系统，人为因素干预过多，表现为城市建筑用地过多，缩小了城市绿化用地，城市绿化面积小，植被覆盖率低。同时，建筑群越来越密、越建越高，降低了城市的通风、自净能力，又加剧了在低风速条件下城市的空气污染和热岛效应，使大量的大气污染物积聚。我们在建设生态文明时，一定要以自然规律为准则，经济发展不能够违背事物发展的规律。最后，京津冀地区最初为了大力发展区域经济，规划了许多高污染的重工业区，又在冬季集中燃煤供暖，虽然满足了一时的经济发展和供暖需求，却严重破坏了当地的生态环境系统，最终引发雾霾危机，这些行为都与可持续发展、人与自然和谐共生的目标相悖。因此，要实现人与自然和谐发展，建设生态文明，必须以资源环境承载能力为基础，以自然规律为准则，以可持续发展、人与自然和谐共生为目标。

（三）小结环节

教师总结：生态兴则文明兴，生态衰则文明衰。生态文明作为一种新型的社会文明形态，既是人类的共识，也是时代的选择；既要金山银山，也要绿水青山。让我们一起建设美丽中国，实现人与自然和谐发展。

设计意图：总结课堂内容，对课堂内容进行升华。

（四）课堂练习环节

雾霾天气的出现与空气中的PM2.5增多有关。下列行为有利于减少雾霾天气的是（A）。

①植树造林，尊重自然　　②绿色出行，减少排放

③公布 PM2.5 检测数据　　④节能减排，净化空气

A. ①②④　B. ①②③　C. ①③④　D. ②③④

设计意图：通过练习及时巩固所学知识，查漏补缺。

（五）布置作业环节

完成练习册相关习题，并预习下节课的内容。

六、板书设计

（一）坚持人与自然和谐共生

1. 建设生态文明

2. 实现人与自然和谐发展

（1）资源环境承载能力是基础。

（2）自然规律是准则。

（3）可持续发展、人与自然和谐共生是目标。

（黄思敏）

下编

中学政治课说课稿选编

第四章 说课的基本理论

近20年来，伴随着思想政治课程改革的不断深入，说课已成为教师的一项基本功。在日常教学实践（尤其是集体备课、教学研究、同行交流）中，越来越多的学校采用说课的方式。与此同时，在教师聘用竞选中，说课也扮演着越来越重要的角色。基础教育课程改革的实践表明，开展说课活动能积极调动教师投身到教学改革中去，促使教师主动学习教育教学理论、钻研课程标准和教材。同时，说课有利于提高课堂教学效果，有利于提高教师的专业素质和教师专业化发展，从而培养和造就一批研究型、学者型教师。

一、何谓说课

一般而言，说课主要是指任课教师以语言为主要表述工具，在备课的基础上，面对同行、专家，系统而概括地解说自己对具体课程的理解，阐述自己的教学观点，表述自己具体执教某课题的教学设想、方法、策略以及组织教学的理论依据等的过程。简单来说，说课就是教师对课程的理解、对备课的解说、对上课的反思。

说课在学校教育教学活动中运用得比较普遍，主要有教研活动中的说课、公开课的说课等。在中小学校进行教研活动的过程中，同一学科的教师或专家一起参与备课时通常会采用说课这种形式。它往往有专家或领导的参与，由任课教师在备课的基础上，系统而概括地解说自己对具体课程的理解和所作的教学设计及其理论依据，然后大家一起进行评说。这种说课主要是以教学研究为主，通过说课来加深对教材知识的理解，把握教学目标，从而形成科学的教学方案。

说课也常常在公开课上使用，以及在考核或聘用教师的时候使用。在这种场合下进行的说课，主要是由授课教师运用系统论的观点和方法，在特定场合说说针对某一教学课题打算怎样教，以及为什么这样教。这种说课有点类似于教学分析，主要阐述讲课者对所授课题的设计与分析。

简而言之，说课就是教师针对某一观点、问题或具体课题，口头表述其教学设想及其理论依据的过程。说课的重点就在于，针对所教的课题和内容，教师要表达出自己是怎样教的，以及为什么要这样教。因此，说课要求教师做到“知其然，知其所以然”。教师不仅要知道自己是怎样教学生的，还要知道自己为什么要这样教、学生为什么要这样学。教师必须具备一定的教育教学理论知识、心理学知识和学科专业知识，才能达到说课“知其然，知其所以然”的要求。

说课既是对教师素质的更高要求，又是教师专业素养的综合表现。首先是说课的“说”。教师的说课是在“理解”意义上的“说”，它立足于教师对教学内容的理解、对教学思想和教学理论的理解与对学生的理解，三者缺一不可。其次是说课的“课”。作为课程文本的“课”，它是一门课程中的具体教学内容，对于教师的理解和学生的理解来说，它是客观的。但是说课是教师对课程理解的阐述，是教师对课程内容的理解，这种理解是“教师理解中的课”，是课程内容与教师知识和经验的融合，带有教师的个人主观色彩。说课作为教师的一种课程理解方式，它对于教师教学技能的提升、教学经验的分享、课程观念的更新、知识体系的重组、教学评价理论的建构等，都有着非常重要的意义。因此，说课不仅有助于教师专业化发展和成长，还能够很好地培养教师的课程意识、实践意识和反思意识。

二、说课的主要内容与基本方法

在我国学校教育教学实践过程中，说课已经成为学校交流、教师研讨、课题研究等教育活动的一种常见方式。于是，在教师研究、交流和讨论课题的过程中，自然而然形成了一整套说课时的话语体系。目前说课较为通行的一套话语体系包括如下几个项目：说教材、说学情、说教学目标、说教学重点和难点、说教法、说学法、说教学设计等。

这套说课的话语体系要求教师通过说课，不仅要说清楚教师教什么、如何教和为什么要这样教，还要说清楚学生学什么、如何学和为什么要这样学。教师说课时，不仅要考虑一堂课教师与学生、教与学等各个要素和各个环节之间的关系，还要考虑这些要素之间是如何联系、如何协同、如何相互作用的。教师通过说课，要阐明自己是如何把教与学的诸多因素有机整合在一起的。通过说课，我们可以明确教师是如何追求教学设计系统的整体优化过程，教师教学如何实现教学内容、教学对象、教学方法和教学理论相互融合，从而实现教学目标的。

（一）说教材

所谓说教材，就是说清楚教学内容在教材章节乃至整个教材体系中所处的地位及知识点之间的相互联系。具体来说，说教材主要包括两个方面：一要结合课程标准和教材内容说清楚教学的主要内容和知识点之间的相互关系；二要说明教学重点、教学难点的确定及其原因。教师说教材时，要把握两点：一是确定学习内容的范围与深度，明确教什么和学什么；二是揭示教学内容与学生的知识和技能之间的相互关系，为教学设计和安排奠定基础，知道如何教，明白学生应该如何学。

教师在撰写说课稿或进行说课时，可以围绕以下三个方面来进行教材分析：

（1）说教材的地位及其作用。首先，要说明课程标准对所教内容的要求。脱离课程标准的说课，就会变成无根之木、无源之水，泛泛而谈，给人一种虚无缥缈的感觉。其次，说教材还要说明所教的内容与框、目及课题之间的关系，表明教学内容在单元乃至整套教材中的地位、作用和意义。最后，说教材也可以根据具体情况，说明教材编写的思路与结构特点等。

（2）说教学目标。一说目标的完整性，教学目标应该包括知识目标、能力目标和情感态度价值观目标；二说目标的可行性，即教学目标要符合课程标准的要求，切合学生的实际；三说目标的可操作性，即教学目标要求具体、明确，能直接用来指导、评价和检查学生的学习，反馈课堂教学的效果。

（3）说教学重点和难点。首先，要明确教学重点是什么、难点是什么。其次，要说清楚为什么确定这些内容是教学重点和难点，教师的依据是什么。在教学中，教学重点和难点不仅可以是知识点，也可以是培养能力或培养情感态度价值观等方面的难点。教学内容无论是涉及知识目标还是能力目标，或是情感态度价值观目标，它们都可以是教学重点或教学难点，关键在于教师要能够说清楚为什么将其确定为重点和难点，并且要说明教学时将会如何突出重点、突破难点。

（二）说学情

说学情就是分析教学对象，清楚学生的学习情况、身心发展的特点等。因为学生是学习的主体，所以教师说课时必须说清楚学生的基本情况。说学情的内容主要包括：

（1）说学生的知识经验。教师要说明学生学习新知识前他们所具有的基础知识和生活经验，阐明学生已有的知识经验会对学习新知识产生怎样的影响。

（2）说学生的技能态度。教师要能够分析学生掌握学习内容所必须具备的学习方法、学习技巧，以及是否具备学习新知识所必须掌握的技能和态度等。

（3）说学生的个性特点与学习方式。主要说明学生的年龄特点、心理特点、思维特点等，表明由于身体和心智上的个别差异所形成的不同学习方式与教学的相互关系，尤其要说明学生的身心发展特点对学生学习所产生的主要影响在哪里。

（三）说教学方法

说教学方法，主要包括说教法和说学法。教师要根据教材特点和学生学习特点、实际学习能力状况等，阐明教师选用什么样的教法和学生采取什么样的学法，以及采用这些教法和学法的教育教学理论依据是什么。教师在说课时，要结合课程特点、学生情况等，说明在教学中将采用或已运用的教法及学法，以及两者是如何相互促进的。为了更好地说清楚教学方法，教师可以举例说明所选用的教法与学法分别是什么，为什么说教法与学法相结合既符合教材内容，又贴近学生实际。

一般而言，说教学方法时，可以围绕以下两个方面来进行：

（1）说教法与学法的组合及其理论依据。首先，要说明教法与学法的组合是有理论依据的。其次，要说明教法与学法组合中师生各自的教学活动是否体现了教学最优化原则。教学过程是教与学的统一过程，这个过程必须是教法和学法同步的过程。因此，教师在说课时一定要阐明自己是怎样依据学生的学习特点来选择合适的教学方法，从而实现教法与学法的有机结合。当然，教师说教法与学法的组合依据时，也可以从教学目标、教材内容、学生的知识基础与年龄特征、教师的自身特点以及学校设备条件等方面加以说明。此外，一般一节课的课堂教学主要以一至两种教学方法为主，再穿插利用其他教法和学法。教师在说课时，重点说明主要采用的教法和学法即可。

（2）说学习方法的组合及其理论依据。主要从学生的角度来说明教师是如何选择和组合学习方法的，以及为什么这样选择和组合，突出教师的教学设计是以学生为本、以学生发展为本，注重方法的获得和运用，以培养和提高学生的学习能力。例如，利用维果斯基的最近发展区来解释学习方法的选择是建立在学生已有的知识和经验基础上的。

（四）说教学过程

说教学过程，就是围绕课堂教学，教师阐明自己的教学设计思路，包括主要的教学活动安排和具体的操作流程等。教师在说教学过程时，要重点说明课堂教学活动是如何开始的，教师又是如何展开和推进课堂教学的，以及如何结束的，同时要说清楚教师的设计意图，说明教师为何要做出这样的教学设计和教学安排。

教师在说教学过程时，主要是概述课堂教学过程的总体设计，这应该是说课的重点部分。因为只有通过说教学过程，才能了解说课者独具匠心的教学安排，才能反映出教师是如何把教学思想、教学内容、学生情况、教学方法，学习方法和教师个人的教学风格科学地整合在一起；也只有通过对教学过程设计的阐述，才能看到教学安排是否合理、科学，能否实现教学目标等。因此，说教学过程这个环节，教师主要应说清如何有效利用教材，结合教学方法，构建突出重点、突破难点的课堂教学结构。在这一环节中，教师通常可以围绕以下四个方面来进行说课：

（1）教师要说教学思路的设计及其理论依据。教学思路主要包括各个教学环节的顺序安排及师生双边活动的安排。教学思路要层次分明，富有启发性，能体现教师的主导作用和学生的主体地位，还要说明教学思路设计的理论依据。

（2）教师要说教学重点、难点的处理。教师高超的教学技艺体现在突出重点、突破难点上。这也是教师在教学活动中投入精力最大、付出劳动最多的地方，是教师教育教学理念的具体表达和集中体现，是展现教师学科专业水平的重要环节。因此，教师在说课时，必须重点说明如何突出教学重点，突破教学难点的教学策略。同时，教师可以从知识结构、教学要素的优化、习题的选择和思维训练、教学方法的选用等方面，去说明突出教学重点或突破难点的步骤、方法及预期目标。

（3）教师要说明教学环节的时间分配。教师要联系教材内容、学生实际和教学方法等，说出各个教学环节的时间安排及其依据。特别要说明一节课里最佳时间段（20~25 分钟）和黄金时间段（15 分钟）教师是怎样利用的，从而突出教师在教学时间安排上的计划性、科学性和高效率。

（4）教师简要说明板书设计及其主要依据。例如，板书的类型是什么，什么时候板书，板书的具体内容是什么，如何呈现出板书，等等。教师的板书设计要注意知识的科学性、系统性与简洁性，文字表达要准确，并要说明为什么要这样设计板书，可以依据教学内容、教学方法、教师本身特点等加以说明和解释。

（五）说教学效果的预测或说教学反思

当教师在课前向他人进行说课时，可以说教学效果的预测，这表明教师在课前以及备课时，已经对学生在知识、能力、情感态度价值观等方面进行了较为全面和深入的思考，甚至对学生在思想品德、身心健康发展等方面做出了具体的、可能的预测。同时，教师预测教学效果时，主要是表明如何达成教学目标，它既是教师对学生的期望，又是教师为了实现教学目标的一种自我期许。

当教师在课后向同行或专家进行说课时，需要进行教学反思，尤其是教师上完公开课后。因此，说教学反思主要是教师对已经结束的课堂教学进行全面而深入的自我评价，可以从教学目标是否达成、教学效果如何、课堂教学过程中师生的具体表现等方面进行反思。说课时的教学反思有利于教师个人的专业化成长，增强教师的教学设计能力，提升教师的课堂教学掌控能力。

当教师在撰写说课稿时，可参考下面常见的说课稿格式：

“××××”说课稿

一、说教材

二、说学情

三、说教学目标

四、说教学重点和难点

五、说教学方法（或说教法和学法）

六、说教学设计（或说教学过程）

七、说板书设计

八、说教学反思（一般可省略）

三、说课怎么说——以讨论法为例

简单来说，说课大致可以分三步走：第一步，点明课题，进行教学内容分析和学情分析。第二步，阐明教学目标、教学重点和难点、教学方法，以及学习方法的确定与选择的理论依据。第三步，展现课堂教学过程的整体设计，包括“准备—实施—目标达成”的完整过程。根据说课的三个步骤，教师在说课时，首先说教学内容分析和学情分析，并在此基础上确定教学目标、教学重点和难点；其次说教法和学法，阐明教学方法的选择和运用的理论依据、学习方法指导等；最后说教学过程（或教学流程）的设计。例如，五环节教学法包括导入、讲授新课、小结、练习、作业等。

说课的核心在于说清楚教师为什么这样教、学生为什么这样学。因此，说课时教师必须要运用教育教学理论来解释教师的教学设计和教学行为，运用学习心理学或教育心理学等理论来解释学生的思想和行为。教师不仅要明确自己教什么、学生学什么，还要清楚为什么。教师不仅要明确教学目标，知道学生需要达到什么样的学习目标，更要清楚如何带领学生达成教学目标。如果说备课只是教师如何上课的一种教学方案，那么说课就是要教师对自己所制订的教学方案进行理论支撑和证明，说明自己这样上课的理由和依据。下面以讨论法为例，看看说课时教师可以如何说教学方法。

当教师决定采用讨论法时，必须要思考并能够明了以下几个问题：为什么需要讨论？讨论的理论基础是什么？讨论对于学生的思想品德养成有什么作用？讨论题是什么？为什么要选择这个讨论题？通过讨论，要达到什么样的教学目标？

首先，在组织讨论前，教师要清楚讨论所要达到的预期目标。一般来说，讨论法要达到的目标可分为两类：一是学术目标，是指让学生通过小组团队的分工合作、相互依赖、相互鼓励，共同完成学习任务，实现学习目标，从而激发个体的学习愿望，体验学习的乐趣。二是社交技巧目标，这类目标是加强学习过程中学生之间的合作，培养学生表达、沟通、交流、分享等的社交技巧，还有培养学生独立思考和解决问题的技巧等。因此，讨论法有其自身的教学目标，主要包括培养学生的批判性思维，培养学生具有集思广益的能力和良好的语言表达能力等。

其次，教师要结合课题和讨论题，说明选择讨论法的理论基础。例如，当教师采用讨论法讲授七年级《道德与法治》中的“美好集体是善于合作的”这一知识点时，就可以选择马斯洛需要层次理论来说明和解释自己为什么采用讨论法。马斯洛需要层次理论认为，人们都有生理需要、安全需要、交往需要、爱与归属的需要、尊重需要和自我实现的需要等。这些需要是人们在社会生活中普遍存在的心理需要。哥拉斯曾说过：“我们都被潜伏于基因中的四种心理需要所驱动，它们是归属的需要、力量的需要、自由的需要和快乐的需要。”教师可以利用马斯洛需要层次理论阐明讨论的意义和价值，指出学生生活在班集体中，课堂讨论正好满足了学生在班集体中的安全需要、交往需要、尊重需要、归属需要和自我实现需要等。教师要善于运用教育教学理论和心理学理论来解释自己的教学行为，从而形成个人的教育思想，使自己的教学变得更有目的、更有计划，且更为科学。

最后，教师要清楚如何选择讨论题、为什么这样选择。一般情况下，讨论内容选取的原则应着眼于学生的生活基础，以能挑战学生的智慧、有效引导学生积极探索、激发学生学习的欲望为目的。比较适合讨论的课题包括容易出现意见分歧的内容，方法不确定、答案不唯一的开放性内容，个人无法单独完成的复杂内容等。例如，当教师讲“做一个诚信的人”一课时，就可以设计这样的讨论题：“人们在什么情况下最容易背弃诚信原则?”那么，教师应该怎样来解释自己为什么要设计这个讨论题呢？可以从以下几个方面深入阐明自己的设计意图：①这个讨论题不仅切合学生的生活实际，还能够引起学生的认知冲突——诚信原则在现实生活中被人们违背了。②教师可以引用瑞士著名心理学家皮亚杰的理论来解释。皮亚杰认为，社会经验知识包括语言、价值观、规则、道德和符号系统等，只有在与他人的相互作用中才能习得。诚信原则也是如此。因此，只要教师清楚道德教育理论，就会从学生的道德养成教育角度和认知发展角度来深入解释自己的设计与选择，从而充分显示出教师的理论素养和专业功底。

当然，讨论法的采用涉及不同主题时可以有不同的理论解释，教师应该充分意识到讨论法本身是开放性的，不可能用单一的理论去解释教师教学中运用的所有讨论法。例如，从社会学角度来看，讨论法使所有人聚集在一起为了一个共同的目标而工作时，靠的是相互团结的力量。讨论小组成员之间的相互依靠为个人提供了动力，使他们互勉、互助、互爱。在学校教育中，无论是初中的“道德与法治”课程还是高中的“思想政治”课程，不少内容都是需要学生共同讨论、一起合作探究完成教学任务的。当遇到这种类型的课题时，教师就可以从社会学角度来解释讨论法。

总之，教学有法而无定法。说课不仅需要教师能够说清楚“教学有法”，阐明教学的原则、规律、方法、理论等。还需要教师充分理解和说明“教无定法”，去阐明课的特点、学生的特点、教学的独特性，从而充分彰显教师个人所具有的独特的教育教学风格。

第五章　高中《思想政治》说课稿选编

“创新推动社会生产力的发展” 说课稿（一）

一、说教材

本课是人教版高中《思想政治》必修4《生活与哲学》第三单元第十课第二框第一目“创新推动社会生产力的发展”。在此之前，学生已经学习了辩证否定观及辩证法的革命批判精神，为本次课的学习起到了铺垫的作用。承接上一框的学习内容，这一目将进一步了解创新与社会进步的关系，从实践层面上解释创新意识对社会发展的具体作用，说明树立创新意识是唯物辩证法的要求。本课的学习是对前面所学知识的总结、提升。

本课从社会生产力的角度进行切入，其内容的逻辑结构是：创新推动科学技术的进步—创新更新了人们的生产工具，促进了生产技术的进步—创新提高了劳动者的素质—创新开辟了更广阔的劳动对象—创新推动了社会生产力的发展。

二、说学情

教师不仅要对教材进行分析，还要对学生的情况有清晰明了的掌握，这样才能做到因材施教、有的放矢。高中生的抽象思维、逻辑思维发展达到了新的水平，思维具有更高的抽象性和概括性。他们能够用理论作指导，综合分析各种材料，不断加深对事物发展规律的认识。到了高二年级，这种理论型思维发展趋于成熟并基本定型。高中生虽然理论思维趋于优势地位，但是并非达到完美的程度。他们一般不盲从，喜欢探究事物的本质，敢于大胆发表自己的见解，喜欢怀疑、争论，但有时会走极端，容易产生片面性、主观性的想法，从而出现肯定一切或否定一切的倾向。

另外，从知识基础来说，学生通过辩证否定观的学习已经掌握创新的相关知识，有利于本课的教学。从思想方面来说，学生已经掌握唯物辩证法的基本理论知识，具备辩证看待事物的思想基础。结合本课在实践层面上的讲解，可以达到理论与实际具体的、历史的统一。因此，在教学中要结合具体事例，把握时代性，立足于学生现实的生活经验，把理论观点的阐述寓于实际的学生生活之中，搭建学科知识与生活经验相连接的桥梁，力求使学生在积极、愉快的课堂氛围中提高自己的认识水平。

三、说教学目标

根据以上对教材和学情的分析，制定了以下教学目标：

1. 知识目标

（1）理解科学技术的进步与创新的关系。

（2）掌握创新推动社会生产力发展的四个具体表现，理解创新推动社会生产力的发展。

2. 能力目标

（1）培养学生用创新的知识认识和分析事物的能力，使学生在分析材料的过程中逐渐形成具有革命精神的批判能力和创新能力。

（2）通过组织学生开展小组合作探究，培养学生沟通协作的能力和理论联系实际的能力。

3. 情感态度价值观目标

（1）体会创新是民族进步的灵魂，是社会主义事业不断取得进步的关键，牢固树立创新意识，养成积极创新的个性品质。

（2）培养学生敢于破除落后思想观念，以及勇于突破陈规陋习、注重研究新情况、善于提出新问题、大胆寻找新思路的创新意识。

四、说教学重点和难点

依据课程标准，在分析教材的基础上，确定了以下教学重点和难点。

（1）教学重点：创新推动科学技术的进步，进而推动社会生产力的发展。

依据：只有掌握了创新的作用，才会自觉培养创新意识，树立创新精神。

（2）教学难点：创新推动社会生产力的发展。

依据：社会生产力是比较抽象的概念，高中生要充分理解这个概念有一定难度。

五、说教学方法

在教学过程中，不仅要使学生“知其然”，还要使学生“知其所以然”。因此，教师主要采用讲授法和讨论法相结合的教学方法。

讲授法是教师通过口头语言向学生描绘情节、叙述事实、解释概念、论证原理、阐明规律的方法。它的优点在于灵活性和系统性，即教师可以在讲授时根据听课的对象、场所、设备等对讲授内容进行灵活处理和调整，在短时间内高效地向学生传递系统的、有条理的知识。所以，针对课题中一些抽象的原理、概念，如“社会生产力”这一名词，教师就应该采用讲授法。

组织开展课堂讨论出于以下两个方面的考量：一方面，这是由学生认识过程的特点及其心理特点决定的。高二是学生极其重要的生理、心理转折时期。由于生理机能基本成熟，学生已具有较广的知识面和较强的理解力，而且随着抽象思维和创造性思维的发展，学生的认知能力不断增强，思维的创造性、批判性和独立性更为突出；观察力、记忆力和想象力也日益丰富；求知欲强、兴趣爱好广。这些都为学生参加课堂讨论准备了必要的条件。另一方面，新课程教育观强调启发式教学。课堂讨论则是启发式教学的一种很好的形式，能提高学生学习的自觉性和积极性，使学生保持思维的积极主动状态，主动带着教师布置的题目独立查阅资料，思考问题，准备发言提纲，并在教师的启发诱导下积极参加讨论，借助群体的智慧和作用，多向传递信息和研讨问题。讨论中经过充分争辩，集思广益，开阔思路，使学生从各种不同观点的比较中去认识真理，明辨是非，相互启示，共同提高。

对于本课的重点——“创新推动科学技术的进步”这一知识点，教师选择了讨论法。以导入情境中的机器人为线索，通过探究孩子们的发明动机、发明的意义来感知科技进步与创新的关系。教师设置了几个问题，让学生利用材料进行小组探究，促进学生对重点知识的理解和把握。

六、说教学过程

（一）导入环节

新闻链接：《3 名汕头小学生，发明了一个会泡工夫茶的机器人》。

设计意图：通过新闻材料的导入，让学生从时事趣闻中初步感受创新的魅力；将学生的注意力集中到课堂上，为教学工作的有效开展做好准备。

（二）讲授新课环节

1. 创新推动科学技术的进步

利用导入材料设置讨论问题，组织学生小组交流讨论。问题是：新闻中的 3 名小学生为什么会发明一个可以冲泡工夫茶的机器人呢？这体现了他们怎样的精神品质？他们的这种精神品质对发明创造有何意义？

教师充分利用导入材料创设教学情境，将学生带入情境中，从材料中感知、分析问题，引导学生抽丝剥茧，透过现象看本质，理解科学技术的每一次进步都是通过创新实现的，加深学生对本课重点知识的认识和理解。引导学生思考探究，培养学生的交流沟通、团队合作能力。

2. 创新推动社会生产力的发展

通过几张直观的图片，形象地展示创新对生产工具、生产技术、劳动者素质、劳动对象四个方面的具体影响，让学生充分感知创新给茶叶的生产加工带来的进步意义，点出社会生产力具体包括这四个方面，进一步引导学生理解为什么说创新可以推动社会生产力的发展，突破难点。

（三）小结环节

创新推动了科学技术的进步，更新了生产工具和生产技术，而新的生产工具和生产技术也对劳动者提出了更高的要求，提高了劳动者的素质。新技术的进步也使人类有能力将更多的原料纳入自己生产劳动的范围，成为人类的劳动对象，生产出新的产品供人类消费、享受。所以说，创新推动社会生产力的发展。

教师采用线索式的总结归纳，层层递进，使学生正确把握创新与社会生产力之间的内在联系，发展学生的逻辑思维。

（四）课堂练习环节

通过课堂练习，加深学生对新知识的理解和掌握，并使教师及时获得课堂反馈，了解学生的学习情况。

（五）布置作业环节

辩一辩：有人说，机械化加工的茶叶品质远远不如传统手工制作的茶叶，因此不应该推广机械化制茶。请同学们自行组队，选择机械化加工茶叶小组或传统手工制作茶叶小组，各小组分工查找资料，下节课我们举办一个小小的辩论赛。

通过该作业，培养学生辩证分析、辩证看待问题的能力。

七、说板书设计

利用图解形式为学生搭建知识框架，构建思维体系，以更好地理解掌握本节课的内容及其内在联系。

创新推动社会生产力的发展

创新 ⟹ 科学技术 ⟹ {生产工具、生产技术、劳动者素质、劳动对象} ⟹ 社会生产力

八、说教学反思

（一）教学目标

本次课充分依据课程标准、教材文本、校情、学情，设定合理的教学目标。

从知识目标、能力目标、情感态度价值观目标出发，坚持按照目标进行教学。教学时，用恰当的方法在恰当的时间教授学生知识，取得良好的教学效果。

（二）教学行为

（1）教学内容：适合学生的发展水平，注意知识的拓展；理论联系生活，体现人文性和科学性。

（2）教学方法：突出学生学习的自主性，以及小组内部的合作探究；根据学习方式创设恰当的问题情境；根据教材特点、教材内容及教学情境，灵活运用讲授法与讨论法相结合的教学方法。

（3）教学过程：教学程序合理，重视知识形成过程并深化、巩固、应用；教学环节衔接较为自然，突出重点，突破难点。但教学时间没安排好，难点讲解的时间略紧。

（三）学生表现

（1）学习状态：在学习中感受到乐趣，注意力集中，愿意学习；思维活跃；能自主学习，合作交流，积极探究。

（2）参与程度：学生均能参与到课堂学习中，师生、生生互动交流平等、积极、有效。

（翁静霞）

“创新推动社会生产力的发展”说课稿（二）

一、说教材

思想政治课程标准规定教学内容要努力呈现经济、政治的新成果、新成就，充分培养学生的社会责任感、创新精神及实践能力等。高中《思想政治》必修4《生活与哲学》要求学生掌握唯物辩证法，树立革命批判精神和创新意识，开拓新境界。“创新推动社会生产力的发展”是人教版高中《思想政治》必修4《生活与哲学》第三单元第十课第二框第一目的教学内容。在此之前，学生学习了树立创新意识是唯物辩证法的要求，这为本课的学习奠定了基础。同时，本课内容又是上一框知识的延伸和拓展，也是高考的常见考点。因此，本课内容在教材中具有不可忽视的重要性。

二、说学情

高二学生接触思想政治课的内容快两年了，已经养成一定的学科素养，掌握了一定的学习经验及学习方法。高中阶段是学生发展的黄金时期，学生思维活跃，学习知识的主动性较强。同时，在日新月异的时代潮流影响下，学生也具有一定的创新意识，但是还不能上升到哲学理论的高度来认识创新精神。教师应联系生活实际，从哲学的角度来阐述创新的重要性，帮助学生树立唯物辩证观，弘扬创新精神。

三、说教学目标

根据本教材的结构及内容分析，结合学生的认知结构及心理特征，制定了以下教学目标：

1. **知识目标**

理解社会生产力的发展在于创新；科学技术进步依靠创新来实现，掌握创新在社会生产力发展中的推动作用。

依据：本课的主要内容是创新推动社会生产力的发展。知识目标学习立足于课堂教学，应关注知识的讲解和传授，实现教育传承知识的价值。在知识传授过程中，要发挥教师在教学和学生的学习活动中的主导作用，避免教学活动陷入混乱或无目的状态，使教学活动有序进行。

2. **能力目标**

培养用创新的知识认识和分析事物的能力，在认识世界和改造世界中逐渐形成具有革命精神的批判能力和创新能力。

依据：设立此目标是根据学生的身心发展规律和发展需求来决定的。能力目标的制定不仅进一步提高了教学活动的价值，还突出了教学中学生的主体地位。

3. **情感态度价值观目标**

通过理解创新推动社会生产力的发展，关注创新，牢固树立创新意识，初步形成辩证思维，养成积极创新的个性心理品质。

依据：教学要坚持以培养社会需要的创新型人才为目标。通过教学，帮助学生将所学的知识和能力转化为课程内容所要求的个人品质与素养，提高学生在创新方面的思想道德水平和政治素质，实现知、情、意、行的有机统一。

四、说教学重点和难点

（1）教学重点：创新推动科学技术的进步，进而推动社会生产力的发展。

依据：只有掌握创新推动科学技术的进步，进而推动社会生产力的发展，才能理解和掌握创新、技术与社会生产力发展之间的关系。教师应阐明人类社会的延续和发展是靠社会生产力的发展，社会生产力的推动靠科学技术的创新。

（2）教学难点：创新推动社会生产力发展的体现。

依据：科学技术对社会生产力的推动论述起来较为抽象，学生虽然能够明确感受到科学技术对社会生产力的推动作用，但是由于见识有限及缺乏哲学理论知识，难以深刻系统地认识和分析。教师应采取适当的教法实现对难点的突破。

五、说教法和学法

（一）说教法

（1）情境导入教学法。通过与创新有关的诗歌导入设置具体、生动的环境，让学生在课堂教学开始时，就置身于与课堂教学内容相关的情境之中，促使学生在形象、直观的氛围中参与课堂教学，激发学生的探究思维和学习兴趣，完成课堂教育教学目标。

（2）讲授法。运用此教学方法能够突破听课对象较多的限制，对讲授的内容进行灵活的处理，使知识和信息传递得更快，可以在短时间内向学生传递信息，学生容易获得系统的、有条理的知识。

（3）案例分析法。对案例的运用和分析有利于理论联系实际，提高课堂的趣味性和实用性，培养学生的思考能力、分析能力、解决问题能力，提高学生理论联系实际的能力。

（二）说学法

（1）分析归纳法。让学生认识和分析材料内容，对材料进行归纳和总结，这有利于指导学生自主学习，养成独立思考的好习惯，培养学生透过现象归纳问题的能力。

（2）理解记忆法。让学生通过教师展示的例子等，加深对课本知识内容的理解，而不是死记硬背，在理解知识的基础上弄清知识点之间的相互联系，掌握知识并进行记忆。

六、说教学过程

（一）导入环节

由上节课所学习的唯物辩证法的革命批判精神与创新意识导入，邀请学生欣赏与创新有关的诗句“删繁就简三秋树，领异标新二月花”“沉舟侧畔千帆过，病树前头万木春”“满眼生机转化钧，天工人巧日争新”“预支五百年新意，到了千年又觉陈”。提出问题，让学生把握诗句的中心思想，并说说心得体会。

依据：导入环节是政治教学中非常重要的环节。一般是通过概括旧知识，引出新知识，实现温故知新。以诗句导入，能增添课堂的趣味性，也能明确本节课要讲述的内容，激发学生的求知欲。

（二）讲授新课环节

教师在讲授“科学的进步依靠创新实现”时要突出重点，根据教材的内容，引入人类自原始社会到奴隶社会、封建社会、工业社会、信息社会的生产力变化这一材料，要求学生回答教师提出的问题：①从案例中分析，自原始社会以来，导致人类社会生产力发生变化的因素是什么？②这种因素对社会生产力产生什么作用？③这种因素又是如何发挥作用的呢？在回答问题的过程中，引导学生得出“创新推动科学技术的进步，进而推动社会生产力的发展”这一结论。这是教师引导学生，从具体事例中抽象知识的过程。这一过程不仅有利于培养学生独立思考的能力，还有利于将材料与观点相结合，帮助学生形成抽象的知识，实现良好的教学效果。

教师深入讲解“科学技术推动了人类社会各个方面的发展”。为了将难懂的知识趣味化及具体化，教师可以在此处引导学生从生活入手，寻找4G网络技术应用改变人类社会的例子。比如，4G网络下出现的O2O生产模式和视频咨询技术的提高，更新了生产工具和生产技术；4G网络电化教学、多媒体教学及网络远程教学等，提高了教育的质量，也提高了劳动者的素质；4G网络的通信基站使南沙群岛的劳动对象变多，我国的劳动范围可以延伸到南沙群岛，说明创新扩大劳动对象和范围。通过4G技术的例子，实现理论联系实际，让学生印象深刻，对知识的理解得到纵深发展。

（三）小结环节

在课堂上对本节课所讲授的知识进行回顾，有利于巩固知识，防止遗忘，使知识尽快转化为学生的素质和能力。简明扼要的课堂小结，可以再次加深学生对知识点在实际生活中应用的理解和掌握，培养学生良好的归纳能力。

（四）课堂练习环节

进行一道选择题的训练，能够检测学生对知识内容的掌握情况，把知识学习与考试联系起来。

（五）布置作业环节

为了减轻学生负担，提高作业的趣味性，使本次课堂知识得到升华和延展，要求学生在课后联系近期热点——5G技术的诞生，推测5G技术对社会生产力的发展将会产生怎样的影响。

七、说板书设计

直观和系统的提纲式板书，简单明了、条理清晰地呈现知识点，方便学生理解和掌握。（板书略）

八、说教学反思

本节课内容较多且较抽象，讲授时间为15分钟。教师要把握好时间的运用，每一教学环节的衔接要自然有序，否则会显得匆忙凌乱。同时，要注意给予学生感知和体验的时间。教师要提高自己的教学修养，提高教学能力，还要控制好课堂秩序，以轻松幽默的教学气氛和良好的师生互动实现教学目标。教师要落实学生在课堂中的主体地位，激发学生自主思考和探索，发挥学生学习的主动性和积极性。

（戚敏琪）

“真理是具体的有条件的” 说课稿

一、说教材

“真理是具体的有条件的”是人教版高中《思想政治》必修4《生活与哲学》第二单元第六课第二框第二目的内容。在此之前，学生已经学习真理的含义以及真理的客观性，这为过渡到本目的学习起到了铺垫的作用。本目承接了前面“真理是客观的”这部分内容，后面则接着“追求真理是一个过程”的内容，所以这一目在第二框中起着承上启下的作用。本目包含的真理的两个属性，是学生对真理观的学习不可或缺的部分，因此它对高中必修4的学习也起着承接过渡的作用，也是高考中常考的内容。

二、说学情

（1）知识基础：学生已学习了物质和意识的关系、实践和认识的关系、真理的含义及客观性等内容，基本具备学习本目的相关知识和经验。

（2）能力基础：高二学生已基本具备自主、互动、合作探究学习的能力和经验，教师可以鼓励他们小组合作讨论，探究问题。但他们即兴探究的能力较弱，需要教师适时启发、引导和点拨。

（3）心理基础：学生喜欢热闹，但动机不够明确，不太注重效率，在探究学习中有畏难心理；有的学生还习惯于“等、靠、要”。因此，教师需要时刻关注学生的讨论动态，适时引导。

本节课是对真理属性的继续学习，因此教师可以通过引导学生进行探究讨论，充分调动学生的积极性和主动性，激发学生主动思考，进行概括和讲解，以较好地完成教学目标。

三、说教学目标

根据课程标准的要求以及对教材的分析，确立了以下几个目标：

1. **知识目标**

（1）理解真理是具体的有条件的。

（2）理解真理与谬误之间可以相互转化。

2. **能力目标**

（1）提高比较分析的能力和明辨是非的能力。

（2）培养具体问题具体分析的能力。

3. **情感态度价值观目标**

树立在实践中不断认识、丰富、发展真理的思想。

四、说教学重点和难点

教学重点：理解真理是具体的有条件的。（真理的两个属性是本目的主要知识点，也是学生对真理观的学习中不可或缺的部分）

教学难点：提高辩证看待真理的能力。（这需要学生具备一定的辩证思维能力、理论基础和理解能力）

五、说教法和学法

根据新课程标准的基本理念，教师需要尊重学生的身心发展规律，改进教学方式。在课程实施中，要通过议题的引入、引导和讨论，推动教师转变教学方式，使教学在师生互动、开放民主的氛围中进行；要通过问题情境的创设，促进学生转变学习方式，在合作学习和探究学习的过程中，培养创新精神。因此，在本节课中主要采用了以下几种教学方法：

①合作探究法。学生根据教师提出的问题进行合作讨论，共同解决问题。学生在得出自己的结论后，再跟教师交流意见。这种方法有利于学生之间的合作交流以及师生之间的平等对话，使学生们能够积极地表达自己的个人见解，激发学生的学习兴趣和灵感。

②案例分析法。由于“真理是具体的有条件的”是比较抽象的哲学概念，要让学生理解，就需要教师运用具体的、形象的事例来说明抽象的道理。通过对具体材料的分析解读，挖掘其中所蕴含的知识点，有利于学生在形象事例中理解和把握抽象的哲学原理。

③讲授法。高二学生的抽象思维能力有了一定的发展，知识和经验也有了一定的积累，可以让他们先自行思考。但是他们探究的能力还不够成熟，因此得出的结论也可能缺乏系统性和逻辑性，教师需要在总结学生思考成果的同时，对知识点进行系统的讲解，有助于学生对知识点有完整的理解和把握。

在学法上，主要采用“自主、合作、探究”的学习方法。学生是学习的主体，应该要把握住学习的主动权，在自主合作与探究学习的过程中，培养创新精神，提高自主思考、分析总结和合作学习的能力。

六、说教学过程

为了完成教学目标，解决教学重点，突破教学难点，准备按以下几个环节展开：

（一）导入环节

教师活动：①回顾上节课的内容（真理的含义以及真理的客观性）。②引入列宁的一句话："没有抽象的真理，真理总是具体的，并且是有特定的范围的。"我们该如何理解这句话呢？

上节课的知识点和本节课所要学的知识是紧密联系的，有助于学生形成联系的知识点，也有助于学生温故知新。在讲授新课之前，引入列宁的一句话，问学生对这句话有何理解，让学生带着疑惑进入本节课的学习，有助于初步打开学生的思考，激发学生学习的好奇心，让学生快速进入学习状态。

（二）讲授新课环节

（1）探究活动：阅读课本中的材料，思考并回答问题。

教师提问：①罗巴切夫斯基和黎曼的发现是否表明欧几里得定理不再是真理？②是什么原因使人们认识到欧几里得定理并不是在任何情况下都适用的真理？

操作流程：学生阅读材料，思考教师给出的两个问题，思考时间为 1 分钟。然后教师请两名学生分别回答以上问题。教师需要对学生的回答进行总结，最后系统讲解知识点。

运用具体的事例进行探讨，挖掘其中的知识点，有助于学生在形象的事例中理解抽象的哲学原理。教师在学生回答的基础上，对学生的观点进行归纳总结，再系统详细地分析材料，讲解知识点，便于学生对知识点有整体深入的理解和把握。

（2）小组合作讨论：寻找社会生活、学习生活中的事例，从时间、地点、条件的变化来说明真理的具体性和条件性。教师给学生两分钟的讨论时间，并适时进行点拨、引导，最后根据小组代表的回答进行归纳总结。

在学习完知识点之后，让学生通过小组合作学习，学以致用，有利于加深学生对知识点的理解。

（三）小结环节

对本节课所学知识进行总结归纳。回应列宁的观点，请一名学生来谈谈对这句话的理解，也就是对这节课的理解和收获。

总结本节课所学内容，最后根据前面设置的疑问来检验学生对本节课知识点的理解和把握，有助于教师检验学生的学习成果。

（四）课堂练习环节

做一道选择题，对本节课的知识点进行及时的巩固和应用。

（五）布置作业环节

预习下一目“追求真理是一个过程”的内容。

七、说板书设计

此板书直观性强，条理分明，便于学生把握重点和关键内容。

（二）真理是具体的有条件的

1．真理都是具体的

2．真理都是有条件的

（黄翠玲）

“价值观的导向作用”说课稿

一、说教材

“价值观的导向作用”是人教版高中《思想政治》必修4《生活与哲学》第四单元第十二课第一框第二目中的知识点。从知识体系上看，《生活与哲学》主要是向学生介绍马克思主义哲学，马克思主义哲学由辩证唯物主义和历史唯物主义构成，而第十二课的内容就是向学生介绍历史唯物主义的知识。本节课所讲授的内容——价值观对人们认识和改造世界的活动有重要导向作用，属于前一知识内容价值观的其中一个导向作用，也是“价值观是人生的重要向导”知识内容的基础，这种承上启下的作用决定了它的重要性。掌握价值观的导向作用这一知识，能够促使学生坚持历史唯物主义的基本观点，坚持马克思主义的科学世界观和方法论，形成正确的价值观。

二、说学情

学生是学习的主体，教师不仅要对教材进行深入分析，形成自己的认识，还要对学生的基本情况有清晰明确的认识，这样才能做到因材施教、有的放矢。

高二学生的认知发展已接近成人水平，抽象思维和辩证逻辑思维发展比较迅速，能够独立思考与分析问题，在课堂上能够进行有效的讨论，表达自己的见解。但是他们的认知发展还不够成熟，其认知发展中仍存在主观性、片面性等，这就需要教师的引导与帮助。学生学习了前三个单元的知识内容，有了一定的哲学基础，但从哲学层面去理解价值观的导向作用对于他们来说还是有一定的难度。尽管学生在日常生活中体验过价值观对自身的导向作用，但他们很少从历史唯物主义的角度去分析。因此，引导学生从哲学的角度去理解价值观的导向作用尤为重要，这能够让学生形成正确的价值观去认识和改造世界。

三、说教学目标

对于高中思想政治的学习，学生不但要识记相关知识的基本原理与概念，而且要理论联系实际，学以致用，以所学的理论知识指导实践。因此，依据高中思想政治课程标准的要求和学情的具体分析，制定了以下教学目标：

1. **知识目标**

理解价值观对人们认识和改造世界的活动有重要导向作用。

2. **能力目标**

学会运用正确的价值观去认识和改造世界。

3. **情感态度价值观目标**

树立正确的价值观。

确立的依据：价值观的导向作用是学生需要识记和理解的知识内容；学生学习了理论知识，需要将其应用于指导实践，这是学生需要习得的技能；情感态度价值观目标是对课程标准中科学精神的体现。

四、说教学重点和难点

教学重点：价值观对人们认识和改造世界的活动有重要导向作用。

教学难点：价值观影响人们改造世界的活动，影响人们的行为选择。

确立的依据：学生掌握价值观的导向作用，有助于形成正确的价值观；根据学生的认知发展规律，价值观影响人们认识世界是较为容易理解的，而影响人们改造世界及其涉及行为选择的问题，由于学生的思维存在片面性、主观性，要做出正确的行为选择是有一定难度的。

五、说教法和学法

（一）说教法

夸美纽斯曾说过，正确的教学能激起学生求学的欲望，对学习感兴趣并感到愉快。为了达到本节课所设定的教学目标，讲清楚教学重点和难点，充分调动学生学习的积极性、主动性，尽可能激发他们的兴趣，促使他们独立思考，主要采用了讲授法和讨论法。

（1）讲授法。教师通过循序渐进的叙述、描述和解释向学生系统连贯地阐明价值观的导向作用，以具体的案例引导学生思考和分析问题，促进学生的知识、能力和情感态度价值观的发展。运用讲授法，可以在短时间内向学生传递大量的信息，学生容易获得系统的、有条理的知识。

（2）讨论法。在教学过程中，引导学生围绕与教学难点相关的问题进行小组讨论，共同探讨问题，发表各自的见解，从而互相启发，培养学生的批判性思维、集思广益的技能、口头语言表达能力以及集体合作共事的技能。

（二）说学法

学生是具有独立意义的主体，是发展的人，具有巨大的发展潜能。本着“以人为本”的学生观，在教学过程中重视学法的指导，引导学生掌握自主学习法和合作探究法。

（1）自主学习法。自主学习法是学生根据自己的学习能力、学习任务的要求，积极主动地调整自己的学习策略和努力程度的过程。通过自主学习法，学生的能动性得到充分的发挥，彰显出学生学习的独立性，尊重学生个体的学习差异性。

（2）合作探究法。合作探究法是通过教师设计、布置教学任务，学生以小组为活动单位进行学习，互助合作，与同学相互交流、讨论，获得知识、培养技能，完成共同的学习任务，从而培养良好的道德品质，形成正确的世界观、人生观和价值观。通过合作探究法，学生之间互助协作，在交流与讨论中，他们的认知与情感相互交融，充分展现各自的才干和智慧，取长补短。

思想政治课程内容具有一定的开放性，它的观点和解释往往不是唯一的，学生可以通过讨论、交流和协商形成自己的认识。因此，合作探究法不仅能使知识与经验建立联系，还可以培养学生的合作精神与独立思考的能力。

六、说教学过程

在教学过程中，围绕着教学目标，注重突出重点、突破难点，尽可能与学生互动交流，最大限度地调动学生参与课堂的积极性、主动性，有条不紊地开展教学活动。

（一）导入环节

通过展示习近平总书记视察广州永庆坊的图片以及重要讲话，向学生说明习近平总书记的价值观。习近平总书记认为，在城市规划和建设中，不能为了发展经济而忽视对历史文化的保护。在学习习近平总书记的讲话后，进一步提问学生：广州在城市建设中是否要对骑楼进行保护呢？广州应该如何做到既推进城市改造、发展经济，又传承和发扬历史文化呢？然后引出课题“价值观的导向作用”，引导学生在学习新课时思考价值观如何影响人们认识世界和改造世界。

设计意图：以时事新闻导入，让学生了解和关注时政，从而引出课题“价值观的导向作用”，承上启下；通过营造情境，提出问题，让学生能够带着问题去学习新课，有助于培养学生独立思考的能力以及分析、解决问题的能力。

（二）讲授新课环节

1. 价值观影响人们对事物的认识和评价

首先，向学生介绍广州骑楼的历史地位与现实状况。其次，通过播放视频，了解广州市政府颁布法规对骑楼进行分类保护，建议发展新式骑楼街，鼓励建筑内部功能提升等保护措施，让学生理解如何正确处理经济社会发展和历史文化遗产保护的关系。

学生事先了解广州骑楼的历史地位和现实发展，再通过观看视频，了解政府所颁布规划的详细内容，最后引导学生思考自己对待“广州是否要保护骑楼”这一问题的看法，让学生对这一问题有基本的了解，形成自己的认识，便于后续教学环节的有序进行。

向学生展示人们对于“广州是否要保护骑楼”这一问题的不同看法，学生可以了解到支持者和反对者站在不同角度去认识与评价骑楼，表明人们的价值观会影响他们认识和评价事物。引导学生结合材料去思考：为什么人们对骑楼的保护与否会有不同的认识和评价？帮助学生认识到支持者更多强调的是骑楼的价值和意义，反对者则更加关注骑楼的弊端，所以他们会产生不同认识和评价。可见，价值观影响人们的认识和评价。价值观不同，人们对骑楼的认识和评价就不同。

通过思考对于是否保护骑楼这一问题的不同看法，学生可以站在不同的角度去理解和分析他人的观点，培养学生思考和分析问题的能力。教师的有效提问和分析，能够提高学生的逻辑思维能力和语言表达能力。

2. 价值观影响人们改造世界的活动，影响人们的行为选择

通过选取具体明确的案例，向学生说明广州仍有许多人对骑楼进行创新性保护和发展。引导学生阅读具体案例并进行小组讨论。人们在广州市政府的号召下，认识到科学、可持续发展以及正确处理经济发展与历史文化关系的必要性；在自身的实践过程中认识到保护骑楼、继承和弘扬岭南优秀传统文化的重要性，将历史文化和经济发展结合起来能创造出更大的经济效益。在这种价值观的指导下，他们创新性地赋予了广州骑楼新的时代内涵，促进了“文商旅”经济模式的融合发展，从而带来更加丰厚的经济效益；同时保护了具有历史价值的骑楼，继承和弘扬了优秀的岭南优秀传统文化，从而保留了广州珍贵的历史记忆。可见，价值观影响着人们创新性保护和发展骑楼的活动，影响着他们的行为选择。例如，高校大学生为万福路骑楼量身定制了具有广州特色的涂鸦墙；人们创新性地将骑楼改造成别具一格的文创馆、民宿等富有现代气息的场所。

讨论题目：人民群众是怎样创造性地保护和发展骑楼的？为什么他们会采取这样的措施？

通过与小组成员进行深入的交流和讨论，鼓励学生形成自己的认识和理解，深刻理解价值观的影响。

通过选取学生熟悉的具体案例进行教学，能够激发他们的学习兴趣，促使他们积极主动参与到讨论过程中。教师有效组织学生进行小组讨论，能够培养学生的批判性思维，能够集思广益，形成他们自己的观点，培养学生的口头表达、分析归纳、团队合作等能力。

（三）小结环节

这节课我们学习了价值观的导向作用，即价值观对人们认识和改造世界的活动有重要导向作用。一方面，通过支持者和反对者对于“广州是否要保护骑楼”这一问题的看法，我们了解到价值观影响人们对事物的认识和评价。价值观不同，人们对事物的认识和评价就不同。另一方面，在科学发展观的指导下，人们认识到保护好历史文化遗产也能带来经济效益，于是创新性地保护和改造骑楼，促进了经济发展，继承和弘扬了岭南优秀传统文化。可见，价值观影响人们的行为选择，只有选择正确，才能在改造世界的活动中取得成功；选择错误，就会遭到失败。因此，我们要树立正确的价值观，这样才能保证我们在认识世界和改造世界的活动中取得成功。

通过小结，梳理知识，点明主题，让学生明确学习重点，便于识记和运用。

（四）课堂练习环节

略。

（五）布置作业环节

略。

七、说板书设计

提纲式板书能够直观明确、系统地展现教材中的知识内容，便于学生做好笔记，识记和理解所学的知识，构建自己的知识逻辑体系。

2．价值观对人们认识和改造世界的活动有重要导向作用

（1）价值观影响人们对事物的认识和评价。

（2）价值观影响人们改造世界的活动，影响人们的行为选择。

（林君怡）

“文化创新能够促进民族文化的繁荣” 说课稿

一、说教材

“文化创新能够促进民族文化的繁荣”是人教版高中《思想政治》必修3《文化生活》第二单元第五课第一框第二目中的知识点，主要阐述文化创新的巨大作用中对繁荣民族文化的重要意义。在此之前，学生已经学习文化的多样性与文化传播、文化的继承性与文化发展，了解了文化发展的实质就在于文化创新，这为过渡到本内容的学习起到了铺垫的作用；文化创新对繁荣民族文化的作用这一知识点同时为下一目“人民群众是社会实践的主体”的学习奠定了基础，有着承上启下的作用。

二、说学情

（一）学生特点

高二学生对发生在身边的文化现象有一定的兴趣，一些文化事例对他们而言并不陌生。同时从身心发展层面来讲，他们已具有一定的辩证思维能力、分析能力和归纳能力，但其文化修养还有所欠缺，较难从国家、社会整体方面来看待文化创新的作用，而这一知识点的学习略为抽象。所以，我将在教学过程中着重加强对学生的知识引导——文化创新对繁荣民族文化的重要作用，以帮助学生提升文化修养。

（二）学习情况

学生在初中阶段已经学过创新的相关知识，但没有具体针对“文化创新”展开研究；前面第三课“文化的多样性与文化传播”、第四课“文化的继承性与文化发展”这两课的学习虽涉及文化创新，但不够深入。因此，本节课将在明确文化发展的实质就在于文化创新的基础上，引导学生感悟文化创新对于繁荣民族文化的重要作用，以帮助学生构建完整的知识框架。

三、说教学目标

文化是一个国家、一个民族的灵魂。根据本教材的结构和内容分析，结合高二学生的认知结构及心理特征，制定了以下教学目标：

1. **知识目标**

（1）明确文化创新能够促进民族文化的繁荣。

（2）理解文化创新是一个民族的文化永葆生命力和富有凝聚力的重要保证。

2．能力目标

通过分析实例，能够掌握文化创新对于民族文化的重要作用，培养学生的分析能力和概括能力。

3．情感态度价值观目标

树立文化创新的思想意识，增强民族文化的自豪感和认同感。

四、说教学重点

本着高中新课程标准和教学内容以及高二学生的实际情况，确定教学重点是“文化创新能够促进民族文化的繁荣”。

依据：学习完文化的多样性与文化传播、文化的继承性与文化发展内容之后，学生在明确创新是一个民族进步的灵魂，是一个国家兴旺发达的不竭动力基础，领会文化创新对于民族文化发展的重要性是学习的重点。教师应创设教学情境，结合具体实例，帮助学生理解。

五、说教法和学法

（一）说教法

为了更好地完成教学任务，达到教学目标，根据新课程标准的要求，在课堂上将采取讲授法、启发式教学法、案例教学法这三种教学方法，突出学生的主体地位和教师的主导作用。

讲授法是针对高二学生的学习情况而实施的，以帮助学生全面、深刻、准确地理解和掌握教材。奥苏伯尔曾说过：“学生获取大量整体的学科知识，主要是通过有意义接受学习、设计适当的教材和讲授教学实现的。”为此，我将在备课充分的基础上，以讲授法为主，通过与学生生活联系密切的微信表情包、小品节目以及综艺节目《中国诗词大会》的案例，引导、启发学生进行分析和讨论，以达到对知识的深刻理解。

作为教育者，我会通过课堂教学感染和激励学生，充分调动起学生学习的积极性，提升学生对文化现象的认识，从而达到最佳的教学效果，努力体现课程改革的精神。

（二）说学法

正所谓“现代的文盲不是不懂字的人，而是没有掌握学习方法的人”，新课程标准倡导“研究性学习”，鼓励学生合作探究，因此，我在教学过程中会重视对学生学法的指导，以集体讨论法为主，针对提出的问题组织学生进行集体和分组讨论，促使学生积极参与教学过程，在学习讨论中解决问题。

六、说教学过程

在这节课的教学过程中，我注重突出重点，条理清晰，紧凑合理。各项活动的安排也注重互动交流，以最大限度地调动学生参与课堂的积极性、主动性。

（一）导入环节

通过与学生课外生活密切相关的微信表情包作为导入，吸引学生的学习兴趣，并将其与某演员恶搞花木兰这一小品事件相联系，启发学生的社会思考。依据建构主义学习观，指导学生运用知识迁移法，以旧识探新知，进一步理解文化发展的实质就在于文化创新。让学生在知道新知识和旧知识之间的联系的同时，明确本节课要讲述的内容，以激发学生的求知欲。这是政治教学非常重要的一个环节。

（二）讲授新课环节

通过视频《中国诗词大会》第二季宣传片以及文字素材进入情境，活跃课堂气氛，引导学生结合直观形式及理性思维，促进学生对知识的掌握——明确文化创新对民族文化的作用；学生在教师的讲解下，感受着文化创新对民族文化的重要作用——文化创新能够促进民族文化的繁荣，是一个民族的文化永葆生命力和富有凝聚力的重要保证。

在讲授新课的过程中，注重突出教材的重点，还根据教材的特点、学生的实际、教师的特长，以及教学设备的情况，选择了多媒体教学手段。这些教学手段的运用可以使抽象的知识具体化、枯燥的知识生动化、乏味的知识趣味化，将当下的文化想象借助多媒体进行再现，促进学生对社会文化现象的感性认识和理性思考。

（三）小结环节

课堂小结可以把课堂传授的知识尽快地转化为学生的认知。简明扼要的课堂小结则可使学生更深刻地理解知识，并将其运用到对社会文化现象的认识中，提升文化素养。

（四）课堂练习环节

通过学生当堂完成作业来检测学生的学习情况，以便及时解决学生的疑难问题，并对本堂课的教学作出合理的评价。

（五）布置作业环节

在梳理课堂知识的基础上布置课后作业，增强知识的迁移运用，达到巩固知识的效果。

七、说板书设计

采用流程图式的板书，表明文化创新与民族文化繁荣之间的关系。

文化创新 —促进→ 民族文化繁荣

（朱丽丹）

第六章　初中《道德与法治》说课稿选编

“美好集体是善于合作的”说课稿（一）

一、说教材

“美好集体是善于合作的”是人教版初中《道德与法治》七年级下册第三单元第八课第一框第二目中的知识点。本课所依据的课程标准是“我与他人和集体”中的“在集体中成长”。其具体对应的内容是“正确认识个人与集体的关系”，“感受学校生活的幸福，体会团结的力量”，“理解竞争与合作的关系，能正确对待社会生活中的竞争，敢于竞争，善于合作”，“学会理解与宽容，尊重、帮助他人，与人为善”。本课是在了解个人与集体的关系基础上，让学生回归集体生活实践，激励学生对集体生活进行深入理解，为后一框“我与集体共成长”做好知识、能力以及情感态度价值观上的铺垫。

二、说学情

本节课的授课对象是七年级学生，他们对人、对事满怀热情，内心都渴望建设美好集体。但是由于大部分学生对如何建设美好集体缺少具体的方法和能力，往往责任感强于实践能力。同时，七年级学生理解能力有限，对教材中的一些概念不易理解，容易对内容失去兴趣。因此，将游戏互动与创设情境贯穿本课，通过事例激发他们积极思考和学习的热情，从而达到教学的三维目标。

三、说教学目标

根据本教材的结构及内容分析，结合学生的认知结构及心理特征，制定了以下教学目标：

1．**情感态度价值观目标**

（1）感受集体生活的幸福，体会团结的力量。

（2）形成善于合作的品质，培养主动参与集体活动的意识，意识到个人在集体中的积极作用。

2. **能力目标**

（1）逐步掌握在集体中与他人交往、沟通和表达的技能。

（2）学会正确认识自己与了解他人，掌握组织策略。

3. **知识目标**

（1）认识美好集体是善于合作的，理解合作的重要性。

（2）认识合作要避免个人英雄主义、消极依赖或袖手旁观。

（3）掌握集体生活合作策略。

四、说教学重点和难点

（1）教学重点：美好集体是善于合作的。

依据：学生生活在集体当中，集体不乏合作，唯有合作的集体才是团结友爱的美好集体。初中阶段的学生个性张扬，只有理解集体中合作的重要性，具备正确的态度和方法，方能形成合力，在合作的集体中大放异彩。

（2）教学难点：在集体中学会合作，同时要避免个人英雄主义、消极依赖或袖手旁观。

依据：初中阶段的学生个性张扬，偏重自己的心理感受。他们对建设美好集体有着热切渴望，但在集体中不免表现出极端做法。避免个人英雄主义、消极依赖或袖手旁观是针对集体合作中的不当表现而提出的，是教学难点。

五、说教法和学法

（一）说教法

（1）情境探究法。通过游戏活动导入设置具体、生动的环境，可以在课堂教学开始时充分调动学生参与课堂的积极性和主动性，促使学生在形象、直观的氛围中参与课堂教学。激发学生的探究热情，启发思维，唤起学习兴趣，完成课堂教学目标。

（2）讲授法。通过讲授故事、趣味问答等形式，能对讲授的内容进行灵活的处理，从而在短时间内向学生传递信息，使学生获得系统的、有条理的知识。

（3）讨论法。强调以小组为单位的学生在课堂上的主体地位，给予其自由发挥的空间，促使学生在小组讨论中表达意见、解决问题，培养学生的团结协作精神。

（二）说学法

（1）分析归纳法。让学生认识和分析材料内容，对材料进行归纳和总结，这有利于指导学生自主学习，养成独立思考的好习惯，能透过现象看本质，培养分析问题的能力。

（2）合作探究法。让学生共同参与课堂游戏活动、小组讨论，主动探究、积极思考、团结协作，在合作中燃起思考的火花，培养学生交往、沟通的能力，丰富他们的情感体验。

六、说教学过程

（一）导入环节

通过游戏活动进行导入。以“邀请函”的形式随机抽取4名学生进行游戏。游戏由3个关卡——绕口令、脑筋急转弯、你划我猜构成，学生自主安排任务进行的次序及人员分配，在3分钟内依次接力通过3个关卡即成功。

导入环节是政治教学中非常重要的环节。针对生活在集体中的每一名学生，我将采取活动式的课堂教学：①通过游戏的形式活跃课堂气氛，调动学生对课堂的积极性，提高参与度，使其在以后的集体活动中拥有自信和勇气。②借助游戏平台，让学生展现自我，了解他人，并促进学生之间的交往。③通过游戏，让学生亲身体验到如何进行集体合作，并在合作中收获快乐、感受集体的美好。

（二）讲授新课环节

（1）探究一：根据游戏活动，提问学生，总结“美好集体是善于合作的”。

根据导入部分的游戏，教师与参与游戏的学生以问答形式进行交流。问题1：任务进行的顺序是由谁决定的呢？问题2：A同学为什么会选择念绕口令，而其他小伙伴选择其他任务呢？问题3：B同学在脑筋急转弯一关出现困难时，其他小伙伴是怎么做的？根据学生的回答，教师归纳总结要点：集体合作是分工协作，优势互补，相互帮助，共同进步，充分发展各自的能力。

通过寓教于乐的游戏方式，学生切身体验了游戏中的合作以及合作的美好，对合作有更深刻的理解。在师生问答过程中，使学生学会总结归纳游戏过程中集体合作是如何展现出来的，引出本节课的重点“集体合作的具体表现”。

（2）探究二：设计情境，共同探讨集体合作中出现的个人英雄主义、消极依赖或袖手旁观问题。

在动物乌托邦里，朱迪警官接到市长下达的任务，迅速寻找团队成员完成任务。首先找到了尼克、闪电和洪金豹，他们积极参加任务并承担了自己的责任。虽然尼克总是吊儿郎当，闪电行动缓慢，洪金豹好吃懒做，但是一旦执行起任务来，他们严肃认真，相互帮助，各自发挥优势。作为一个团队，他们善于合作，组成一个美好的集体。

但是，集体中也存在一些不好的声音。例如，朱迪找到了剩下两位成员——牛警官和羊秘书。牛警官说：“任务对我来说根本不是问题。但是我太牛了，样样精通，无所不能。合作，你们都得听我的！”而羊秘书说：“这和我没多大关系，让他们做好了，多我一个不多，少我一个不少。”

此处为本课的难点，为将难懂的知识趣味化、具体化，教师引导学生从生活中入手。教师提前找学生为对话配音，并讲解故事，进一步深化“美好集体是善于合作的”的含义及集体善于合作的表现。讲解牛警官的态度属于个人英雄主义的表现，是不利于集体合作的，而羊秘书表现出消极依赖、袖手旁观的态度，亦不利于集体合作。因此，我们在合作中应避免个人英雄主义、消极依赖或袖手旁观。

延伸游戏所传递的“美好集体是善于合作的”，前半部分继续深化这一主题，讲述善于合作的表现；后半部分将难点分解，个别举例，从而引申出不利于集体合作的表现。让学生在案例中进行价值判断，并反思自己在集体生活中存在的不足，强化集体意识。

（3）探究三：引导学生思考，交流讨论集体生活合作策略。

通过上述游戏和例子，再结合集体生活的经验，引导学生交流讨论集体生活合作策略。让学生充分调动生活实践经验，积极主动思考，交流协作，形成集体智慧。教师总结归纳集体生活合作策略：拥有积极、开放的心态，坦诚交流，彼此信任；正确认识自己，懂得欣赏他人的优点并包容他人的不足；遵守规则，明确分工，主动承担自己的责任；经常自我反思。

学生通过小组探究，分享集体生活中的经验和教训，交流集体生活合作策略。鼓励学生独立思考，锻炼学生的思维能力和表达能力。通过生活中的例子，理论联系实际，让学生在知识和能力方面都得到纵深发展。

（三）小结环节

根据艾宾浩斯遗忘曲线，在课堂上对本节课所讲授的知识进行回顾，有利于巩固学生的印象，防止学生遗忘，使知识尽快转化为学生的素质和能力。简明扼要的课堂小结可以再次加深学生对知识点的理解和掌握，培养学生良好的思维能力。

（四）课堂练习环节

进行一道选择题的训练，能够检测学生对本节课内容的把握情况，同时能将本课知识与考试内容联系起来。

（五）布置作业环节

为提高作业的趣味性，使课堂知识得到升华，并在课外得以延伸，要求学生在课后以小组为单位共同协作完成一份手抄报，并给小组作品起一个有趣的名字，在全班展示小组作业成果。

七、说板书设计

以直观和系统的板书简单明了、条理清晰地展示本课的知识点，便于学生更好地理解和掌握。

3. 美好集体是善于合作的

（1）善于合作的表现

（2）集体生活合作策略

八、说教学反思

教师要把握好时间的运用，严格控制好课堂纪律和课堂气氛，实现基本的教学要求。在此基础上，加强师生之间的互动，激发学生思考，实现高效的课堂教学。

（田佩琦）

“美好集体是善于合作的” 说课稿（二）

一、说教材

本节课的内容是人教版《道德与法治》七年级下册第三单元第八课第一框第二目中的知识点“美好集体是善于合作的”。合作意味着分工协作，优势互补，相互帮助，共同进步，也意味着每个人都发挥自己最大的作用，实现自己的价值。本节课知识在教材内容中起着承上启下的作用。承上体现在“善于合作”这一特征承接“民主公正、充满关怀与友爱”，亦即“美好集体是民主的、公正的”和“美好集体是充满关怀与友爱的”都蕴含着合作。启下体现在“善于合作”这一特征为“美好集体是充满活力的”做好了铺垫，强调合作与竞争的关系。本课的内容还体现着辩证思想，强调集体活动需要在发挥个人最大作用的同时，避免滋生个人英雄主义或消极依赖、袖手旁观等态度。

二、说学情

授课对象是七年级学生。七年级学生正处于青春期，自我意识逐渐增强，做事容易从“我”出发，以自我为中心的意识较强。班集体是学生成长的主要环境之一，良好的班集体氛围、积极的情感支持在一定程度上可以调节学生个体行为，帮助学生正确认识自己。学生应懂得在集体中学习如何与他人沟通、合作。七年级学生基本都有过合作的经历，这是学生已有的知识经验。难点是在合作中如何正确处理个人利益与集体利益的关系，从而实现个体的最大价值且保证集体利益最大化。学生在集体活动中容易出现消极依赖或袖手旁观，或滋生个人英雄主义的情况，这需要教师纠正学生在思想上的误区。

三、说教学目标

依据课程标准的要求，本课属于“我与他人和集体”中的“在集体中成长”的内容。课程标准要求：“正确认识个人与集体的关系，主动参与班级和学校活动，并发挥积极作用。有团队意识和集体荣誉感，感受学校生活的幸福，体会团结的力量。”《中国学生发展核心素养》中也提出相应的要求：“要具有团队意识和互助精神。”因此，根据课程标准与核心素养的要求，确定本课的教学目标：

1. **知识目标**

（1）识记美好集体是善于合作的，理解分工协作，优势互补，相互帮助，共同进步，发挥作用，实现价值。

（2）了解个人与集体的关系的基本知识。

2. **能力目标**

（1）逐步掌握集体合作的策略，学会在集体中分工协作，实现优势互补。

（2）学会辩证看待个人与集体的关系。

3. **情感态度价值观目标**

（1）形成热爱集体、善于合作的品质。

（2）树立个人价值与集体价值相统一的意识。

四、说教学重点和难点

根据课程标准的要求以及学生的实际情况，本节课的教学重点为“美好集体是善于合作的”。只有理解掌握了“建设美好集体需要每个人团结合作”这一知识点，才能促进学生将其转化为实践，或将已有的经验联系起来，形成合作的能力。本节课的教学难点为“如何在集体的合作中正确处理个人与集体的关系”。确定的依据是七年级学生自我意识比较强，往往忽视他人或集体的存在，比较注重个人利益的实现。合作更强调的是实现集体利益最大化，需要避免消极依赖或袖手旁观，避免滋生个人英雄主义。因此，教师如何引导学生在集体的合作中正确处理个人与集体的关系显得尤为重要。

五、说教法和学法

教学是教师的教与学生的学共同组成的双边活动。教师是教学活动的组织者和引导者；学生既是教学活动的对象，也是教学活动的主体。在教学过程中不仅要使学生“知其然”，还要使学生“知其所以然”。考虑到七年级学生的现状以及本课题的特点，主要采取以下教学方法：

①情境教学法。利用多媒体教学手段，创设教学情境，将教学内容与设置的情境结合起来，以增强学生积极的情绪体验。

②讨论法。通过小组交流沟通，发挥学生主体作用，促使学生在学习中分析和解决问题。

③讲授法。通过系统连贯的语言讲解，促进学生对知识的理解与掌握，纠正学生的思想误区。

学生的学习主要采用体验式学习和合作学习。通过重温集体活动的照片，唤起学生的情感体验，理解知识点。同时，在讨论中交流、分享彼此的观点和思想，小组成员之间合作完成学习任务。

六、说教学过程

在这节课的教学过程中，要突出重点、突破难点，注重从学生的实际出发，尽可能地使用学生自身的生活经验作为材料，最大限度地调动学生的积极性和主动性参与课堂教学。

（一）导入环节

展示学生熟悉的班级大清洁活动照，引导学生回忆并说说当时自己负责的工作。利用学生熟悉的照片，唤起学生的亲切感，激发学生的学习兴趣，导入主题。

（二）讲授新课环节

在讲授新课过程中，设计了几个活动，这些活动环环相扣，并且紧扣教学目标，尽量发挥学生的主体性，让学生通过各种活动体验发现。

从学生的实际出发，利用学生自身的经历，由学生分析思考班级清洁活动所体现的分工协作，相互帮助，优势互补，更能让学生感受到合作和乐趣。在学生自主分析总结的基础上，再由教师总结，帮助学生加深理解。

以班上学习小组积极讨论照为线索，创设情境，展示当时详细的记录情况，提出问题：“在讨论展示的过程中大家是怎么做的?”学生结合材料分享想法后总结：理解能力较强的同学帮助组员分析理解问题，语言表达能力较强的同学代表小组上台展示，每个同学都充分发挥了自己的能力与作用，得到了大家的肯定，实现了自身的价值。当然，每个同学都有自身的优势与长处，大家相互帮助，共同进步。

教师利用学生的直接经验，引起学生的共鸣，调动学生的积极性，由学生分析思考班级学习小组所体现的相互帮助，共同进步，发挥作用，实现价值。

教师引导学生由以上事例总结主题，提出问题：“同学们分工协作，相互帮助，发挥作用，说明我们班是一个怎样的集体呢？”学生思考概括后总结：美好集体是善于合作的。合作意味着分工协作，相互帮助，发挥作用。最后利用屠呦呦获诺贝尔医学奖后的发言引导学生辩证地理解合作，明白合作不是消极依赖或袖手旁观，要避免个人英雄主义。此外，给予学生教师寄语：“老师希望同学们积极参加集体活动，加强与同学的合作，让自己和集体变得更美好。”

教师引导学生自主概括总结，发挥学生的主体性。从学生所在的班集体切换到屠呦呦所在的大团队，以强调合作在大小集体中的重要性。利用屠呦呦的例子帮助学生辩证地理解合作，辩证地看待个人与集体的关系，纠正学生思想上的误区。

（三）小结环节

展示本节课的知识结构图，学生与教师一起总结。本节课通过学生熟悉的照片得出“美好集体是善于合作的”的结论，合作意味着分工协作，优势互补，相互帮助，共同进步，也意味着每个人都发挥自己最大的作用，实现自己的价值。

通过总结，帮助学生整理知识，建立本课的总体框架，促进学生进行知识和情感上的梳理。

（四）课堂练习环节

略。

（五）布置作业环节

略。

七、说板书设计

本节课的板书设计打破传统的提纲式结构设计，采用结构图式的板书，比较直观，突出教学重点，使学生对本课的知识点有一个清晰的认识。

分工协作，优势互补
相互帮助，共同进步 ⟹ 美好集体是善于合作的
发挥作用，实现价值

八、说教学反思

美国著名学者波斯纳认为，教师成长的规律是“经验＋反思＝成长”。教师只有对教学过程进行深刻的反思总结，发现教学问题，并分析和解决问题，形成

规律性的认识，才能更快地促进自身的专业发展。在本课的教学实施结束后，我进行了深刻的反思，总结出以下几点：

（1）通过展示班级图片导入，直入主题，较好地激发了学生的学习兴趣，调动了学生的积极性和主动性，课堂氛围较活跃。

（2）课堂总结较好，利用屠呦呦的例子可以突破重点、升华主题。

（3）设问方面还需深入思考，设计的问题应尽量清晰明了、环环相扣。

（4）分析案例时无须着急，可先让学生充分讨论。

（5）要更加自信，尽量减少紧张情绪，放松心态。

（6）粉笔字还需多下功夫。

（黄彩凤）

“美好集体是善于合作的” 说课稿（三）

一、说教材

本节课的内容选自人教版《道德与法治》七年级下册第三单元第八课第一框第二目，主要让学生了解“美好集体是善于合作的”，在一个集体中需要有合作意识。因为学生在前面已经学习了有关集体的相关内容，这节课主要引导学生学会树立集体合作的意识，培养学生的责任意识，让学生正确认识自己与集体的关系，学会正确处理个人与集体的关系。

二、说学情

从学生的知识基础和身心发展特点来分析学情。首先，从知识基础方面来看，在学习本节课之前，学生已经学习一定的知识，知道集体生活对个性发展和成长的重要作用，了解集体存在的价值和意义等，具备一定的集体生活的能力。但是，对于在集体中该如何与他人沟通、交往与合作，大多数学生还处于迷茫的状态，合作能力比较弱。其次，从身心发展特点方面来看，七年级学生正处在青春期，一些学生的自我中心意识比较强，在利益关系上表现为以“我”为中心，凡事从“我”出发，往往会忽视他人与集体的存在。他们处于“以自我为中心”的思维状态，此时对他们进行个人与集体的关系的引导是非常好的时机。通过本课的学习，帮助学生学会正确处理个人与集体的关系，懂得如何在集体中成长，对中学生的身心发展具有重大意义。

三、说教学目标

根据课程标准的要求和教材内容，结合学生已有的知识基础和认知能力，本节课的教学目标可以确定为：

1. **知识目标**

（1）识记美好集体是善于合作的，理解在集体中分工协作，优势互补，相互帮助，共同进步，发挥自己最大的作用，实现自己的价值。

（2）了解个人与集体的关系。

具体对应的内容标准是“了解我与他人和集体关系的基本知识，认识处理我与他人和集体关系的基本社会规范与道德规范”。

2. **能力目标**

（1）掌握集体生活合作策略，学会在集体中分工协作，实现优势互补。

（2）学会辩证地看待个人与集体的关系。

具体对应的内容标准是“逐步掌握交往与沟通的技能，学习参与社会公共生活的方法”。通过本节课的学习，让学生学会在集体中合作，提高交往与沟通的技能，为学生更好地参与集体生活奠定基础。

3. **情感态度价值观目标**

（1）热爱集体，形成善于合作的品质。

（2）树立个人价值与集体价值相统一的意识。

具体对应的内容标准是“敢于竞争、善于合作的个性品质”以及“热爱集体”。以课程标准为依据，在情感态度价值观方面培养学生的责任意识、集体意识和集体荣誉感，引导学生热爱集体，学会在集体中合作，体会团结的力量。

四、说教学重点和难点

本节课的教学重点是“美好集体是善于合作的”。确定教学重点的依据是：只有理解了美好集体是善于合作的，才能理解和掌握在集体中合作的策略。七年级学生大概知道什么是合作，但是对于该如何合作，他们是比较迷茫的。教学时可利用学生的真实经历，如集体活动和小组学习等进行讲解，突出“美好集体是善于合作的”，调动学生的课堂积极性，引导他们参与到课堂中来。

本节课的教学难点是“在合作过程中正确处理个人与集体之间的关系”。确定难点的依据：七年级学生正处在青春期，他们正处于“以自我为中心”的思维状态下，凡事从“我”出发，往往会忽视他人与集体的存在，缺乏集体意识。此外，个人与集体的关系比较抽象，学生对此难以正确处理。因此，教师应教会学生在合作过程中正确认识个人与集体的关系，使学生在共同憧憬和建设美好集体的过程中，感受个人对集体发展的作用，以及在集体中发展自我、实现自我价值的重大意义。在这部分教学中，先了解学生在烧烤过程中以及在小组学习中是如何做的，再围绕他们的回答进行深入分析，引出在集体合作中要分工协作，避免个人英雄主义等知识点，教会学生正确处理个人与集体的关系，突破难点。

五、说教法和学法

教学是师生双边互动的过程，在教学过程中，既要重视教师的主导作用，又要重视学生的主体地位。因此，在教学时，选择合适的教法和学法对课程讲授非常重要。

（一）说教法

思想品德课程标准指出，教师是学生学习活动的组织者与引导者。根据这一教学理念，本节课主要采取情境教学法、讲授法这两种教学方法。

（1）情境教学法。情境教学法是指在教学过程中，教师有目的地引入或创设具有一定情绪色彩的，以形象为主体的生动、具体的场景，引起学生一定的态度体验，从而帮助学生理解教材，并使学生的心理机能得到发展的教学方法。其理论基础是情感与认知的相互作用。情绪心理学表明，情感对认知活动的增力效能，给我们解决当前学生中普遍存在的学习动力不足的问题以新的启示。因此，在教学过程中要引起学生积极、健康的情感体验，提高学生的学习积极性，使学习活动成为学生主动进行的、快乐的事情。

在教学过程中，通过视频导入，创设了有关合作的情境，充分激发学生对新课内容的兴趣，调动学生的积极性；同时，在讲授新课的第一部分，展示学生参加烧烤活动的照片，创设学生的生活情境，唤起学生对该事件的情感体验。在本节课中，情境教学法主要运用于教学重点的讲解，通过情境创设，让学生从中感受集体是需要合作的，体会合作的意义和作用。

（2）讲授法。讲授法是最基本的教学方法，是指教师运用口头语言进行教学的一种方法。讲授法使学生能够在短时间内获得大量的知识信息。条理清楚、层次分明、逻辑性强的讲授有利于培养学生的抽象逻辑思维，严谨的讲解还有利于营造一种严肃的学习氛围。在突破教学难点方面，主要通过讲解学生在烧烤中的分工以及小组学习的分工，教会学生在集体中该如何更好地进行合作，正确认识合作过程中个人与集体的关系。

（二）说学法

学生学习的过程实际上就是学生主动获取、整理、储存、运用知识和获得学习能力的过程。结合教法，本节课主要选择活动探究法与分析归纳法这两种学法。

（1）活动探究法。学生通过探究教师创设的情境等活动形式获取知识，独立思考和探索能力得到充分的发挥，培养学生在活动中去探索问题、分析问题、解决问题，培养学生理性看待个人在集体中的地位和作用。

（2）分析归纳法。视频播放结束后，教师提出问题，学生归纳回答；同样，教师展示图片后进行提问，学生回答。学生在教师的指导下进行归纳回答，得出正确的结论，这样有利于调动学生的积极性，发挥学生的主体性，让学生对本节知识的认知更加清晰、深刻。同时，在师生问答交流的过程中，可以逐步培养学生的思维能力和表达能力。

六、说教学过程

（一）导入环节

在导入环节主要为了引出本节课的课题，运用了情境教学法。播放视频《动物的分工协作》，让学生在看视频时思考一个问题："蚂蚁世界如此井然有序的背后体现了什么？"在学生的回答中引出本节课的主题"美好集体是善于合作的"。这样设置的目的是通过视频导入创设情境，把知识点融入其中，吸引学生的注意力，激发学生对新课内容的学习兴趣，启发学生独立思考。

（二）讲授新课环节

讲授新课环节分为三个活动进行和展开：

（1）活动一是展示学生秋游烧烤活动的照片，提问他们在烧烤过程中都做了什么，并且追问在这个过程中可用什么词语来形容自己的班级。最后分析学生的回答，通过分析学生在烧烤中的分工，让学生意识到形成一个善于合作的集体需要分工协作、相互帮助。设置活动一的主要目的是突出"美好集体是善于合作的"这个重点内容，引导学生认识"集体合作需要分工协作、相互帮助"这一知识点。

（2）活动二是说说"学习小组"。这部分包含的知识点比较多，有"优势互补，共同进步，发挥自己最大的作用，实现自己的价值"等。这部分主要采用讲授法。首先，教师先提问学生：为什么老师要划分那么多学习小组，选出成绩突出的同学当组长？通过提问引起学生的思考，然后分析原因。教师说明和解释划分这么多学习小组是希望学生可以充分利用自己的优势，相互帮助，相互学习，实现优势互补、共同进步，同时发挥自己的作用。设计意图是希望通过分析设置学习小组的目的，让学生认识到在小组学习中，合作可以得到更好的发展，培养学生学会在小组学习中优势互补，相互帮助，发挥自己最大的作用。

（3）活动三是材料分析。这部分是为了引出"在合作过程中要避免个人英雄主义，不消极依赖或袖手旁观"的知识点。主要是通过继续深入分析烧烤、学习小组这两个活动，告诉学生如果在小组学习中犯个人英雄主义和消极依赖队友的错误，个人就很难得到发展。例如，在烧烤时，如果大家什么都不想做的话，就会都没有东西吃。通过深入分析学习小组和烧烤过程，逐步引导学生在合作过程中要学会优势互补、共同进步，同时要避免个人英雄主义，不消极依赖集体，让学生正确认识自己与集体的关系，主动承担自己的责任，不把自己和集体分割开来，从而突破这个教学难点。

（三）小结环节

在小结部分，教师与学生一起回顾本节课的重点内容——美好集体是善于合作的，在集体合作中要学会分工协作，优势互补，相互帮助，共同进步，发挥自己最大的作用，实现自己的价值。同时，教师寄语升华本节课的主题，希望学生能正确处理自己与集体的关系，在集体中成长，成为好的自己。目的是强调本节课的学习内容，加深学生的记忆，提高学生的集体合作意识，培养学生的责任感。

（四）课堂练习环节

在练习部分，这道选择题提到屠呦呦在获得诺贝尔医学奖之后，表明青蒿素的发现是团队合作的结果。主要测验学生对本节课所学内容的理解程度，反馈教学效果，为后面的教学提供依据。

（五）布置作业环节

要求学生复习本节课的内容，预习新课并思考一个问题：每个人都是不一样的，在集体中应该如何面对种种差异，营造一个美好集体？

让学生课后复习知识，可以巩固和完善学生的知识体系；让学生预习新课，可以为后面讲授“美好集体是充满活力的”做好准备。

七、说板书设计

在板书设计中，主要采用结构式板书，这种形式便于学生理解和掌握知识的内容结构。

美好集体是善于合作的：
- 分工协作，优势互补
- 互相帮助，共同进步
- 发挥自己最大的作用，实现自己的价值
- 避免个人英雄主义，不消极依赖或袖手旁观

结论：正确处理个人与集体的关系

八、说教学反思

就教学方面来说，本课教学能够针对学生的情况确定合适的教学目标。教学

目标对于七年级学生而言具有指导意义，因为他们正处于以自我为中心的青少年时期，设置这些教学目标有利于培养他们的集体意识，提高他们在集体中的合作能力。但是在教学时对问题分析不够透彻，导致教学目标与教学内容不太对应，教学目标的实现程度不高。

就教学过程来说，首先利用视频导入，分析视频中蚂蚁世界井然有序是因为蚂蚁能各司其职，具有合作精神，引出“分工协作，优势互补”的知识点。其次让学生设想一下，如果蚂蚁只是做自己的事情，对集体漠不关心，那蚂蚁世界会变成什么样。由蚂蚁世界引申到人的世界，回归到现实生活中，根据学生的回答进行分析，引出“发挥自己最大的作用，实现自己的价值，同时避免个人英雄主义，不消极依赖或袖手旁观”的知识点。最后是小结、课堂练习、课后作业。在引导学生从蚂蚁世界转为对人的世界的理解，进而理解人所处的集体这方面做得不够，讲解基本上还是浅层的，而且从蚂蚁世界讲起，绕了一个很大的圈子才回到学生的现实生活，这样导入的意义不大。后来修改为视频导入结束后，直接从学生的实际出发，结合他们生活中的实际事例讲解知识。例如，展示秋游的照片、分析学生在烧烤过程中各自做的事情等，突出以学生为本、以学生发展为本的教学理念。

通过微格教学的反复训练，个人进行了深刻的教学反思。初学如何为人师，往往教师意识不够强，对新课程理念理解得不够深入；或没有以学生为主体，从学生角度出发进行备课；或者教学目标与教学内容的结合度不够高；或者对学情分析不够准确，对于学生已掌握的知识、有疑惑的知识点等把握不够精确。还有在教学设计上，导入的针对性不够强，提出的问题有一定的歧义，对材料的分析不透彻，讲解时逻辑不够清晰……

学习一直在路上，相信自己在反思中能不断进步、不断提高，为成为更好的教师而努力！

（冯永丽）

“情绪调节” 说课稿

一、说教材

“情绪调节”是人教版《道德与法治》七年级下册第二单元第四课第二框第二目的内容。主要内容是正确看待不同的情绪和合理调节情绪的方法。它是上一框“青春的情绪”内容的拓展与延伸，在理解情绪多样性的基础上，引导学生调节自己的情绪，也为下一课“品出情感的韵味”的学习打下基础。

二、说学情

一切教学活动都是以学生为主体。学生进入青春期后，身体会迅速发育，这种生理上的变化使学生在持有一种惶惑感觉的同时，进入了自我意识发展的第二次飞跃。突出表现为初中生的内心世界越发丰富起来，青少年的情绪出现不稳定等特点。学生在学习本课内容时，往往会以自身的心理感受和经验为出发点，对情绪的作用以及调节情绪的方法具有一定的感性认知，但仍缺乏科学系统的方法。所以，教师需要结合学生的实际生活经验进行引导、启发，帮助学生正确认识自己的情绪，把握自己情绪的特点，学会合理调节自己的情绪。本课的学习对学生保持心理健康、培养健全人格具有重要意义。

三、说教学目标

根据新课程标准、教材特点、学生实际等确定了以下教学目标。

1. 知识目标

正确理解人生有喜有悲，学会辩证对待不同的情绪，识记合理调节情绪的四个方法。

2. 能力目标

辩证看待正负面情绪的作用，掌握调节情绪的方法，能够自我调适、自我控制。

3. 情感态度价值观目标

体会正面情绪和负面情绪，保持积极心态。树立信心，积极调整自己的情绪，养成乐观向上的人生态度。

四、说教法和学法

依据“教学有法、教无定法、贵在得法”的教学原则，为了达到既定的教学目标，本课主要采用以下教学方法：

（1）案例教学结合讲授法、讨论法和谈话法。美国学者霍尔、戴维斯在《道德教育的理论与实践》中写道：“对于道德教育来说，最有效的学习活动也许是实例研究讨论。”教师启发学生通过典型案例来悟出道理，培养他们分析问题、解决问题的能力。通过生活中的典型案例讲解课本知识点，让学生进一步理解课本。通过案例提出问题，启发学生思考，培养学生的逻辑思维能力。

（2）情境教学法。情境教学就是在教学过程中，教师有目的地引入或创设有一定情感色彩的情境。教学中通过漫画《小丽的一天》，运用多媒体教学手段直观展示生活案例，以激发学生的兴趣，力求达到科学性和趣味性的统一。

新课程改革注重学生能力的培养，学生是学习的主体，要让学生主动积极地学习，选择方法很重要。根据教材的内容与学生的年龄特点，教师在学法指导时紧紧围绕教学目标，突出重点，突破难点，在学法上主要采用合作探究学习法。通过小组同学间的合作，充分发挥团体合作的精神，让学生在合作中学习，有利于学生集思广益，提高口头表达能力。

五、说教学重点和难点

（1）教学重点：辩证看待正负面情绪的作用，掌握合理调节情绪的方法。

（2）教学难点：掌握合理调节情绪的方法。

理由：由于受阅历水平、思维能力的限制，青少年不能正确对待正负面情绪，觉得正面情绪就是好的、负面情绪就是坏的，不能辩证看待正负面情绪的作用。同时，青少年的自控能力较差，不能很好地控制自己的情绪。因此，引导学生正确运用调节情绪的方法是教学难点。

六、说教学过程

（一）导入环节

在上课之初，教师用 PPT 呈现漫画《小丽的一天》，让学生在看漫画的同时思考问题：小丽在这一天中经历了哪几种情绪？漫画中，小丽的情绪因为所遇事情的变化而产生开心、紧张、烦躁等情绪变化。学生思考并回答问题后，教师讲解："人生路漫漫，我们会产生不同的情绪，有喜也有悲。我们该喜则喜，该悲则悲，要学会正确对待自己的各种情绪感受。那么，应该怎样正确对待自己的情绪感受呢？"由此导入本节课的学习。

课堂导入环节选择趣味漫画《小丽的一天》，目的是吸引学生注意力。一方面是课堂暖场，激起学生兴趣。另一方面，该漫画贴近学生的日常生活，有利于学生理解人生有喜有悲，该喜则喜，该悲则悲，要学会正确对待不同的情绪。

（二）讲授新课环节

1. 正确对待各种情绪

让学生以连一连的形式将小丽所产生的情绪分为正面情绪及负面情绪，并拓展代表正面情绪和负面情绪的词语。教师结合小丽的经历和补充范进中举的例子，讲解适度的正面情绪会给我们带来正能量，使我们保持积极的心态，享受喜悦，让我们的青春生活更加美好。但过度的正面情绪是不利的，也会伤害我们的身心健康。PPT 展示小丽考前产生适度学习压力和过度学习压力的图片，让学生思考适度压力和过度压力对人的作用。教师总结归纳：适度的考试压力是动力，能够帮助我们更好地面对考试，而过度的考试压力会危害我们的身心健康。适度的负面情绪可以帮助我们适应突发事件，但持续地处于负面情绪状态，则可能伤害我们的身心健康。

设计意图：启发学生根据小丽所经历的情绪进行分类，思考应如何正确对待正负面情绪。让学生辩证看待正负面情绪的作用，深入理解“理智对待情绪，适度为美，过犹不及”。

2. 合理调节情绪的方法

通过对正负面情绪作用的学习，教师进一步引导学生思考应该如何合理调控情绪。设置四个生活中的案例，让学生进行小组讨论，思考如果自己是案例中的主人公，会有哪些调控情绪的方法。讨论结束后，小组派代表来回答。教师总结四种方法，分别是改变认知评价、转移注意力、合理宣泄和放松训练。在讲解改变认知评价时，着重讲解改变认知评价方法的具体原理，并举考试焦虑的例子加以说明。讲解合理宣泄时，展示一些合理宣泄的图片，让学生明白合理宣泄负面情绪是指要在合适的场合以适当的方式宣泄情绪，不能伤害他人和自己的利益。再举例“捏捏族”，展示打架、暴饮暴食、熬夜打游戏、哭泣、跑步等图片，让学生分别归类合理宣泄和不合理宣泄，帮助学生理解并掌握这两个较难理解的调节情绪的方法。

设计意图：小组讨论生活中的案例可让学生更有代入感，也利于学生集思广益，理解并掌握更多合理调节情绪的方法。在小组讨论中，学生还能锻炼语言表达能力、逻辑思维能力与合作能力。教师总结调节情绪的方法，易于学生系统掌握合理调节情绪的方法。通过对调节情绪方法的补充举例和原理讲解，让学生了解一些不恰当的调节情绪的方法，在比较中学习和鉴别，学会调节自己的情绪。

（三）小结环节

人生有喜也有悲，我们该喜则喜、该悲则悲，要学会正确地对待不同的情绪。适度的正面情绪能带给我们正能量，使我们保持积极的心态，享受喜悦，让我们的青春生活更加美好。但过度的正面情绪是不利的，甚至是伤害我们身心健康的。适度的负面情绪可以帮助我们适应突发事件，但持续地处于负面情绪状态，则可能伤害我们的身心健康。所以，不管是什么情绪，适度为美，过犹不及。因此，我们要掌握合理调节情绪的方法——改变认知评价、转移注意力、合理宣泄和放松训练，学会合理调节情绪。

（四）课堂练习环节

略。

（五）布置作业环节

作业小超市，任选其一：

（1）小组观看电影《头脑特工队》，结合本节课的知识写下观后感。

（2）小组成员将各自的烦恼写在纸条上，组员随机抽取，每位抽到纸条的同学运用所学知识帮其他同学解忧，并提供方法。

七、说板书设计

为了帮助学生清晰明了地把握本节课的内容，掌握重点、突破难点，采用提纲式板书。

（二）情绪调节
1. 正确对待各种情绪
2. 合理调节情绪的方法

（吴琳环）

“体味亲情” 说课稿

一、说教材

“体味亲情”是人教版初中《道德与法治》七年级上册第七课第二框第一目的内容。在第一框“家的意味”中，学生了解了家的内涵，探讨了中国人心目中的家。第二框“爱在家人间”重在引导学生体味亲情之爱，在爱的碰撞中学会化解与父母的冲突，加深家人的感情，为学习第三框“让家变得更美好”做了铺垫，起到承上启下的作用。

初中生正处于青春期，富有个性，自我意识增强，难免会与父母产生冲突。“体味亲情”在于引导学生学会体味亲情，在爱与被爱中感恩亲情，并以实际行动回报亲情之爱。从初步认识家的内涵到更深入发现、体味家中之爱，使学生发现爱、理解爱，提升感悟爱的能力，用智慧处理自己与亲人的冲突，并用实际行动回报父母，从而进一步增强家庭责任意识，为后面进一步建设和谐家庭提供方法和策略做好相应的准备。

二、说学情

初中生在新的环境中面临新的挑战。他们伴随着身心的发展以及学业和生活的压力，处理事情有些浮躁，在一定程度上不认同父母爱的表达方式，不理解父母的关爱之情，不能体谅和理解父母，甚至对父母产生反感。初中生既渴望得到父母的呵护与关爱，感受家庭中的亲情，又容易与父母产生矛盾，甚至产生逆反心理。如果处理得好，则能有一个良好的家庭环境；处理不好则会伤害双方的情感，否定亲情的存在，从而影响家庭和睦。

“体味亲情”的设置主要是为了让学生认识到家庭之间的亲情以及体味到父母对自己的关爱。因此，这节课与学生的生活实际联系密切，从学生身边的实例入手，让学生有更加深刻的感受，从而获得更好的教学效果，有利于学生与家人共同营造温馨家庭氛围，培养学生的家庭责任意识。

三、说教学目标

新课程标准要求转变以学科知识为主的教学观念，突显对学生情感态度价值观方面的培养，因此，我把情感态度价值观目标放在第一位，然后是能力目标和知识目标。通过创设有效的教学情境，将情感态度价值观目标落到实处，并从中培养学生的能力和传授知识，从而实现情感态度价值观目标与能力目标、知识目标的有机统一。为此，我将教学目标分为以下三个维度：

1．情感态度价值观目标

（1）体味家庭中的亲情之爱，感恩亲情。

（2）感受家庭中亲情的温暖，理解父母的爱，尊重家人。

（3）在爱与被爱中理解、感悟亲情，发挥自己的作用，呵护亲情，付出自己的爱。

2．能力目标

（1）体会家庭中的亲情之爱，提高感悟亲情的能力。

（2）理解家人的爱，常怀一颗感恩之心，并以实际行动回报家人的亲情之爱。

3．知识目标

（1）了解亲情的内涵及其产生的原因。

（2）体味亲情，知道每个家庭都有不同的亲情表现形式。

（3）理解家庭结构的变动也不会改变家中的亲情。

四、说教学重点和难点

教学重点是“了解家庭中亲情的表现形式”。

教学难点是“在爱与被爱中体味亲情、呵护亲情，以实际行动感恩亲情”。

确立教学重点和难点的依据：七年级学生处于青春叛逆期，有时会对父母的爱感到厌烦，甚至产生逆反情绪，与父母发生冲突。同时，他们的心智还未成熟，往往容易忽略亲人的关爱。把“了解家庭中亲情的表现形式”设置为重点，有助于学生理解父母、感恩父母，体味亲情之爱，知道家庭中的亲情有不同的表现形式。只有学生能在爱与被爱中感受到温暖，才能以实际行动去呵护和感恩亲情，主动维护家庭的和谐。因此，我将难点设为“在爱与被爱中体味亲情、呵护亲情，以实际行动感恩亲情”。

五、说教法和学法

当前课程改革强调加强思想品德教育的针对性、实效性。科学合理的教学方法能使教学效果事半功倍，达到教与学的和谐完美的统一。在课程实施过程中，落实新课程改革精神，坚持“以学生为主体”的理念，倡导学生主动学习，注重学生的情感体验与道德实践。基于以上对学情、教学内容的分析和新课程改革的要求，本课我将以情境教学法为主，结合讲授法进行教学。同时，学生将采取体验式学习法和合作学习法来进行学习。

（一）说教法

（1）情境教学法。教师创设情境，展示自己与家人相处时温馨的照片，学生谈谈看到此照片时的感受，增强学生的体验和情感熏陶，激发学生的情感。

（2）讲授法。本节课设计了三个活动，每个活动结束后都及时进行总结，层次分明。通过教师有条理的讲授，帮助学生从感性认识上升到理性认识。

（二）说学法

学法是指在教师的指导下，学生采取什么样的方式或活动来进行学习。

（1）以体验式学习法为主。在“我是小小家长”的情境模拟中，对教学资源进行直观演示，让学生在对“不同家庭对待学生学习成绩下降时的情境”的处理中进行思考，直观体味亲情，感受家庭之爱，激发学生的学习兴趣，让学生学会感恩亲情，最终目的是帮助学生明白需要承担爱的责任，并落实于行动。

（2）以合作学习法为辅。小组内讨论对《闹钟没有妈妈的味道》阅读感悟的理解，各自发表见解，激发学生思考，增强学生学习的主动性，充分发挥学生的主体作用。

六、说教学过程

在本节课的教学过程中，我着重突出教学重点、突破难点，条理清晰，节奏紧凑，推进课堂教学。活动教学注重调动学生的学习积极性和学习热情。基于对教材和课程标准的理解，本节课的教学设计如下：

（一）导入环节

猜一猜：根据甲骨文和图片的提示，猜汉字。学生根据甲骨文和图片提示，猜出“家”字。随后，回顾上节课所学习的内容，建立知识之间的联系。

设计意图：猜字环节不仅加深了学生对“家”字来源的认识，还吸引了学生的兴趣，为新课讲授做好铺垫。随后，便以复习式导入的方式回顾上节课所学习的内容，通过过渡，让学生初步了解本节课的学习内容。

（二）讲授新课环节

1. **家中有亲情**

活动一：展示教师与父母的合照，让学生表达看到照片时的感受。

设计意图：学生观看照片，回想自己的成长历程，初步感知亲情产生的原因或来源。教师展示自己和家人的照片，显示出家庭中浓浓的亲情，让学生从他人的照片中回想自己与家人的生活点滴。在引发学生体验的基础上，阐述亲情之爱：家人是我们生命中重要的影响者和陪伴者。让学生明白，正是由于这样一种关联，形成了家人之间割舍不断的亲情，从而更好地理解亲情的含义及其产生的原因。

活动二：根据“当你成绩下降时，父母会说：‘________。’”的情境，两名学生在黑板上写出父母会说的话，并模仿父母的语气说出来。

设计意图：让学生在面对此种情境时模仿父母，从而尝试站在父母的角度学会理解他们的苦心，提高感悟亲情的能力。让学生理解亲情的表现不同，有的温馨和睦，有的磕磕绊绊，有的内敛深沉，有的自然随和……任何事情都是一分为二的，亲情的表达也是如此。即使表达的方式不容易被接受或亲情表现得很平常，只要是以爱为出发点的，都值得我们珍惜，要学会感恩亲情。

2. **家中的亲情永不变**

活动三：阅读材料《闹钟没有妈妈的味道》，回答问题。

设计意图：通过对《闹钟没有妈妈的味道》这一材料的阅读感悟，让学生明白现实生活中由于家庭变故，家庭结构会因之改变，但家中的亲情仍在。材料源于现实生活，扎根于生活实际，学生更容易理解。让学生学会从材料中提取信息，锻炼学生提取信息和总结归纳的能力，引导学生感悟特殊家庭的亲情之爱。让学生在阅读中感悟母爱的无私与伟大，学会珍惜亲情，回报亲情。

（三）小结环节

“体味亲情”这一目的内容主要分为三个层次：一是分析亲情之爱，说明亲情是什么；二是亲情之爱有不同表达方式，无论何种表达方式，不可否认亲情的存在，要懂得感恩亲情；三是无论家庭结构如何变动，家中的亲情永不变，要学会用实际行动回报亲情。

（四）课堂练习环节

略。

（五）布置作业环节

请大家制作一个“亲情回忆录”相册，在下节课分享你与家人间的那些故事。

设计意图：让学生在分享故事中进行爱的反思，学会感恩亲情，并对学生进行行为引导，让学生明白我们要承担爱的责任，用行动回报父母，以增强学生与家人共创共享和谐家庭的意识和能力。

七、说板书设计

主要采用提纲式板书。提纲式板书具有直观性和系统性的特点，不仅能突出教材中的知识点，也能够表明教师的教学思路，便于学生理解和把握知识结构。

（一）体味亲情

1. 家中有亲情
亲情的内涵——→体味亲情
2. 亲情的不同表现形式——→感恩亲情
3. 家中的亲情永不变
家庭结构变动，亲情仍会存在——→回报亲情

} 爱常驻家人间

八、说教学反思

本课采用不同的教学方法，充分激发学生的学习兴趣，让生活中的场景引起学生的共鸣，打开学生的心扉，从而使课堂教学真正能够帮助学生从生活中去领悟知识，突出情感教育。课堂教学注重案例分析，帮助学生从感性认识上升到理性认识，从而较为深刻地理解家的味道在于亲情和爱。

（张紫萍）

参考文献

［1］中华人民共和国教育部. 普通高中思想政治课程标准（2017 年版）［S］. 北京：人民教育出版社，2018.

［2］中华人民共和国教育部. 义务教育思想品德课程标准（2011 年版）［S］. 北京：北京师范大学出版社，2012.

［3］孟庆男，马宝娟，谭咏梅. 思想政治（品德）课程与教学论［M］. 北京：北京师范大学出版社，2011.

［4］胡田庚，赵海山. 新理念思想政治（品德）教学技能训练［M］. 2 版. 北京：北京大学出版社，2013.

［5］吴熙龙. 初中思想品德教学活动设计案例精选［M］. 北京：北京大学出版社，2012.

［6］邝丽湛. 中学德育学科教学论［M］. 北京：北京大学出版社，2010.

［7］何克抗，郑永柏，谢幼如. 教学系统设计［M］. 北京：北京师范大学出版社，2002.

［8］罗越媚. 思想政治课程与教学论［M］. 广州：广东高等教育出版社，2013.

［9］崔允漷. 有效教学［M］. 上海：华东师范大学出版社，2009.